ÉTUDES D'HISTOIRE ORIENTALE

LES SULTANS OTTOMANS

ÉTUDES D'HISTOIRE ORIENTALE

LES SULTANS OTTOMANS

PAR

HALIL GANEM

TOME DEUXIÈME

PARIS
LIBRAIRIE MARESCQ AINÉ
A. CHEVALIER-MARESCQ & Cie, ÉDITEURS
20, RUE SOUFFLOT, 20

1902

ÉTUDES D'HISTOIRE ORIENTALE

LES SULTANS OTTOMANS

CHAPITRE PREMIER

LE PALAIS ET LA NATION

La polygamie, ses inconvénients, ses avantages. — Séraïl et Séraï. — Mœurs de harem. — Composition du Palais. — Influence de la validé. — Organisation de la Cour extérieure. — Les eunuques blancs et noirs, leur rôle, leur influence. — Mœurs des particuliers. — Organisation de la famille. — Education de la femme turque. — Autorité du père. — Traits distinctifs du mahométan, ses tendances, ses aspirations, son caractère. — Influence du Palais sur les mœurs.

L'influence du Palais sur les destinées de l'empire ottoman est telle qu'on peut dire que l'histoire de cet empire est écrite sur chacune de ses pierres et qu'il n'en est pas une qui ne révèle soit un bienfait, soit une gloire, soit une honte, soit un crime. Le Palais est la demeure des sultans pendant tout le cours de leur existence.

C'est dans le Palais, en effet, qu'ils grandissent, qu'ils vivent et qu'ils meurent, les uns sur leur lit de douleur, les autres, étouffés entre deux matelas, ou bien étranglés. Pourtant le peuple ressent quelque fierté en regardant cet édifice, encore qu'il soit convaincu au fond que tous ses maux viennent de là. Ses murs renferment des mystères impénétrables, plus douloureux que joyeux, une splendeur qui cache une profonde misère morale, un amoncellement de passions, un débordement de vices, de grandes richesses, jetées pêle-mêle dans un désordre indescriptible, qui est un véritable chaos, richesses le plus souvent ignorées du maître et dans lesquelles le peuple qui travaille et qui peine voit une manifestation de la puissance souveraine. L'orgueil national y trouve une satisfaction qui n'est point tout à fait vaine. Cet édifice monstrueux, qui donc l'a créé et qui l'entretient de ses labeurs sans jamais se lasser, sinon le peuple qui n'est point avare de ses dons et qui se réjouit de ce que ses maîtres y entassent des milliers d'êtres parasites grouillant dans cette enceinte, sous les regards du souverain, troupeau sacré, ou vil bétail qui dévore les plus clairs revenus de l'Etat.

Le Palais représente également des institutions séculaires qui, préconisées par la religion, sont consacrées par un long usage. Le Palais est, en un mot, le verre grossissant, le miroir gigantesque qui reflète les images du dehors et les coutumes en honneur chez les Turcs, mais agrandies, démesurément élargies, enflées et déformées.

C'est la folie de la luxure dans ce qu'elle a de plus extravagant, et de plus échevelé. Du reste, aucune beauté dans cet édifice légendaire, ni beauté architecturale, ni beauté morale, c'est le gynécée des Assyriens, le capharnaüm des Juifs, le caravansérail des Tartares, avec quelques raffinements bysantins. Si l'ordre n'y règne point, la vertu ne saurait s'y montrer sauf sous les traits de l'enfant, fleur d'innocence, jeté dans ce splendide parterre ou d'autres fleurs, les femmes, répandent des parfums subtils, capiteux, enivrants, les parfums du sérail.

Entre toutes les causes qui ont marqué les diverses étapes de la décadence de l'empire ottoman, il n'en est pas qui aient été plus funestes au développement et à la prospérité de cet empire que celles qui découlent directement de l'existence du harem ou du sérail. La polygamie est une institution tout orientale. En ce pays où fleurit le despotisme, le suprême bonheur semble être pour le gouvernement de tyranniser le peuple et pour les particuliers d'exercer sur la femme une autorité sans limites.

Confondue avec plusieurs de ses compagnes qui partagent son sort, elle subit le joug du mari avec une admirable résignation et trouve quelque douceur dans sa soumission. Elle n'est pas pour l'homme, la femme sûre et dévouée, l'amie des bons et des mauvais jours, la conseillère fine et avisée, c'est l'esclave. L'homme qui supporte avec humilité la tyrannie de l'Etat et qui, hors de chez lui, est le plus souvent un être obséquieux, vil et rampant, cet homme, une fois rentré dans sa maison, devient un despote brutal. A la façon dont il traite sa femme et ses domestiques, on dirait qu'il veut prendre sur les siens sa revanche des humiliations subies au dehors. C'est à peine si l'amour parvient à adoucir le féroce instinct qu'il tient de l'habitude ou de l'atavisme. Aussi les femmes soumises à ce régime ne doivent-elles qu'aux avantages de la maternité, le bonheur de vivre dans une atmosphère de dignité et de respect. Elles sont affranchies dès qu'elles sont mères.

Ce droit n'est peut-être pas inscrit dans les lois, qu'importe, il est entré dans les mœurs, il est un hommage rendu à la maternité dans un pays où tant de choses sacrées sont foulées au pied.

En un tel milieu, les sentiments nobles et élevés sont rares et jouent d'ailleurs un rôle secondaire. L'amour c'est le désir bestial, le désir inconstant qui change souvent d'objet, c'est la confiscation de plusieurs femmes au profit d'un seul homme. Aucun bienfait ne peut résulter de cette institution de la polygamie : c'est le trouble à l'état permanent dans le gouvernement de la famille, et la paix du foyer entièrement supprimée.

Au sein du harem, il y a toujours une favorite qui occupe la première place et autour de laquelle gravitent les autres épouses, comme des satellites autour de l'astre. Son règne n'est, il est vrai, qu'éphémère, il n'en sera que plus funeste. En effet, si la favorite est douée d'un certain esprit d'intrigue, elle ira jusqu'à la délation, jusqu'au crime pour retenir sous son joug le maître, prêt à lui échapper, faisant ainsi de nombreuses victimes parmi ses rivales et attentant parfois à la vie de l'époux infidèle :

« J'ai tué mon mari et, de ma propre main,
« J'ai noyé dans son sang son pouvoir inhumain.

Toutes ces femmes, du reste, sont délaissées dans l'âge mûr ou maltraitées, à moins qu'elles n'aient des enfants qui les protègent en les entourant de leur vénération et de leur tendresse ; car le culte de la mère est pour les Musulmans une obligation dont ils s'acquittent fidèlement.

Les Turcs, comme les Persans, ne voient dans la femme qu'un sanctuaire consacré aux plaisirs, rien de plus. Ils ne l'associent point à leurs travaux, ils ne lui permettent point de les interroger sur quoi que ce soit, ni de s'enquérir de leurs intentions. La malheureuse doit constamment tenir à son maître ce langage : gracieux seigneur, que désirez-vous, que souhaitez-vous que fasse aujourd'hui votre très humble servante ? La femme ainsi avilie devient pour la société musulmane un élément de faiblesse plutôt qu'un élément de force. Elle est résignée à tout et met sa seule ambition à devenir mère.

Sa coquetterie, ses intrigues mêmes, n'ont pas un autre objectif. La maternité pour elle, c'est l'honneur, ne pouvant après cela ni déchoir, ni retomber au rang d'odalisque. Ainsi, au-dessus de tant de désordres, à la surface de ce splendide cloaque, une idée morale surnage : la libération de l'esclave par la maternité.

C'est une justice à rendre aux Turcs, en général, sans en excepter leurs chefs. Ils aiment leurs enfants, au-delà de toute expression, ils ont pour eux une égale tendresse. Filles ou garçons, sont assurés de trouver chez leurs parents un amour profond et touchant. En cela, les Turcs sont certainement supérieurs aux Arabes qui réservent toute leur tendresse aux enfants mâles, au préjudice des filles, souvent sacrifiées.

De ce que la femme turque vit dans un esclavage dégradant, s'ensuit-il qu'elle soit inférieure à l'homme? Nullement. Elle a d'abord le don de réflexion, né de la concentration de ses idées. N'étant pas distraite par le contact du dehors et le frottement des choses extérieures, liaisons passionnelles, flirt vulgaire, ou mauvaises fréquentations ; ses facultés se développent plus facilement dans la solitude et l'isolement. Elle a pour elle le bon sens qui lui vient de la modération de son esprit. Elle sait s'accommoder de sa situation et puisque la religion, les lois et les usages s'accordent pour la priver de sa liberté, elle se résigne tout d'abord à son sort. Elle concentre son affection sur ses enfants, et si elle n'en possède point, elle se fera plus caline et plus douce pour ne pas déplaire au maître ; elle lui suggérera même l'idée de prendre une autre femme, elle la jetera, s'il le faut, dans ses bras pour se faire pardonner sa stérilité et conserver sa place au foyer. Elle arrivera par des sacrifices douloureux et des humiliations sans nombre à désarmer son époux, à éviter la suprême catastrophe. Elle luttera toute sa vie contre les exigences de son cœur, celles de sa situation sociale et la nécessité d'assurer sa propre existence.

Ces combats intérieurs affinent l'esprit de la femme, aiguisent son intelligence et répandent sur toute sa personne ce charme discret et pénétrant que le malheur, ou la menace d'un péril imminent, donnent aux êtres voués à la souffrance et à l'infortune.

On peut dès lors affirmer, sans crainte, que la femme turque est supérieure à l'homme, nous parlons ici spécialement des épouses et non des filles esclaves, de la vraie famille et non des gynécées.

La polygamie engendre bien des maux. Le plus grand reproche que l'on puisse adresser à cette institution, c'est de supprimer la beauté du mariage, de cette union basée sur l'égalité des droits et sanctifiée par l'amour. Dans l'islamisme, la polygamie est consacrée et sanctionnée par la loi, puisque l'homme seul a des droits, le législateur n'en reconnaissant point à la femme (1). Il s'ensuit que la femme est obligée de subir les brutalités de l'homme, ses fantaisies, ses caprices, ses lubies, l'injure, l'indifférence et l'oubli, sans qu'il lui soit permis de jamais se réclamer de la justice. Le divorce chez les Musulmans est une arme meurtrière dont la pointe est dirigée contre la femme seule. La polygamie a pourtant ses apologistes qui lui reconnaissent des avantages, même lorsqu'elle dégénère en abus. Cette institution, disent-ils, tout en prêtant à de sévères critiques, peut être défendue par certains côtés.

D'abord, en la recommandant à ses adeptes, la religion musulmane la rend licite. Elle est ensuite éminemment favorable à la multiplication de la race.

(1) Littré définit en ces termes la polygamie : « homme marié à plusieurs femmes, ou femme mariée à plusieurs hommes ». L'islamisme s'est approprié la première partie de cette définition négligeant complètement l'autre.

De plus, la polygamie modère les passions et les apaise, au lieu de les surexciter et de les exaspérer au-delà de toutes limites par l'abstinence.

Le christianisme a tenté un effort sublime pour atteindre la pureté idéale et conserver intactes la chasteté du corps et celle de l'âme qu'un désir même ne doit point effleurer. Rien de pareil dans l'islamisme qui suit la loi de nature.

Toutefois, la femme mahométane est toujours sacrifiée à la brutalité de l'homme ; mais l'enfant, fruit de ces unions, est heureusement protégé. L'islamisme ne connaît pas de bâtards, tous les enfants d'un même lit d'une même cohabitation et, pour tout dire, d'un même père, ont des droits égaux. A Bagdad, à Damas, au Caire, à Constantinople, dans toutes les cités musulmanes, il n'est pas rare de voir des enfants de la race blanche ayant des frères mulâtres (1).

Le législateur accorde une pension à la femme divorcée ; mais outre qu'elle n'est pas sûre de continuer de toucher cette pension, ce petit pécule est tellement modique qu'on peut dire que la victime est jetée sans ressources sur le pavé par la faute de son époux auquel elle a tout donné de ce qu'elle ne peut plus reprendre. Ainsi comprise, la polygamie est une institution monstrueuse qui serait un veritable fléau si elle n'était tempérée par les sentiments que la nature met au cœur de l'homme. Comme les bêtes, il est susceptible d'avoir quelque tendresse pour les êtres qui lui ont montré du dévouement, une sorte de serrement de

(1) Ces prétendus avantages ne compensent pas les inconvénients et les dangers de la polygamie. Elle est la cause principale de la misère profonde qui règne dans les couches inférieures de la société. Armé par la loi, l'homme prononce arbitrairement le divorce et l'abus qu'il en fait, entraine pour les épouses et les mères des conséquences désastreuses.

cœur qui est le prélude du remords; mais parfois il a mieux que cela, une certaine élévation de pensée, un saut vers l'idéal. Les yeux qui se regardent pleins de reproches ou pleins d'amour, les fronts qui se redressent, puis les lèvres qui se recherchent, je ne sais quoi qui monte du fond de l'âme et vous laisse une saveur particulière dont on se souvient longtemps après. Au moment où il va sévir contre la femme qui lui fut si chère et l'expulser du foyer, ce souvenir l'arrête, le fait réfléchir et suspend la sentence. Mais quelle terrible tentation, pour le Musulman que cette puissance qui lui est donnée sur son épouse, puissance tellement étendue qu'elle dépasse les bornes de la tyrannie. Il en est le possédant, le maître incontesté, le propriétaire. Elle est à lui en raison d'un privilège, non en raison de l'intérêt — les jeunes filles musulmanes ne disposent que de dots insignifiantes — pas davantage en raison de l'amour — il épouse sa fiancée sans la voir. — Quant à l'esclave, il en est doublement propriétaire, d'abord parce qu'il l'a achetée et ensuite parce qu'il a daigné la recevoir dans son lit, et quand ce dernier lien s'est brisé, il en reste toujours le maître, pour la revendre au rabais. Suprême injustice, inexorable rigueur!

En tout cela cependant il agit dans la plénitude de son droit, épouse ou esclave, elle est son bien. Et la femme que possède-t-elle? Rien. Qu'est-ce qu'elle est? de la chair à plaisir, rien autre. La force inconsciente, une législation inique, le préjugé, la religion sont d'accord pour l'écraser, l'annihiler. Ah! si seulement on pouvait lire dans son âme, quel océan de douleur n'y rencontrerait-on pas? Ne vaut-il pas mieux penser avec les Chinois que les femmes n'en ont point, ou croire avec les philosophes païens que les esclaves ne jouissent d'aucun droit? Est-ce la peine, après cela, de répondre aux arguments des défenseurs de la polygamie? Si les enfants sont nombreux, les déchets sont importants, conséquemment la race n'a rien à y gagner, et si elle modère les appétits de la chair, elle en fait surgir d'autres plus mauvais encore, elle inspire surtout le mépris de la justice et de la liberté. Toutes choses bien pesées, la polygamie, étudiée dans ses avantages supposés et dans ses inconvénients réels, est une institution malfaisante.

Le harem est le nom que l'on donne communément aux gynécées. Il est pour les particuliers une charge écrasante et pour les familles qui possèdent les dons de la fortune, une cause de ruine ; mais c'est surtout au Palais des sultans que ses ravages atteignent des proportions inimaginables. Là est le gouffre où s'engloutissent d'immenses richesses et où disparaissent les trésors prodigués par la nation à ses monarques.

L'institution remonte à une haute antiquité. L'islamisme n'a point innové en cette matière, il a suivi la tradition. Les rois d'Assyrie et de Perse, comme les empereurs de Chine, ont eu un nombreux harem où venaient s'entasser des milliers de femmes (1). Les Ottomans ne comprendraient pas, du reste, que leurs sultans agissent autrement. La tradition veut que le monarque ait plusieurs palais, des gynécées, une domesticité considérable, un ruissellement de diamants, des cascades de perles et de pierres précieuses, le tout pour se distinguer des autres souverains ou pour les éclipser.

Les califes arabes, beaucoup plus sobres, se montrèrent relativement modérés. Chez les Arabes, la femme est une égérie qui inspire son époux et le guide parfois dans les sentiers de la vie. Tandis qu'en Perse et en Turquie, la femme est un instrument de plaisir, elle est, en Arabie, dans les familles riches surtout, une souve-

(1) Il en est aujourd'hui encore de même en Chine.

raine et elle exerce une réelle influence sur son époux.

L'Arabe a chanté la femme en des vers d'une suprême galanterie, le Persan en a reproduit les traits sur la porcelaine ou le papier, en de pâles miniatures qui ne manquent pas d'un certain charme ; mais le Turc n'a jamais vu dans la femme qu'une créature asservie, être de souffrance dont la destinée éphémère est de provoquer pendant quelques instants fugitifs la sensualité spasmodique du maître. Plus d'une fois, les califes arabes, dans des circonstances critiques, consultèrent leurs épouses, jamais les sultans ottomans n'ont eu recours aux lumières de leur harem, ce qui n'a pas empêché le règne des favorites. Le recrutement du harem n'était pas le même dans les deux pays. Les califes arabes choisissaient le leur parmi les filles des familles les plus illustres du royaume ou des pays voisins et il était bien rare qu'ils épousassent une esclave, alors que les sultans ottomans agissaient différemment, peuplant de préférence le sérail de femmes étrangères à leur race.

Formé de deux corps de bâtiments, le Palais (1) se divise en deux parties bien distinctes, le sérail ou harem et le séraï ou cour extérieure.

(1) Le sultan actuel Abdul Hamid II, en montant sur le trône, déserta le Palais de Dolma-Baktché où vécut son oncle Abdul-Aziz et tous les anciens palais ou pavillons impériaux. Il choisit pour sa résidence un kiosque construit en 1865 sur l'une des collines qui dominent la capitale. Ce pavillon, surnommé kiosque de l'Etoile ou Yldiz kiosk étant insuffisant, le sultan en fit élever trois autres dans la même enceinte. On y pénètre par quatre portes monumentales dont deux surtout sont remarquables par leur élévation, sinon par leur style ; ce sont, celle du harem et celle réservée au sultan seul. Le nouveau Palais se divise ainsi en quatre parties, bien distinctes, chacune est entourée de hautes murailles de 6 mètres de hauteur sur 4 mètres de largeur et ne communiquant pas entre elles. C'est une véritable enceinte fortifiée.

Dans la première partie résident les hauts fonctionnaires, les chambellans, les scribes et les officiers de tous grades. Derrière s'étendent des jardins également entourés de murs au bout desquels s'élève le

Dans le sérail sont les femmes du sultan, les odalisques et toute la domesticité féminine. Aucune vie commune n'y existe, à proprement parler, chaque sultane ayant sa maison et son personnel. Aux heures des repas, on voit des théories de valets attachés au service des cuisines impériales se diriger vers la porte extérieure du harem, portant sur leur tête des plateaux en bois ou en cuivre étamé, sur lesquels sont entassés des plats de viandes et de légumes entremêlés de sucreries, enfin tout ce qui constitue un festin copieux.

Quand la sultane a fini son repas les suivantes en consomment les restes. Il n'y a guère que le sorbet et le café qui soient préparés dans les appartements particuliers et servis le premier, dans des verres en cristal et le second dans des tasses de fine porcelaine placées sur des soucoupes en argent ciselé et rangées sur des plateaux recouverts d'une nappe brodée d'or.

Plus de cinq cents services sont ainsi apportés matin et soir au sérail et autant au sélamlik sans compter les *sofras* destinés à la domesticité si nombreuse à l'extérieur du palais. En 1652 les impôts en Turquie donnaient un total de 500.711.492 aspres. Sur ces revenus

pavillon où se tient la garde impériale. Là s'ouvre une nouvelle enceinte environnée d'épais remparts où l'on remarque des batteries dressées pour la protection du sultan. Derrière cette enceinte, toujours à l'ouest, se trouve le sérail composé d'une quantité de pavillons construits en pierre et séparés les uns des autres par des jardins anglais. Au milieu est un grand bassin, sorte de petit lac où se balancent quelques barques élégantes pour les promenades sur l'eau de Sa Majesté et de son harem. Tout autour de ce bassin sur lequel s'ouvrent les fenêtres, les terrasses et les colonnades des kiosques, on remarque des volières, des oiseaux de proie et quelques animaux rares, un jardin d'acclimatation en miniature. La science zoologique est complètement étrangère à la composition de ce parc, mais les yeux y trouvent leur agrément. En un coin du palais, le sultan a même fait élever un observatoire pour les astrologues qui lui prédisent l'avenir et un théâtre où des troupes bigarrées viennent jouer des comédies et des opérettes et où des danseuses donnent des ballets auxquels le sulle sultan prélevait plus des deux tiers laissant le restant pour la solde des troupes, la paie des fonctionnaires et divers frais. Les dresseurs de tentes et les porteurs d'eau recevaient à eux seuls 5.038.365 aspres, les seigneurs de l'étrier et les échansons, 22.415.388 ; les sultanes, les pages et les agas du harem, 12.848.000 ; les chefs des cuisines pour les dépenses de la cuisine, 8.600.000 ; le bois de chauffage, les vêtements des pages 6.626.392 ; le personnel des écuries impériales coûtait 8.065.712 ; la dépense pour l'orge était évaluée à 1.516.288 ; la viande pour les cuisines impériales à 13.000.000 ; les fourrures achetées chaque année coûtaient 25.000.000 et enfin les vêtements, linge, drap, soiries, doublures, 18.386.031 ? Rien que les jardins exigaient une dépense de plusieurs millions d'aspres par an. On ne comptait pas moins de 12.000 jardiniers. Il est facile dès lors de comprendre que les Turcs, même aujourd'hui où le luxe chez eux est en décroissance à cause de la dureté des temps, haussent les épaules lorsqu'on leur décrit le faste des cours européennes.

Pourquoi les sultans tiennent-ils essentiellement à n'avoir dans leur harem que des esclaves achetées par eux ou qui leur sont offertes en présents, et pourquoi ne les

tan et son harem assistent dans des loges munies d'un grillage d'où l'on peut voir sans être aperçu.

En dehors de cette triple enceinte s'élèvent un grand nombre de casernes échelonnées de façon à donner au palais l'aspect d'une ville fortifiée. Ces casernes abritent vingt-cinq à trente mille hommes. C'est la garde prétorienne qui veille sur le despote.

Dans son harem le sultan a introduit quelques usages nouveaux, on y admet notamment les couturières européennes et les corsetières. Les vieilles robes de gala surchargées de broderies en or et en perles ont été remplacées par des robes élégantes et légères sortant des maisons des meilleurs faiseurs, mais qui sont portées avec une gaucherie que l'on comprend aisément. Pour le reste, la composition du harem n'a point varié, ses mœurs sont restées les mêmes. Il augmente chaque année à vue d'œil et les places vacantes sont aussitôt remplies par des odalisques dont le nombre va sans cesse en croissant.

voit-on pas épouser ni une fille de noble race ni une femme de leurs sujets. Il est facile d'en saisir le motif. On commande à des esclaves ; on peut en disposer à son gré, les exiler, ou les jeter au fond de la mer. Ces femmes n'ont en effet aucune attache dans le pays ; elles n'y connaissent personne et personne ne les connaît, de sorte qu'elles peuvent vivre sous les lambris dorés du sérail ou disparaître comme des fantômes, sans que nul en ait souci. Ce sont des êtres anonymes, des ombres fugitives qui, après avoir projeté leurs gracieuses silhouettes sur les murs du palais, s'évanouissent tout à coup pour rentrer dans l'ombre. Elles ne profèrent aucune plainte. Que pourraient-elles souhaiter d'ailleurs ? Venues pauvres de la Circassie ou de la Georgie, elles ont des bijoux, des robes et de l'argent à volonté.

Le plus souvent, elles nouent des intrigues lorsqu'elles sont dans les bonnes grâces du maître ou qu'elles sont bien vues par le chef noir. Combien de grands vizirs furent destitués à cause de ces intrigues. Combien de ministres de finances, pour avoir refusé de l'argent aux favorites, furent sacrifiés à leur rancune tenace.

Sollicitées quelquefois par des vulgaires ambitieux qui leur font parvenir clandestinement des présents, elles obtiennent pour eux les premiers postes de l'empire. Et que leur importe, après tout, l'intérêt public !

La Turquie est-elle leur patrie, n'ont-elles pas été enlevées dans la fleur de l'âge à ces montagnes neigeuses, à ces vallées verdoyantes de la Circassie ou de la Géorgie dont elles gardent dans leur esprit la vision lumineuse alors que libres elles s'y promenaient comme des déesses ?

Le soir, quand le sultan rentre au sérail par la *porte de félicité* tout bavardage cesse, le silence et le recueillement sont complets. Le front soucieux, il apparaît là comme un point noir au milieu d'une pléïade d'étoiles. L'intérieur du palais est éclairé de mille feux. Les femmes portant de riches atours, toutes étincelantes de pierreries sont rangées sur les deux côtés du passage du maître, attendant les ordres de la Kiaya du harem pour savoir quelle sera ou quelles seront les préférées de la nuit.

Ces mœurs étonnent; mais on se tromperait singulièrement si l'on pensait qu'il se passe au sérail des choses extravagantes ou que l'on y donne des fêtes tapageuses ou des représentations suggestives. Sauf sous quelques règnes où des abus furent commis, tout s'y passe assez correctement.

On compte cinq catégories de femmes : les « Cadines » ou maîtresses en titre ; elles jouissent des privilèges que la loi accorde aux épouses légitimes. Quoique délaissées, elles ont toujours droit aux premiers honneurs. La mère d'un prince reçoit le titre de « Khaséki » la mère d'une princesse celui de « Khaséki-Cadine ».

L'esclave élevée au rang de maîtresse en titre est revêtue en présence du sultan d'une robe très riche, ou d'une pelisse en zibeline. On lui désigne aussitôt un pavillon spécial où elle va habiter avec ses suivantes. Le sultan la reçoit ainsi que les autres femmes honorées par son choix dans ses appartements particuliers desservis par des filles de chambre « Guediklü » d'une rare beauté. Douze d'entre elles commandent aux autres et remplissent auprès du sultan les fonctions très enviées d'intendante du linge, d'échanson, de porteuse d'aiguières, de caméristе ou Khasodalisque.

C'est dans ces filles de chambre que se recrutent les « cadines ». Lorsque l'une d'elles attire les regards du sultan, elle est appelée « ikbal » ou fille de bonheur, elle garde ce titre jusqu'au jour de sa grossesse. Elle quitte alors les appartements du sultan pour aller loger dans un pavillon spécial, comme il est dit plus haut, elle devient sultane ou « cadine ».

La surintendante du sérail ou « kaya » est cette femme de confiance qui organise les nuits d'amour du sultan. Elle recrute les « schagbirds » fillettes de huit à dix ans à peine nubiles surnommées les novices et destinées à prendre les places vacantes. Elle est ordinairement choisie dans les « guédiklü » ou filles de chambre, dans les beautés moyennes, parmi celles qui exercent déjà un certain ascendant sur leurs compagnes. Il faut qu'elle soit très distinguée et qu'elle sache causer femmes au sultan auquel elle doit rendre compte de bien des détails intimes. Fonctions délicates au suprême degré et dont l'accomplissement exige beaucoup de finesse et de tact.

A la surintendante du harem impérial incombe le soin d'initier ses élèves au mystère de l'amour et de les renseigner sur les goûts du maître, soit pour les couleurs, soit pour les parfums.

Il existe, d'ailleurs, au Palais, une école spéciale pour les novices que l'on pourrait appeler l'académie du baiser. Là, en présence de la surintendante et du chef des eunuques, des femmes expertes apprennent aux jeunes filles l'art de plaire. Il y a également une école pour le chant et une autre pour la danse. Le chef des eunuques préside à ces derniers exercices, une courbache à la main, pour infliger une punition à celle qui ne profiterait pas des leçons de la maîtresse de danse ou de musique. C'est tout un monde que le sérail et encore nous ne parlons ni des établissements de bains, ni du service de la coiffure, ni de bien des choses qu'il serait indécent de rappeler.

La perversité précoce s'allie ici au vice raffiné. Et tout cela pour les plaisirs d'un seul homme !

Les validés ou mères de sultans contribuent pour une

large part à perpétuer ces abus. Loin de chercher à retenir leurs fils sur la pente du vice et à leur apprendre la modération, elles les excitent à marcher dans cette voie amoureuse, elles aiguisent leur appétit et les encouragent à se livrer avec une grande fureur à la violence et à la bestialité de leurs désirs. En dehors de ce rôle, étrange pour une mère, l'omnipotence que la validé exerce dans le sérail doit être considérée comme un bienfait ou tout au moins comme un allégement au triste sort de ces malheureuses épouses, pour la plupart délaissées. Non seulement elle ne partage pas l'indifférence de son fils, à leur égard, mais elle leur témoigne, au contraire, beaucoup de sympathie, comme si elle eût voulu adoucir leur peine.

Ayant jadis souffert, elle-même, de cet abandon, elle en connaît les amertumes et manifeste volontiers sa compassion aux victimes.

Nombreuses sont les filles attachées au service de la validé. On les appelle oustas ou maîtresses femmes, la mère du sultan aimant à s'entourer de personnes expertes qui peuvent lui rendre des services et soigner au besoin ses petits enfants. Ces servantes forment plusieurs compagnies (takims). Chacune de ces compagnies comptent vingt filles et chaque compagnie est chargée d'un service spécial.

La validé élève chez elle quelques filles novices d'une rare beauté auxquelles elle fait donner une éducation très soignée et qu'elle destine à son fils. C'est une tradition dans le sérail que la validé soit la pourvoyeuse d'une partie du harem impérial. Elle s'en acquitte d'ordinaire avec beaucoup de soins et cette coutume lui permet de conserver son influence sur son fils ou de la consolider. On accuse la validé de se mêler souvent de politique ; elle le fait dans un sentiment naturel pour veiller à la sécurité du trône qu'elle croit menacé par des complots qui se répètent d'ailleurs fréquemment dans ce milieu plein d'intrigues.

Elle tient dès lors à participer à la nomination du grand vizir et du sérasker ; peut-on lui en faire un crime ? Cette influence ne s'exerce, du reste, que dans les moments critiques, quand la guerre éclate ou que le sultan est en danger. Dans toutes les autres circonstances c'est l'influence de la favorite qui domine et c'est d'elle, le plus souvent, que partent ces fausses directions données aux affaires de l'Etat.

Peut-on concevoir une folie comme celle qui consiste à réunir sous le même toit, ou dans la même enceinte, mille ou deux mille femmes ? N'est-ce pas une chose contraire à la saine raison et à la morale ?

La religion recommande la polygamie ; mais qui ne voit cependant que l'institution a été faussée et que le Prophète n'a jamais entendu permettre ces excès. C'est un abus qui doit être supprimé au plus tôt si l'on veut sauver la dynastie ottomane d'une dégénérescence complète. Elle y marche à grands pas et lorsqu'on objecte que ce sont là des habitudes luxueuses que le peuple approuve et auxquelles l'Orient demeure attaché, on méconnaît la vérité. La polygamie peut avoir son bon côté, pour les mahométans ; mais non pas quand elle est poussée à ce degré d'extravagance qui la rend éminemment nuisible.

La polygamie, malgré les avantages qu'on lui reconnaît, bien à tort, est déjà un mal qui tarit les sources vitales de la société islamique, que doit-on penser dès lors de ces nombreux harems qui, en aggravant le mal, précipitent la décadence des Etats mahométans. Il est en outre surabondamment démontré que le mélange du sang circassien avec le sang turc n'a pas donné de bons résultats. Il n'a point amélioré la race, à en juger par cette longue suite de souverains faméliques ou incapables qui ont régné depuis trois siècles sur la Turquie. L'existence du harem, particulièrement celle du sérail, est pour l'empire ottoman et pour tous les pays musulmans le pire des fléaux.

L'organisation extérieure du palais ou séraï est encore plus compliquée que celle du harem. Cette organisation ayant subi de nos jours de profondes modifications, sans en altérer du reste, le caractère essentiel, nous ferons connaître celle qui a existé anciennement jusqu'au règne de Mahmoud II qui introduisit beaucoup de changements à la cour extérieure sans toucher toutefois au sérail. Les eunuques blancs, par exemple, ont presque entièrement disparu à cause de l'adoucissement des mœurs. Beaucoup d'emplois ont été supprimés, sinon dans la domesticité, du moins dans la haute administration du palais. Les costumes du bon vieux temps, si pittoresques, ont été remplacés par d'autres ; mais les abus sont restés les mêmes. On peut dire en thèse générale que, si le nombre des emplois a diminué, les dépenses ont décuplé.

On appelait autrefois les titulaires de toutes les fonctions *Agas* ou seigneurs. Le mot en est démodé, seuls aujourd'hui, les officiers subalternes sont ainsi désignés, les autres ont pris des titres plus ronflants et plus pompeux.

Aux officiers de la cour extérieure appartenaient les *Khasnadar* (trésoriers), les *Mouhzir* (huissiers), les *Mirakhors* (grands écuyers), les *Imams* (aumôniers), les *Moezzins* (chantres), annonçant la prière, les *Elezir-Endèrounagalari* (valets), les *Achibachis* (cuisiniers), les *Tchaoutchs* (police), réglant la marche, les *Schatirs* (coureurs), les *Ichakodars* (valets de pied), les *Délis* (téméraires) et les *Gunullis* (courageux). Puis venaient les *Silihdars* (porteurs de glaives), les *Tchokoudars* (gardiens de la Chambre), les *Muhurdars* (gardes des sceaux), les *Devidars* (gardiens de l'encrier), les *Kaftanagas* (gardiens des Kaftans ou longs vêtements), les *Miftahagis* (gardiens des clefs), les *Rahtawanacjis* (gardiens des harnais), les *Djebekhanedjis* (gardiens des magasins d'armes), les *Djandebachis* (chefs des pages), les *Djindjis* (chef des lanciers), les *Beschkiragassi* (gardiens des nappes), les *Toutountdjis* (gardiens du tabac et des pipes), les *Kahvedjisbaschis* (premiers cafetiers), les *Kilardjisbaschis* (premiers limonadiers), les *Tchamischirargis* (gardiens du linge), les *Majounbachis* (gardiens des confitures), les *Sarrikleschis* (gardiens des turbans), les *Berbesbaches* (coiffeurs), les *Ibrikdars* (gardiens des aiguières). Les jeunes eunuques, les muets, les nains, les jardiniers, les gardiens de la cuisine, les fendeurs de bois, etc., etc., le tout, pouvait s'élever au chiffre de quatre à cinq mille employés.

Ce chiffre n'est point exagéré, si l'on songe que la maison du grand vizir qui se modelait sur le palais comprenait alors plus de cinq cents employés et serviteurs, D'après Mouradjéa d'Ohson, la cour extérieure du sultan ne comptait pas moins de 12.000 emplois.

Quant à la cour intermédiaire, quelques indications à ce sujet sont nécessaires.

Le grand maréchal de la cour extérieure et de la cour intérieure était le plus haut dignitaire de l'Etat après le *Kizlaragassi* (chef des eunuques), connu sous ce titre *Babesséadet agassi* (chef de la porte de félicité). Il était chargé en même temps de l'administration des fondations pieuses et du commandement du corps de garde.

Plus d'un eunuque a gouverné l'empire derrière les portières du harem, quand il n'occupait pas le poste si envié de grand vizir.

On distinguait deux sortes d'eunuques, les eunuques blancs qui avaient subi une demi-castration, et les eunuques noirs dont la castration était complète. Les premiers se tenaient dans la cour intermédiaire, à la porte du harem, d'où cette appellation de *capouagassi* ou seigneur de la porte. L'entrée du harem leur était interdite.

Seul, parmi les eunuques blancs, le *Khasodabahi* ou gardien des pages était complètement castré étant, par ses fonctions, préposé à la garde des favoris du maître.

Les castrats portaient tous des noms empruntés aux fleurs, aux divers parfums et aux pierres précieuses. Ils s'appelaient, ils s'appellent encore : hyacinthe, tulipe, narcisse ou bien musc, rose, jasmin, lavande ou bien encore, diamant, corail, émeraude, etc.

Dans la cour intermédiaire siégeaient en permanence :

1° Le *Khaznadar* (grand trésorier), qui veillait sur les économies à faire dans le harem. Il avait, en outre, le soin du magasin des vêtements d'honneur confiés à une garde noble. Ces riches vêtements étaient affectés aux sultanes pour la nuit où elles étaient reçues dans les appartements privés du monarque ;

2° Le *Bazirghanbaschi* (grand marchand), chargé de l'achat de toutes les étoffes nécessaires pour la maison du sultan et qui, on le devine aisément, devait s'enrichir en peu de temps ;

3° Le *Bechekjibachi*, chargé de recevoir les présents envoyés au sultan, soit par les puissances étrangères, soit par ses sujets.

Tous ces fonctionnaires étaient placés sous le commandement direct du grand eunuque noir. Le despote africain exerçait dans le harem l'autorité la plus étendue. Il avait droit de vie et de mort sur le personnel du sérail qui tremblait à sa vue, redoutait son courroux et s'efforçait de gagner ses bonnes grâces.

Il avait tous les pouvoirs, même celui d'entrer chez les femmes, de fouiller leurs meubles et de se livrer sur elles à des enquêtes indiscrètes. Il rendait la justice au nom de son maître, condamnait la coupable à la prison, à l'exil ou à la mort. La procédure, dans ce dernier cas, était sommaire et l'exécution se faisait nuitamment. On étranglait la victime puis on mettait le cadavre dans un sac que l'on jetait au fond de la mer.

Ces mœurs barbares subsistent toujours. Les vrais sultans, ce sont ces affreux eunuques noirs qui semblent vouloir se venger sur l'humanité de l'outrage qui leur a été fait.

Jamais le souverain n'infirmait une de leurs sentences. Il leur suffisait, d'ailleurs, pour se justifier, de dire que la victime complotait contre la vie du sultan, ou bien, qu'elle entretenait des relations coupables avec le dehors.

De nos jours encore l'eunuque est resté tout puissant au palais.

On ne parviendra jamais à expliquer comment des hommes raisonnables peuvent confier leur honneur à des êtres dégradés, sans éducation, sans morale et incapables de concevoir une idée élevée.

On refuse généralement aux eunuques, le don de sensibilité. Quelle erreur! Au contraire, chez ces êtres émasculés, le désir acquiert une telle violence, une telle acuité, que leur sensibilité en est décuplée. C'est si vrai que les sultans leur permettent d'avoir un harem pour eux-mêmes, plus d'un eunuque a eu jusqu'à vingt et quarante esclaves dans sa maison. On est dès lors autorisé à se demander quel rôle les souverains ottomans jouent vis-à-vis de ces hommes vicieux et débauchés auxquels, chose inouie! ils abandonnent entièrement leur harem. C'est la tradition qui le veut. Salomon et Darius ont eu des eunuques de même qu'Assuérus et d'autres monarques asiatiques, les sultans ne peuvent faire autrement que de suivre cet antique usage. On n'a jamais vu pareille aberration.

C'est de leur part, qu'on nous permette de le dire, un manque absolu de toute pudeur et de toute dignité, c'est la répudiation complète de tous les sentiments dont sont susceptibles les natures honnêtes et la violation la plus éhontée du sanctuaire de l'amour. On peut affirmer sans crainte, que si les sultans aimaient leurs femmes de cet amour vrai que l'on rencontre chez les peuples civilisés, dans les hautes classes aussi bien que dans les familles moyennes, ils ne consentiraient jamais à livrer leurs épouses aux regards impudiques de ces hommes de basse extraction, auxquels, ô comble de l'absurdité! ils décernent la première dignité de l'empire.

Le *Dar sé'adet agassi* a le pas sur le grand vizir et il faut voir avec quelle platitude les plus hauts fonctionnaires de l'Etat se prosternent devant ce fantoche, baisant humblement le pan de son habit. Il n'y a que le despotisme qui soit capable de créer et de perpétuer dans le monde de telles infamies. Et l'on assiste impassible à ce spectacle monstrueux. Des Turcs intelligents qui ont fait leurs études à Paris, à Londres, à Vienne, à Berlin, trouvent cela tout naturel, pour peu, ils regretteraient de ne pouvoir introduire dans leur maison ce personnage noir. En effet, l'eunuque est d'une espèce rare et coûte très cher. Le plus beau cadeau que l'on puisse offrir aux sultans, le présent le plus estimé c'est un jeune eunuque pour le former dans le sérail aux fonctions qu'il doit y exercer un jour.

Remarquez, d'ailleurs, que cette antique coutume, juive ou païenne, n'est point autorisée par la religion mahométane qui condamne le célibat et livre les célibataires au feu de l'enfer. Or, si le Coran interdit à ses adhérents la vie monastique et toute institution opposée à la multiplication de l'espèce, à plus forte raison leur défend-il d'estropier les malheureux petits nègres pour en faire des surveillants de harem.

D'autre part, si le harem a été institué pour soustraire la femme aux regards profanes des étrangers, s'il emporte l'idée d'une séquestration complète et absolue, s'il est un asile inviolable, une sorte de sanctuaire où nul étranger n'a le droit de pénétrer, comment se fait-il qu'on ose livrer la femme, ainsi enfermée, aux regards flambants de désirs de ces êtres disgraciés ?

Le chef des eunuques a sous ses ordres un grand nombre de jeunes eunuques, exécuteurs de sa basse justice. Il fait de ces subalternes ce qu'il veut, malheur à celui d'entre eux qui lui désobéirait, il est aussitôt jeté au fond de la mer avec une meule au cou.

Le chef des eunuques exerce une grande influence sur les affaires de l'Etat. Il a été mêlé jusqu'ici aux négociations les plus importantes, les plus délicates, et plus d'un ambassadeur a eu recours à lui pour réaliser des projets nuisibles aux intérêts du pays.

Recevant des cadeaux de partout et de tout le monde, il est d'ordinaire excessivement riche, et comme il n'a pas de descendance, le sultan hérite de ses biens. Aussi, plus le maître le voit thésauriser, plus il est content. Il lui accorde toutes les faveurs sachant que cela peut lui rapporter des sommes considérables. On a vu certains sultans, quelle honte ! partager avec lui le produit de ses rapines.

L'autorité du chef des eunuques s'exerce également sur les princes et les princesses du sang. Là, elle devient paternelle, plus d'une princesse lui doit le bonheur ; car il s'occupe de les marier. Il choisit pour elles des jeunes gens dans les familles aristocratiques et il est autorisé à les présenter au sultan qui daigne les agréer. Quant aux princes, il a soin de leur donner des précepteurs plus ou moins ignorants, mais suffisamment instruits pour leur apprendre à lire le Coran et leur enseigner les principes de la grammaire turque ou persane.

Il s'occupe également de leurs amusements, de leurs plaisirs, et dès qu'ils sont en âge de se marier, c'est lui qui leur procure de belles esclaves circassiennes. Il favorise rarement leurs débauches et par là, il se rend quelquefois utile.

Il met, en outre, une certaine coquetterie à imiter le maître non seulement dans l'organisation de sa propre maison, très luxueuse et dans la composition de son harem, mais aussi dans des œuvres charitables.

Tel est, ce palais où, depuis plus de cinq siècles, naissent, grandissent et meurent les sultans ottomans. Ces mœurs qui nous choquent n'ont rien de scandaleux, ni d'anormal pour un peuple qui adore ses souverains, qui ne peut s'en détacher et qui les suivrait jusqu'à la ruine, jusqu'à la mort même. Elles apparaissent, au surplus, comme une chose naturelle en un pays où l'esclavage est reconnu, où il est pratiqué plus ou moins par la majorité de la nation, où il jouit. en un mot, d'une existence légale. Aussi ces coutumes s'imposent-elles aux milieux sociaux avec l'autorité d'une loi séculaire à laquelle tout l'Orient semble soumis.

Toutefois ces mœurs ne sont pas celles du peuple et l'on ne doit pas juger la constitution de la famille musulmane par le sérail ou par le harem des grands seigneurs qui se modèlent sur leur maître. Le sérail est une anomalie monstrueuse dans la société islamique, il est un abus, une débauche, une orgie et non une institution. A mesure qu'on quitte le sérail et qu'on s'éloigne de ces somptueuses demeures des grands de l'empire dont l'entretien coûte à la nation tant d'argent, de sang et de larmes, la famille mahométane nous apparaît avec ses éléments constitutifs et l'on peut dès lors en déterminer la valeur intrinsèque.

Cette valeur est importante, encore que la famille chrétienne lui soit supérieure, à la condition, bien entendu, qu'elle soit pénétrée de l'esprit du christianisme, ce qui tend à devenir de plus en plus rare. C'est une grave erreur de croire que parce que le musulman vit avec plusieurs femmes sous le même toit, la morale est exclue du foyer. Si l'homme est exposé dès son jeune âge à voir son éducation viciée par la domesticité, celle de la femme reste indemne et les jeunes filles reçoivent au harem une instruction simple, mais conforme à leur condition, en rapport avec les exigences sociales de leur milieu et qui est plus que suffisante pour la vie qu'elles doivent mener. Si d'autre part, leur situation de fortune leur permet de négliger les travaux du ménage, elles embellissent la maison paternelle par des ouvrages et des fines broderies qui révèlent chez elles le goût de l'art. En outre, la lecture du Coran, la seule qu'on leur permette avec celle de l'histoire et des *diwans* ou recueils de poésie, les initie à un idéal élevé. Elles sont ainsi capables de devenir d'excellentes épouses et de bonnes mères.

Quant à l'homme, il mène une existence plus hasardeuse, mais l'autorité qu'il exerce sur ses enfants est bienfaisante. Le contact du dehors, la lutte qu'il est forcé de soutenir pour se créer une situation, les moyens équivoques auxquels il a parfois recours pour y parvenir, toutes ces contingences diminuent quelque peu sa valeur morale à l'extérieur, sans la faire disparaître de la famille où elle garde toute sa force. Il possède, d'ailleurs, grâce à la tradition, le privilège d'être respecté de ses enfants, malgré les écarts de sa conduite. Les soucis de l'existence ne lui enlèvent pas ce calme et cette placidité qu'il tient de sa propre nature. Son activité, on le sait, n'est point dévorante et son amour pour le luxe va rarement au delà de ses besoins. La modération, un sentiment de résignation profondément enraciné dans son cœur et une indifférence dédaigneuse sont les traits caractéristiques auxquels on reconnaît généralement le mahométan.

Ceci lui donne une vertu réelle et des avantages considérables, car on perd souvent par une activité fébrile, et des instincts de combativité les profits que les circonstances auraient assurés, sans compter qu'on ne songe qu'à vaincre la nature et à la dompter, en lui livrant d'incessants combats. Ces luttes sont complètement ignorées du mahométan qui vit avec la nature et dans le sens de la nature qu'il ne contrarie point. Il demande à la terre ses joies et ce qu'elle peut lui donner de richesses, il l'aime aussi pour elle-même. Elle n'est pas à ses yeux un séjour de misère et de larmes, et, s'il désire le ciel, c'est parce que le ciel est, pour ainsi parler, la continuation, le prolongement de la terre aimée. Le mahométan, pour tout dire, a une conception particulière de la vie qui fait que, quelle que soit la condition où il est placé ici bas, il est content.

Il ne se préoccupe pas, outre mesure, de l'avenir, il ne soumet pas à ses investigations le globe terrestre, il en connaît, certes, la composition et au besoin les livres scientifiques de l'Islam la lui apprendraient, mais à quoi lui servirait-il de connaître l'âge du monde, l'épaisseur du globe terrestre sur lequel nous campons comme des naufragés sur un îlot, déplorant la fragilité de la vie et nous créant à nous-mêmes des tourments qui ne sont nullement dans la nature des choses ?

Le musulman ne s'inquiète de rien de cela, il est aux mains de Dieu et il a confiance dans le Créateur. On ne saurait imaginer combien cette quiétude influe heureusement sur son caractère et détruit les anxiétés de son esprit parfaitement équilibré et apte, d'ailleurs, à connaître les sciences physiques et surnaturelles et à les approfondir même, s'il le voulait.

Vivant dans le sens de la nature, ayant une prédilection toute particulière pour le globe terrestre où il respire, où il sent, où il pense, on pourrait peut-être croire qu'il est indifférent aux choses du ciel. Il n'en est rien. Et de même qu'il rattache les unes aux autres ces planètes qui se meuvent dans les espaces infinis sans frottement, sans grincement, sans bruit, dans la tranquille majesté de la matière inconsciente, il lie ses espérances à l'au-delà avec la ferme conviction qu'elles se réaliseront un jour.

Il y a, du reste, chez le mahométan, un état d'âme particulier qui fait que parfois il ressemble à ces fakirs de l'Inde qui, dans leur solitude et leur isolement, demeurent comme suspendus dans l'espace en une sorte d'extase; mais, malgré cette attraction mystique, si puissante, si impérieuse, si irrésistible, des régions supérieures, il reste attaché à la terre et à ses séductions.

Etranger à la révolution des idées dans ce sens qu'il n'y prend pas une part active, l'équilibre moral, pour lui, est tout entier dans la doctrine. Il n'en est que plus ferme dans sa foi; mais il ne se montre pas pour cela indifférent aux progrès de l'humanité. Tout l'intéresse, toute découverte scientifique qui ne heurte pas ses convictions est accueillie par lui avec respect, comme appartenant au groupe des lois par lesquelles la sagesse éternelle gouverne le monde. C'est un être de réflexion, non un agité, ni un névrosé. Il est à la fois réaliste et mystique. Il s'élève à Dieu par l'amour de la terre. Les dogmes terribles, les problèmes de l'au-delà ne l'effraient point, car il croit à la prédestination.

Chez un tel être, quelque transformation qu'il subisse, en quelque égarement qu'il tombe, il reste toujours un fonds solide. Le groupe des sensations qui l'assiègent étant invariablement le même, il en reçoit une impulsion qui ne change guère, la théologie ne modifie point le texte du Coran et la philosophie ne subdivise pas la doctrine en systèmes variés. Une impulsion purement islamique se dégage de cet ensemble et il obéit aveuglément à cette impulsion. Il est avant tout mahométan; la nationalité à laquelle il appartient, turque, tcherkesse, arabe, chinoise ou indoue, vient après ses croyances qui priment chez lui tout autre considération et l'idée religieuse compte un défenseur dans chaque mahométan. C'est un avantage que l'islamisme seul possède encore et auquel il semble que les autres religions, à l'exception peut-être de l'orthodoxie russe, ne puissent plus prétendre.

L'islamisme est, à ce point de vue, une entité extraordinairement puissante, non seulement à cause de la solidité de sa foi, mais aussi à raison de la solidarité qui existe entre tous ses membres qui ne forment, sous quelque climat qu'ils se trouvent, qu'une seule et même famille. Ce qui fait sa faiblesse, c'est sa trop grande confiance en ses gouvernants qui l'exploitent, le trahissent et jettent sur lui, par leurs méfaits répétés, le discrédit et le déshonneur. On ne peut se faire une idée de la différence qui existe entre le bon musulman et cet être hideux qu'on appelle le fonctionnaire turc. Ce dernier est un dévoyé ne respirant que la cupidité, l'envie, la jalousie, la haine, toutes les mauvaises passions. Le jour où, secouant sa torpeur, le peuple demandera compte à ses gouvernants de leur gestion, ce jour-là, il aura fait un grand pas dans la voie de son salut et de sa régénération. Ses mœurs ne se modifieront certes pas et il n'est point nécessaire qu'elles se modifient ; mais il rétablira le parfait équilibre de ses facultés par l'usage modéré qu'il en fera à l'avenir. Le trouble et le désordre qui s'emparent quelquefois de lui disparaîtront peu à peu et alors, on verra régner au tréfonds de son être l'harmonie qui existe dans la nature à laquelle il demande ses joies et ses plaisirs. Le fanatisme, cause de ce trouble, provient plutôt de l'exaspération qu'il éprouve en constatant les injustices dont il est victime un peu partout que de la religion musulmane qui recommande, au contraire, à ses adeptes l'équité et la bienveillance envers les autres croyances. Débarrassez l'islamisme des mauvais gouvernements qui ont altéré ses qualités essentielles, donnez-lui des institutions libres et vous verrez refleurir dans son sein, même sous la domination turque, cette civilisation que les Arabes firent resplendir dans le monde avec tant d'éclat. Il y eût dans le passé une nation arabe, existe-t-il une nation ottomane ? Oui, il en existe une qui possède toutes les qualités d'un grand peuple, moins l'initiative. Or, l'expérience a démontré qu'elle pouvait s'acquérir par une éducation intellectuelle plus complète. Quand la nation ottomane verra clairement que sa décadence a pour principale cause l'omnipotence des sultans, elle limitera leurs pouvoirs et détruira le Palais sans détruire la vieille monarchie à laquelle elle infusera un sang nouveau.

En attendant, une vérité se dégage de cet examen, c'est qu'on ne doit point juger de la valeur du peuple ottoman et en général de tous les peuples mahométans par celle des pachas et des émirs. Ni la corruption qui existe au Palais, ni les désordres de la classe dirigeante, n'ont pu entamer ce bloc solide que l'islamisme a cimenté avec sa doctrine. Battu par les flots, brûlé par le soleil du fanatisme, il résiste aux révolutions et aux tempêtes, et peut-être qu'un jour, un homme de génie saura s'en servir pour édifier une puissance terrestre plus forte, plus homogène que celles dont l'Occident est si justement fier. On a vu de ces rénovations étonnantes dans l'Histoire, rien ne nous dit que l'islamisme débarrassé de la vermine qui le ronge, des déments qui le gouvernent et des misérables qui l'exploitent, ne se relèvera pas, régénéré, ressuscité par la liberté qui seule doit gouverner le monde. Le Palais, les indignes créatures qui le peuplent, les sultans et leurs folies, trois siècles de despotisme remplis de hontes et de crimes, la corruption générale, tant de causes de ruine et de démoralisation, qu'est-ce donc que tout cela? une poussière qu'un souffle d'air pur dissipera. Le mal est un accident qui passe, il n'y a d'éternel que le bien et le vrai.

CHAPITRE II

MOUSTAPHA II

Débuts d'un règne. — Siège d'Azow par les Russes (1694). — Bataille navale gagnée par les Vénitiens (1695). — Guerre avec l'Autriche. — Victoire d'Olasck (1698). — Prise d'Azow. — Le prince Eugène de Savoie, bataille de la Zenta, défaite des Ottomans (1697). — Préliminaires de la paix. — Traité de Carlowitz (1699). — Mécontentement du peuple, déposition du sultan. — Conséquences du traité de Carlowitz. — Causes de la déposition du sultan. — Droit divin et droit populaire. — Errements de la diplomatie moscovite. — Idéal et religion.

Moustapha II fut le premier sultan qui, dans un hatti-chérif demeuré célèbre, a nettement déclaré à ses peuples que « sous ses prédécesseurs qui se livraient aux plaisirs et à la volupté, jamais les serviteurs de Dieu n'avaient joui d'aucun repos ». Et il ajoutait : « dès aujourd'hui les plaisirs et la volupté sont bannis de ma cour ».

Les commencements de son règne furent effectivement marqués par un retour ostensible vers la modération et la sobriété; toutefois, il n'osa point, quoiqu'il eût condamné publiquement la conduite de ses prédécesseurs, prendre sur lui de réformer l'institution du harem.

Il enjoignit aux vizirs et aux gouverneurs de provinces, ainsi qu'à tous les magistrats, d'appliquer rigoureusement la loi religieuse et de traiter surtout le peuple avec justice et équité. Il voulut se mettre lui-même à la tête de l'armée pour châtier « ces immondes chrétiens » qui avaient, disait-il, « profité de l'indolence des sultans et de leurs penchants à la débauche pour envahir l'empire » mais ses conseillers l'en dissuadèrent, tout d'abord, en lui représentant qu'il ne devait pas exposer sa personne aux coups des infidèles, comme si les premiers sultans avaient fait autre chose qu'affronter l'ennemi sur les champs de bataille. Moustapha n'en continua pas moins les préparatifs de la campagne.

La levée du siège d'Azow bientôt suivie d'un succès naval remporté par la flotte ottomane sur les vaisseaux vénitiens dans les eaux de Chio, dérida le front du sultan qui depuis son avènement semblait chargé de soucis. Cette victoire avait son importance en ce qu'elle écartait la menace d'une attaque de la flotte vénitienne contre la capitale et en ce que, surtout, elle rendait la mer libre pour le transport des troupes d'Asie en Europe (1695). Chio fut repris aux Vénitiens, cette nouvelle remplit de joie les sujets de Sa Majesté et toute sa cour. Le régénat Houssein Mezzomorto auquel était dû principalement le gain de cette bataille fut élevé par le sultan à la dignité de Kapitan-Pacha (grand amiral).

Il y eut à cette occasion des réjouissances à Constantinople, et le sultan oublia lui-même, quelque peu, les bonnes résolutions qu'il avait prises de ne point se livrer aux plaisirs et à la volupté.

En même temps qu'on célébrait la bataille navale de Chio, on apprenait que Schebbatz-Girï, Khan des Tartares de la Crimée, venait d'envahir la Pologne avec une armée de soixante mille combattants. Ce fut pour ce malheureux pays une grande catastrophe aggravée par le brigandage des Tartares. Il n'y eut pas moins de dix mille villages incendiés et les pillards qui avaient poussé jusqu'à Lemberg leurs incursions dévastatrices, en ramenèrent plus de trente mille captifs. Les hostilités avaient repris également dans l'isthme de Corinthe, en Herzegovine et le long du Danube.

Moustapha jugea le moment opportun pour se rendre

au camp où il fut reçu avec un grand enthousiasme par les troupes qui s'étaient déshabituées de voir les sultans prendre en main le commandement. La fortune favorisa les généraux ottomans ; à Lippa, à Titel, à Lugos et ailleurs la victoire seconda leurs efforts.

D'Andrinople le sultan s'était dirigé sur Belgrade, c'est dans cette ville que fut agitée la question de savoir s'il fallait commencer la campagne par le siège de Petervarden, ou par une attaque directe contre Temeswar. Cette importante place qui contenait une puissante artillerie et promettait, en outre, un riche butin, eut les honneurs d'un premier assaut et l'armée ottomane s'en empara après une vive résistance. De là, le sultan se porta sur la route de Temeswar au nord où il apprit que Djafer, son lieutenant, après s'être rendu maître de Titel située au confluent de la Theiss et du Danube, marchait sur Lugos défendue par l'ennemi commandé par le général italien Vétérani. Ce dernier n'avait avec lui que six mille hommes. Il accepta la bataille et fut écrasé par les troupes ottomanes, plus nombreuses. Mais le sultan perdit les fruits de cette victoire en ne poursuivant pas sa marche. Il jugea que la saison était trop avancée pour continuer les hostilités, et ramena l'armée à Nicopolis. Il revint à Andrinople, où l'attendait une entrée triomphale. Il s'y était fait précéder par trois cents captifs et par quelques canons pris à l'ennemi, faible butin qui flattait la vanité du souverain sans être aucunement l'indice d'une déroute complète de l'adversaire.

Mezzomorto fut beaucoup mieux inspiré en attaquant sans relâche les Vénitiens sur mer, et en dispersant leurs vaisseaux, ce qui acheva de griser le sultan.

La fortune souriait, en effet, aux Ottomans. Ils étaient victorieux sur terre et sur mer. Mais à ce moment une puissante armée venait d'apparaître sur les frontières turques, commandée par Pierre-le-Grand et le général Scheremeteieff. Le Czar avait mis de nouveau le siège devant Azow. Cette place résistait depuis trois mois aux assauts répétés de l'armée russe, quand le Khan Kaplan Giraï aidé de toutes les tribus tartares força Pierre-le-Grand à abandonner une seconde fois le siège de cette ville. Cet échec réconforta de plus en plus les Ottomans et le sultan résolut dès lors de reprendre la campagne contre les Autrichiens. Profitant de l'enthousiasme général qu'avait soulevé dans toute la Turquie l'annonce de tant de belles victoires, il fit publier la guerre sainte (Jehad). Les familles riches équipèrent des troupes à leurs frais et chacun se fit gloire de contribuer aux dépenses de la guerre qui allait s'ouvrir sous les plus heureux auspices.

Le sultan reprit la route d'Andrinople et de Sofia ; mais ayant appris que le duc de Saxe menaçait de nouveau Temeswar, il marcha au secours de cette place. Moustapha retrouvait les Autrichiens là où il les avait dispersés l'année précédente avec cette différence qu'ils étaient en plus grand nombre. De son côté, l'armée ottomane qui s'était accrue des contingents venus de l'Asie, ne comptait pas moins de cent cinquante mille hommes. Elle était secondée par une flotte très puissante prête à entrer dans les eaux de la Theiss.

Le duc de Saxe, aussitôt qu'il eût reçu avis de la marche de l'armée turque leva le siège et se dirigea vers Olasch, sur la Bega, où il rencontra l'ennemi.

La bataille fut chaude et coûta la vie à plusieurs milliers de combattants ; mais la victoire resta aux Ottomans (1696).

Content de ce nouveau succès, le sultan revint à Andrinople. Là, il apprit l'échec de ses troupes en Crimée où le sort des armes leur avait été moins favorable. De plus les Russes étaient retournés à Azow et la forteresse tardivement secourue par les Tartares dut cette fois capituler après une héroïque défense.

L'année suivante Moustapha reprenait sa campagne accoutumée contre les Autrichiens. Dans un conseil de guerre qui fut tenu en sa présence, voyant que le sultan était toujours décidé à ne pas franchir le cercle où il avait remporté tant d'inutiles triomphes, Amoudji-Zadé Hussein, gouverneur de Belgrade lui tint ce langage : « Sire, lui dit-il, trois fois vous vous êtes mis en marche et trois fois vous êtes rentré dans vos foyers sans avoir enlevé un pouce de terrain à l'ennemi ; si vous avez des munitions suffisantes, que n'entreprenez-vous le siège de Peterwarden ? » Amoudji-Zadé proposait en conséquence au sultan de traverser la Save, tandis que les autres généraux étaient d'avis de repasser la Theiss, pour surprendre, disaient-ils, l'armée autrichienne. Quoique ce plan eût déjà échoué, on décida néanmoins de l'adopter contre les sages avis d'Amoudji-Zadé. La tentative était d'autant plus audacieuse que le prince Eugène de Savoie, l'un des plus habiles généraux de ces temps-là, allait entrer en scène et montrer sur les champs de bataille sa science profonde de la tactique. Les marches et les contre-marches qu'il fit faire à son armée, avec une précision mathématique, ont rendu son nom à jamais célèbre dans les annales militaires.

Par contre, les généraux turcs n'avaient fait aucun progrès dans l'art de la guerre. Fidèles à leur ancien système qui consistait à partager leurs troupes en trois corps aussi rapprochés que possible l'un de l'autre, ils ignoraient les secrets de la tactique et marchaient bravement à la mort à la tête de leurs soldats, non moins décidés que leurs chefs à vaincre ou à périr.

Dans ces conditions, étant donnée l'entrée d'un facteur nouveau dans la conduite des opérations, la lutte devenait inégale. Les Ottomans se battront désormais en braves et mourront en héros ; mais ils ne seront ni bien commandés, ni bien dirigés dans leurs attaques contre un ennemi moins nombreux, il est vrai, mais plus instruit et plus avisé.

Le grand vizir en défendant son plan avait assumé, en quelque sorte, la responsabilité de la campagne. Il se porta tout d'abord sur le fort de Titel, à l'embouchure de la Theiss, culbuta le général Nehm qui lui disputait le terrain pas à pas, s'empara de la ville et marcha en poussant toujours devant lui les Autrichiens.

Le prince Eugène avait mis le feu au pont, mais les Ottomans parvinrent à éteindre l'incendie et à rétablir les communications entre les deux rives. Neuf autres ponts furent construits à de courtes distances et le grand vizir y travailla de ses propres mains. De son côté le prince Eugène allait se retrancher fortement dans son camp.

Prévenu des desseins de l'ennemi, il avait fait faire une marche forcée à son armée qui, au moment où elle arrivait en face du camp, se trouvait presque épuisée, tant elle avait souffert de la soif. Si le grand vizir l'avait alors attaquée, il eût certainement remporté sur le prince Eugène une éclatante victoire. Il n'en fit rien et le lendemain, il essaya vainement de faire sortir le prince de ses retranchements. Le sultan tint alors conseil, il fut décidé qu'on marcherait sur Szegeddin, tandis que la flotte du Danube remonterait jusqu'à l'embouchure de la Theiss pour approvisionner l'armée.

L'idée était excellente, mais il fallait pour que ce dernier plan réussît, qu'elle fût promptement exécutée. On aurait ainsi mis le prince Eugène dans l'impossibilité de reprendre sa marche pour atteindre les derrières de l'armée turque.

Instruit par ses espions des projets du grand vizir, le

prince Eugène renforça la garnison de Szegeddin et attendit que les Turcs se missent en mouvement pour suivre leurs traces avec des troupes reposées.

L'armée ottomane se sentant menacée prit une autre direction, renonçant au siège de Szegeddin. Le sultan résolut enfin de passer la Theiss près de Zenta pour pénétrer par là dans la Hongrie supérieure. Aussi prompt que l'ennemi à prendre une décision, le prince Eugène précipita sa course, arriva après une seconde marche forcée sur la Theiss, fit passer sa cavalerie par le pont de Zenta sur la rive gauche où le sultan venait à peine d'établir son camp ; il resta lui-même sur la rive droite avec son infanterie et une formidable artillerie disposée de façon à couvrir complètement le pont et la rivière.

L'armée ottomane n'avait pas encore effectué son passage lorsqu'elle fut attaquée par les Autrichiens. Le prince Eugène avait habilement manœuvré pour cerner la plus grande partie de l'infanterie ottomane qui n'avait plus qu'une issue pour prendre la fuite en cas de défaite : le pont de la Theiss. Tekœli conseilla au sultan de détruire ce pont pour couper la retraite de l'armée et la forcer à se battre avec une extrême énergie, mais le sultan ne voulut pas suivre ce conseil qui eût jeté la panique dans les rangs de ses soldats et l'eût exposé à être lui-même fait prisonnier. Il restait à peine deux heures pour le coucher du soleil, quand le généralissime autrichien donna le signal de l'attaque. L'artillerie du prince Eugène balayait le pont tandis que l'infanterie fortement retranchée, repoussait vigoureusement les assauts répétés des troupes ottomanes. Les morts jonchaient le champ de bataille et les tranchées étaient remplies de cadavres.

Le prince Eugène sentant de plus en plus que la victoire dépendait de la résistance de son infanterie, fit mettre pied à terre à sa cavalerie qui prêta son concours aux fantassins.

Repoussés plusieurs fois, les assaillants se replièrent en désordre sur le pont et le long des deux rives littéralement saccagées par les feux croisés de l'artillerie autrichienne. Ce fut alors que l'aile gauche du prince Eugène débouchant dans l'espace compris entre le fleuve et l'aile droite des Ottomans, coupa la retraite à une grande partie de l'armée turque.

Le généralissime autrichien surgissant, à ce moment, de ses retranchements, attaqua le front de l'ennemi qu'il culbuta dans le fleuve. Il en fit un terrible carnage. La nuit était venue et la mêlée fut effroyable. Plus de dix mille combattants périrent dans les eaux. Vingt mille morts furent trouvés le lendemain sur le champ de bataille et plusieurs généraux ottomans perdirent la vie dans cette mémorable journée qui rappelait le désastre du St-Gothard (1697). La première leçon n'avait pas servi aux chefs de l'armée ottomane qui auraient dû écouter les sages avertissements qui leur étaient donnés par Amoudji-Zadé. N'y avait-il pas lieu aussi de regretter que la marche sur Szegeddin eût été abandonnée ; elle aurait fourni au prince Eugène l'occasion de montrer ses talents militaires sur un autre terrain que celui choisi par le sultan et où il n'eut qu'à suivre le plan que les généraux qui l'avaient précédé lui avaient tracé. Et il aurait pu, dans ce cas, avec infiniment plus de raion, écrire à l'empereur : « Sire, le combat se termina avec le jour comme si le soleil eût voulu éclairer de ses derniers rayons la plus brillante victoire remportée par les armées impériales ».

A quoi cependant tient la destinée !

Si, comme nous l'avons déjà fait remarquer, au moment où le prince Eugène débouchait pour la première fois sur la rive droite de la Theiss, les Ottomans qui occupaient la rive gauche avaient attaqué les Autrichiens de front sans leur permettre de se retrancher derrière des remparts de terre, le sort de la bataille se fût peut-être modifié. En laissant quelques heures de répit à l'armée autrichienne pour prendre position, les Ottomans lui donnèrent la victoire. Nous ajouterons que dans le camp turc les conseillers du sultan furent trop nombreux. Chacun s'étudiait à montrer au maître qu'il en connaissait long sur la conduite de la guerre. Il en résulta des hésitations qui furent funestes à l'armée commandée par Moustapha que de faciles succès avaient grisé auparavant et qui croyait pouvoir compter sur de nouveaux triomphes.

Ce même jour, l'armée autrichienne victorieuse sur toute la ligne, traversa la Theiss et vint occuper le camp ottoman. Le butin fut immense. Le sultan n'eut que le temps de fuir avec les débris de ses troupes, laissant toute son artillerie aux mains du prince Eugène. Et sur les deux rives de la Theiss, devenue le tombeau de la plus glorieuse armée qui fût au monde, l'historiographe de l'empire avoue lui-même une perte de quatorze mille janissaires, vingt agas, dix alaïbegs, trois mille sept cents artilleurs (topdjis), soixante-cinq agas des sépahis, quinze vizirs et vingt mille combattants.

Le sultan rappela Amoudji-Zadé Hussin et lui dit en pleurant : Ah ! si je vous avais écouté ! Il lui remit sur l'heure le sceau de l'Etat et se fia sur ce descendant des Kœuprulis du soin de relever la fortune de l'empire. Que pouvait-il dans ces circonstances critiques sinon panser les plaies de la défaite et songer à la paix qui s'élaborait depuis cinquante ans, au feu des batailles, sans jamais aboutir ? L'Autriche se montrait trop exigeante, comme on l'a vu, et la Turquie n'était pas encore tombée assez bas pour accepter des conditions aussi onéreuses que celles que l'ennemi voulait lui imposer. Ce fut l'honneur de Moustapha II d'avoir du moins tenté de ramener la victoire sous ses drapeaux. Il était même sur le point de voir sa tentative couronnée de succès, quand le prince Eugène vint lui enlever son dernier espoir. La victoire qui lui eût permis de repousser définitivement les prétentions de l'Autriche à l'hégémonie sur le Danube lui ayant échappé, Moustapha sollicita la paix. Mais un autre facteur était entré en jeu et il fallut désormais compter avec la Russie aussi redoutable par sa force que par ses ruses diplomatiques. Pierre-le-Grand était là, luttant avec acharnement contre la fortune et la soumettant à ses desseins plus profonds que les eaux de la mer Baltique près de laquelle cet illustre héros avait grandi, et plus vastes que les steppes. Les Turcs le surnommèrent Déli-Pétro (Pierre le fou) lui, l'homme de génie qui entreprit avec de faibles ressources une œuvre gigantesque et sut la mener à bonne fin. Il avait conclu avec l'Autriche victorieuse une entente secrète et il demandait le prix du concours qu'il lui avait prêté.

Les traités passés jusqu'ici entre la Porte et l'Autriche n'avaient été que des simulacres de traités établissant une trêve, une sorte de suspension d'armes, tandis que celui qui allait intervenir devait avoir une tout autre portée. On le sentait de part et d'autre. L'Autriche, après avoir longtemps lutté, serrait maintenant de près son ennemie. Quant au vaillant peuple ottoman, qui avait jadis planté ses étendards victorieux sur les remparts de Budapesth, il se trouvait à bout de forces et ne pouvait songer, par conséquent, à recommencer la lutte. Toutefois, il n'éprouvait aucun découragement ; il se disait que ce n'était pas la première fois que l'armée revenait vaincue, ce qui ne l'avait pas empêchée de prendre d'éclatantes revanches.

Dès son arrivée à Constantinople, Moustapha reçut

des propositions de médiation de la part de l'Angleterre et de la Hollande. Il n'eut garde de les repousser et rédigea lui-même des contre-propositions qu'il remit à Paget, l'agent britannique. Le sultan voulait bien conclure une paix honorable avec l'Autriche, mais il lui répugnait de traiter sur le même pied la République de Venise, plusieurs fois battue sur mer par les amiraux ottomans ainsi que la Russie qui n'avait remporté que des succès partiels. Pour l'Autriche, c'était bien différent. Depuis la levée du siège de Vienne cette puissance avait entrepris quatorze campagnes, gagné neuf victoires et conquis quinze forteresses. Aussi le sultan s'empressa-t-il d'envoyer peu de temps après ces ouvertures au Reis-Effendi-Rami et au prince Maurocordato, qui étaient restés dans les Balkans, les pouvoirs nécessaires pour reprendre les négociations.

L'Autriche fit aussitôt connaître ses conditions préliminaires. Elle entendait traiter avec la Porte conjointement avec les Russes, les Polonais et les Vénitiens dont elle ne pouvait se séparer. A la suite de cette communication, la Russie fit connaître également ses conditions qui impliquaient avant tout la cession de la forteresse de Kertsch. En même temps le Czar tint au comte de Kinsky ce discours : « Gardez-vous d'ajouter foi aux paroles des Hollandais et des Anglais, ils n'ont en vue que les intérêts de leur commerce ».

La Pologne et la République de Venise, craignant qu'on ne les exclût du partage, s'étaient adressées de leur côté au pape, pour qu'une égale répartition leur fût faite dans les avantages de la paix.

Il fut convenu en principe que chaque Etat conserverait les territoires conquis ; mais ni la Russie, ni la Pologne n'étaient d'accord sur l'interprétation à donner à cette stipulation.

En attendant qu'une entente définitive s'établît entre

les intéressés, il fut convenu que les plénipotentiaires, ottomans et autrichiens pourraient se réunir à Carlowitz pour délibérer. Bientôt tous les autres plénipotentiaires, y compris ceux de Russie et de Pologne, s'y donnèrent rendez-vous afin d'arrêter les conditions définitives de la paix. Les représentants des puissances étaient au nombre de neuf. Pour la première fois la Turquie admettait la présence des ambassadeurs de plusieurs Etats à des délibérations qui devaient engager gravement ses intérêts.

Elle comptait sans doute, au cours des négociations, sur des dissentiments qui ne se produisirent pas, l'Autriche s'étant d'une part, montrée très conciliante et Venise, plusieurs fois battue sur mer par l'un de ses enfants qui l'avait abandonnée, n'ayant pu, d'autre part, formuler des exigences inacceptables.

Le reis-effendi ou ministre des affaires étrangères garda, pendant ces conférences, un silence résigné. Maurocordato, l'interprète de la Porte, parlait pour lui. Personne au surplus ne tenait compte de ses observations. Les plénipotentiaires européens consentirent néanmoins pour la forme à quelques concessions en faveur de la Porte et les bases du traité furent définitivement arrêtées entre les parties intéressées (1699).

Le traité de Carlowitz marque la fin de la période ascendante de la puissance des Ottomans en Europe. Quelque lourdes et onéreuses qu'en fussent les conditions, la Turquie dut les subir. Sa situation à l'intérieur s'étant aggravée après ses désastres, elle ne pouvait songer à reprendre les hostilités.

En se soumettant pour la première fois à l'ingérence de l'Europe, elle entrait dans une voie dangereuse. Il eût mieux valu sans doute pour elle, qu'elle traitât séparément avec l'Autriche, dût-elle lui céder d'autres territoires. En admettant la Russie dans ces arrangements diplomatiques, alors que cette puissance n'avait encore remporté en réalité aucun succès décisif, la Turquie s'exposait aux plus graves mécomptes.

On pouvait déjà prévoir, en effet, que la fragile puissance de Venise, livrée à une oligarchie sans vergogne et sans pudeur, ne tarderait pas à s'évanouir et que la Pologne disparaîtrait un jour ou l'autre ; il y allait différemment de l'ours du nord qui naissait, en quelque sorte à la vie, et montrait un appétit insatiable et des griffes capables de lacérer les cartes de l'Asie et de l'Europe.

La Russie n'était pas seulement un danger pour la Turquie, mais aussi pour l'Europe elle-même qui avait tout à redouter de son despotisme.

Les vieilles races, par léur accession au progrès, marchent forcément vers les institutions libérales. Aussi l'Europe, dès le dix-septième siècle, commençait-elle à s'acheminer vers l'état social qui la place, aujourd'hui, au premier rang des nations policées, tandis que les Russes venus de l'Asie, imbus de ses préjugés, inféodés à ses mœurs ne pouvaient que prendre la voie qu'ils ont adoptée et qui, à l'heure actuelle, crée un antagonisme dangereux entre eux et les vieilles races européennes. Cet antagonisme est à l'état latent, mais qu'un conflit surgisse, il éclatera.

Au temps où fut élaboré le traité de Carlowitz l'Europe ne redoutait, il est vrai, que l'islamisme ; car les Russes s'étaient munis d'un sauf-conduit : la croix, et c'est avec ce sauf-conduit qu'ils se présentèrent pour se joindre à la chrétienté. Ainsi donc, avant d'avoir, pour ainsi dire, pris contact avec l'Europe, la Russie allait figurer dans les négociations aux côtés des plus vieilles monarchies. Elle n'avait pas été à la peine et maintenant elle voulait être au premier rang parmi les puissances avides, désireuses de se partager les dépouilles de la Turquie. Les Czars, c'est une justice à leur rendre, savaient ce qu'ils désiraient et vers quel but ils marchaient; mais comment les autres puissances ne s'apercevaient-elles pas qu'en laissant tomber la forteresse placée pour protéger le sud de l'Europe contre les visées ambitieuses des Czars, elles favorisaient ces visées au-delà de toute mesure ?

Autocrates doués d'intelligence et de finesse, despotes supérieurs, les empereurs de Russie ont réalisé en peu d'années un vaste programme qui a fait d'un pays à peine connu aux treizième et quatorzième siècle le premier empire du monde. Le flux et le reflux de la civilisation occidentale se heurtant à la puissance moscovite, ont fait subir à ce bloc une sorte de polissage qui le rend brillant sans en effacer les aspérités. La Russie n'a pas complètement renoncé à la barbarie, et surtout, elle est demeurée très attachée au despotisme, ce qui constitue un danger pour l'Europe. En un mot, si le péril de l'invasion islamique a complètement disparu, celui de l'invasion moscovite s'est accru considérablement.

Telles sont les réflexions que nous suggère le traité de Carlowitz. Les papes auraient dû se réjouir du triomphe définitif de la chrétienté consacré par le nouveau traité, il semble toutefois qu'ils en aient conçu quelques inquiétudes que l'avenir n'a que trop justifiées.

Quels étaient, en effet, depuis les croisades, bien avant l'apparition des Russes, les soldats de la papauté ? C'étaient les Hongrois, les Autrichiens, les Vénitiens et les Polonais. Or, les résultats obtenus ne furent brillants pour aucun de ces peuples, si on les compare aux avantages réalisés par les Russes. En ce qui concerne notamment les Vénitiens et les Polonais, les papes ont dû exercer une très forte pression sur l'Autriche pour que ces ouvriers de la première heure ne fussent point frustrés de la part qui leur revenait légitimement dans le butin.

On voyait déjà l'existence de la Pologne menacée par les ambitions moscovites et la République de Venise ne commençait-elle pas à se désagréger. En même temps, le protestantisme étendait ses ramifications en Allemagne où bientôt il s'alliera à l'orthodoxie grecque pour affaiblir le catholicisme. Il est facile de constater dès lors que les avantages que la papauté retira de sa politique anti-islamique ne furent pas ceux qu'elle était en droit d'espérer.

On est frappé de l'absence du Légat apostolique aux célèbres conférences de Carlowitz. Il était sans doute dans les coulisses, d'où il dirigeait les négociations des représentants de Sa Majesté très-catholique et inspirait les envoyés de la Pologne et de Venise, mais ne semble-t-il pas que sa place était marquée à ces conférences à côté des représentants des plus grandes puissances?

C'est grâce à l'énergie des papes, à leur sagesse, à leur persévérance que les nations catholiques étaient parvenues à ce résultat inespéré d'arrêter les progrès de l'invasion turque. Et quand il s'agissait de discuter les conditions de la paix, quand il fallait recueillir les fruits de tant de siècles d'efforts et de labeurs, les papes étaient absents des délibérations.

Ceci ne démontre-t-il pas que ce ne sont pas toujours ceux qui entreprennent les guerres et qui en supportent tout le poids qui en tirent le plus de profit ? Pour n'avoir pas regardé du côté de ses voisins, l'Autriche va se trouver dans la nécessité de ménager la Russie et de satisfaire à ses exigences.

Elle s'était rendu compte pendant les négociations de la faute commise. Si elle avait été plus attentive à ses intérêts, elle aurait dès ce jour changé ses batteries et se serait rapprochée de la Turquie et de la France pour protéger la Pologne, ce qui lui eût évité la douloureuse nécessité de se joindre plus tard à la Russie et à la Prusse pour consommer le plus odieux des crimes. Louis XIV qui venait de signer le traité de Riswick, vivement contrarié par les nouvelles de Carlowitz, multipliait ses démarches à Vienne et à Constantinople dans le but d'empêcher cet accord. Il aurait fallu pour cela que la France eût dans le gouvernement turc un facteur sérieux.

Mais les Russes avaient déjà pris les devants et leur influence à Constantinople était devenue de plus en plus prépondérante, notamment au Palais.

D'abord circonspecte et presque timide, la diplomatie russe s'était enhardie tout à coup, jusqu'à émettre la prétention de diriger à son gré la politique de la Turquie.

Elle s'essayait à faire la conquête de la Crimée. Elle laissait entendre à la Porte que les Tartares, livrés à eux-mêmes, deviendraient un danger pour elle et qu'elle ne devait pas plus les épargner que les quelques milliers d'Arméniens que leurs sympathies pour les anciens Croisés avaient compromis aux yeux des musulmans.

Politique astucieuse s'il en fut, et qui ne tardera pas à porter ses fruits. Nous verrons bientôt les sultans sacrifier les Tartares de la Crimée aux ambitions moscovites et les Arméniens aux exactions de fonctionnaires turcs et aux brutalités des Kurdes.

Par le traité de Carlowitz, l'empire ottoman perdait les principales positions qu'il occupait au-delà du Danube et de la Theiss. La Transylvanie, la Padolie, l'Ukraine lui échappaient ainsi qu'une partie de la Morée.

Il espérait sans doute les reprendre. Il tentera plus d'une fois de ce côté un retour offensif, mais toujours l'Europe sera là pour intervenir au moment opportun, afin de l'empêcher de profiter de ses victoires.

Moustapha ne pouvait prévoir toutes lès conséquences d'un traité qu'il était forcé de subir. Du moins essaya-t-il de préparer la revanche en appelant de nouveau au grand vizirat Amoudji-zadé et en profitant autant que possible des lumières du prince Maurocordato qui, élevé à l'école de Padoue, était apte à éclairer la religion du padischah sur la situation extérieure.

A la collaboration de ces deux hommes d'Etat est due la reprise du *Nizam Jédid* ou règlement nouveau inauguré jadis par les Kœuprulis et qui avait été abandonné. Ceci mit le comble à la fureur des fanatiques déjà surexcités par les défaites de l'armée et par l'humiliant traité imposé à la Porte par les puissances étrangères.

Subissant l'influence de son entourage et celle de son harem, démoralisé par ses revers, Moustapha se laissa aller, à ce moment-là, à un acte regrettable. Les ennemis du grand vizir avaient imaginé pour le perdre dans l'esprit de leur maître d'accuser injustement son neveu d'avoir voulu attenter à l'honneur d'une sultane.

Chassé du palais sans qu'on lui permît de se justifier, le neveu d'Amoudji-zadé fut assassiné et la chute du grand vizir s'ensuivit.

Datlaban Pacha lui succéda : Ancien gouverneur de la Mésopotamie et de la Syrie, il s'y était rendu odieux par ses exactions. Il commença à publier des édits contre les chrétiens et les juifs, cherchant à détruire par ces persécutions l'impression produite par la promulgation du Nizam Djedid, qui contenait des dispositions quelque peu favorables aux rayas.

Cependant le sultan effrayé par les réclamations des victimes qui commençaient à tourner leurs regards suppliants vers l'Europe, confia le pouvoir à Ramsi. Sous l'impulsion de ce dernier, qui fut un modéré et un sage, la machine gouvernementale reprit son fonctionnement régulier : mais la rébellion couvait dans l'armée.

Elle éclata bientôt à Andrinople et y prit en quelques heures des proportions dangereuses.

Le sultan s'était mis à la tête de ses troupes fidèles, il fut défait et dut abdiquer aussitôt après, espérant par cette résolution spontanée apaiser l'effervescence populaire et échapper lui-même à la mort.

Cette chute soudaine d'un monarque, naguère encore si puissant et si respecté, étonna l'Europe qui croyait en l'énergie de Moustapha. Elle l'avait vu fréquemment sur les champs de bataille et elle ne pensait pas qu'il fût destiné à achever d'une manière aussi lamentable, un règne dont les commencements avaient éte si brillants.

A la vérité il n'avait commis aucun acte digne de blâme qui fût de nature à lui aliéner les sympathies de son peuple. Le traité de Carlowitz ne pouvait lui être imputé à crime, attendu qu'il était le résultat de plusieurs victoires remportées par les Autrichiens. Ce traité avait été, en outre, préparé par des faits antérieurs à l'avènement de Moustapha : Bude, Essek, Mohaez, Nissa, Slankomen, Zenta et d'autres victoires en avaient tracé en caractères flamboyants les principaux articles.

Moustapha avait tenté, mais vainement, de rompre le cercle de fer qui l'entourait de tous les côtés. La coalition formée par l'Autriche, la Pologne, la Russie, la République de Venise ne pouvait être brisée que par une de ces victoires qui font époque dans la vie d'une nation. Cette victoire Moustapha en sentait la nécessité impérieuse, il la tenait presque ; mais il échoua dans cette entreprise. La tactique du prince Eugène et l'inexpérience du sultan dans les choses de la guerre en furent cause.

Malheureusement le peuple ne raisonne pas. Humilié dans son orgueil, il chercha à se venger du souverain qui n'avait pas su lui épargner cette honte. Il aurait voulu — c'était aussi le désir de l'armée — qu'il ne capitulât pas et qu'il combattît jusqu'au bout; désir louable, mais qui se heurtait à une complète impuissance.

Moustapha II se croyait, sans doute, à l'abri de tout danger. N'avait-il pas combattu à la tête de ses armées et n'était-il pas autorisé à croire qu'elles reconnaîtraient son attitude courageuse ? Au besoin, sa qualité de calife, soucieux des intérêts de la religion, devait le protéger sur le trône ; mais le droit divin n'existe pas dans l'islamisme et le calife qu'entoure le respect des fidèles n'est point inviolable. Le judaïsme qui a donné naissance à l'islamisme ne lui a pas inculqué ce principe de l'inviolabilité de la personne du sultan. Malgré le caractère religieux dont elle est revêtue, elle demeure une manière de souveraineté élective. En cherchant à se soustraire par l'hérédité aux hasards de l'élection, le calife n'a pu supprimer l'obligation, tout au moins théorique, de consulter le peuple (cérémonie du biât), de lui demander son adhésion, et ne s'est pas, conséquemment, affranchi de tout contrôle. Il reste, pour ainsi dire, éventuellement sous son joug et il doit lui rendre compte de sa gestion. S'il ne le fait pas, il s'expose à le voir se soulever contre lui pour réprimer les écarts de sa conduite, ou pour le châtier.

Le peuple exerçait donc son droit en déposant Moustapha. Agissait-il spontanément, pour son propre salut, sous l'impulsion des événements, ou bien était-il poussé à l'émeute par des ambitieux évincés ou par des excitations venues de l'étranger, avait-il, en un mot, bien choisi son moment pour se livrer à cette exécution ? Autant de questions qui se posent, mais en tout cas, il usait, nous le répétons, du droit que lui conféraient la constitution de l'empire et la loi religieuse. Il importe, en effet, de savoir que, quand les Turcs opprimés se révoltent contre leurs souverains ils ne commettent point un acte illégal. On peut leur reprocher, au contraire, de n'avoir pas toujours profité, lorsqu'ils jugeaient que leur situation était en péril, de cette prérogative que la religion leur reconnaît. Son fondateur a compris qu'à un pouvoir absolu, il fallait nécessairement imposer un frein et il a armé le peuple contre ses chefs afin que ceux-ci sachent bien qu'en dépassant certaines limites et en abusant de leur puissance, ils courent le risque de se rompre le cou, sage prévoyance du législateur, précieux avertissement qui, plus d'une fois, épargna aux sultans ottomans une chute retentissante, ou une mort prématurée.

Que la nation ait fait quelquefois un mauvais usage de cette prérogative et qu'elle ait commis des excès répréhensibles, cela n'est point douteux ; mais de là à lui contester son droit à la révolte, il ne saurait en être question pour les musulmans : la doctrine l'affirme et les textes sont formels. Puis, ne faut-il pas une issue à la colère des foules ?

Un peuple qui, suivant l'expression énergique de Paul Adam « se rue, qui vit, qui hait et qui souffre, un peuple aux passions ardentes et pieuses, un peuple en qui paraissent d'étonnantes figures, celles d'eunuques gras flasques et cruels, celles de gens mutilés par ordre impérial, celles de fanatiques prêts à courir aux tumultes des séditions » ne saurait retenir longtemps ses indignations, elles éclatent, elles font brèche, elles sèment parfois la désolation et la mort. Malheureusement ces explosions de colère n'ont point de lendemain et ce même peuple révolté qui pourrait, s'il le voulait, répandre autour de lui la vie et la liberté reprend aussitôt avec soumission, le joug qu'il vient de secouer et se fait de nouveau esclave du maître inconscient qui le mène à la ruine. Il tourne toujours dans le même cercle fatal, comme si sa destinée eût été de se révolter pour l'unique plaisir de montrer quelque énergie.

On pourrait objecter que c'est tomber dans l'anarchie que de reconnaître au peuple ottoman le droit de détrôner ses souverains. Le législateur a prévu l'objection et a déterminé les cas où ce droit s'exercerait légitimement. Les ulémas étant les interprètes de la loi, il leur incombe de rendre le *fetwa* libérateur autorisant le peuple à agir. Ceci explique la grande antipathie que la plupart des sultans ont vouée à ce corps savant, qui détient entre ses mains une arme si terrible, dirigée contre ses monarques. En outre, le législateur mahométan n'a pas prescrit, comme forme de gouvernement, le despotisme, il l'a, au contraire, éliminé de ses dispositions et dès lors, avec le sytème consultatif préconisé par lui dès le commencement de l'Islam, non seulement le peuple, mais aussi les califes eux-mêmes étaient protégés contre tout abus de pouvoir par le fonctionnement régulier du régime constitutionnel.

Le despotisme a été introduit par la ruse et la force dans les gouvernements musulmans qu'il a viciés. Dès ce jour, l'anarchie s'est déchaînée sur le monde islamique qu'elle a bouleversé de fond en comble, d'abord sous les califes arabes dont le despotisme a dissous la puissance et ensuite sous les califes ottomans livrés aujourd'hui aux affres de l'agonie.

On pourrait croire que de si terribles exemples les ont éclairés sur l'étendue des dangers auxquels leur absolutisme les expose, il n'en est rien. Le despotisme, on en meurt toujours, on n'en guérit jamais.

Moustapha II fut-il ce despote tant redouté, voué aux malédictions de tout un peuple ? non, sans doute, mais il fut emporté par le tourbillon révolutionnaire et par des événements qu'il n'avait pas su prévoir. D'autres monarques, plus criminels que lui, furent épargnés. Ainsi en est-il de la justice populaire qui souvent ne sait choisir ni son heure, ni ses victimes.

Disons pour terminer que Moustapha II se trouva pris dans les inextricables filets de la diplomatie russe qui multiplia les pièges autour de lui et le mena à sa perte. L'objectif de la politique moscovite fut toujours de briser la puissance des ottomans et de les contraindre à abandonner l'Europe et le Pont-Euxin.

Ce rêve n'a jamais cessé de hanter le cerveau des Czars, la possession de Constantinople entraînant la libre disposition des détroits est leur suprême espoir. Du côté de l'Autriche, la Russie désirait, elle désire encore, créer une zone sympathique occupée par les Slaves et où elle puisse évoluer à son aise. Elle semble avoir tenu surtout à barrer la route de l'Orient à la race germanique. Que n'a-t-elle point fait pour atteindre ce but ! L'affranchissement des Grecs, des Roumains, des Serbes, des Montenegrins et, en dernier lieu, des Bulgares, tout cela fut son œuvre. En a-t-elle retiré quelque profit ? Il semble que non, malgré les apparences contraires. Elle a sans doute considérablement affaibli la Turquie, mais elle l'a forcée aussi à chercher des protecteurs au dehors et elle a abouti à ce résultat de la jeter finalement dans les bras de l'Allemagne, favorisant ainsi au sud, le développement de la puissance germanique et l'influence du protestantisme. On ne peut pourtant pas supposer qu'elle ait visé à cela et dès lors, il devient manifeste qu'elle s'est trompée dans l'orientation qu'elle a donnée à sa politique et dans laquelle elle persévère, malgré les leçons de l'histoire contemporaine et l'expérience qu'elle en avait faite elle-même.

La Russie était, croyons-nous, encore plus intéressée

que l'Autriche à conclure une alliance offensive et défensive avec la Turquie, mais les guerres à cette époque ayant, surtout, un caractère confessionnel bien tranché, la passion religieuse avait aveuglé la Russie au point qu'elle méconnut ses véritables intérêts.

Dans cette haine des Turcs contre les chrétiens, dans cette hostilité des Russes contre les Turcs, nous reconnaissons pourtant un idéal. Ces deux peuples sont seuls capables, aujourd'hui, de s'armer pour la défense de la religion, et c'est pourquoi ils sont appelés à se rencontrer plus d'une fois encore sur les champs de bataille de l'avenir.

Quant aux autres peuples, le matérialisme a fait tant de ravages chez eux qu'ils ne se battront plus que si les syndicats financiers jugent qu'il est de leur intérêt de susciter un conflit sur tel point du globe qu'ils leur désigneront. Aussi sont-ils devenus beaucoup plus accommodants, tandis que l'intransigeance russe et l'intransigeance mahométane n'ont point faibli.

C'est à cette intransigeance du sentiment religieux, toujours plus ou moins influencé par des considérations politiques, que Moustapha II dut sa chute. Son peuple ne voulut point lui pardonner les concessions qu'il avait faites aux puissances chrétiennes. Ce sentiment, quoique entaché de fanatisme, est louable en soi. On ne voit pas, au surplus, un grand pays aux mains des marchands qui mesurent tout à la longueur de leur aune et pour qui rien n'est plus sacré que l'argent. Ils prétendent, ces mercantis, que l'idéal religieux aussi bien que l'idéal politique sont de vains mots et qu'un gouvernement éclairé doit, surtout, soutenir et protéger les intérêts matériels. Ces funestes doctrines sont la négation de tout patriotisme et il y a lieu de féliciter les Turcs pour l'horreur qu'elles leur inspirent. Malheur aux nations qui les propagent, elles en seront les premières victimes. L'idéal, même un idéal brutal et sanglant comme le fut celui de la première église musulmane, vaut mieux que l'indifférence. La prospérité matérielle occupe certainement une grande place dans l'existence d'un peuple, mais on ne doit pas tout lui sacrifier, et, on risquerait de la voir disparaître si on ne lui procurait le solide revêtement de la religion et de l'idéal.

Moustapha II, en dépit de ses fautes et de ses faiblesses, crut à la vertu de la religion et à la puissance de l'idéal. Il entreprit la réforme des écoles religieuses et prescrivit aux croyants la lecture du Coran et la connaissance des dogmes de l'islamisme que le peuple paraissait ignorer. Il poursuivit également le dessein patriotique de relever l'empire de ses ruines. S'il fut vaincu et terrassé, on peut dire, à son éloge, qu'il laissa à ses successeurs un noble exemple. La nation turque doit lui être reconnaissante du bien qu'il voulut faire et qu'il ne put accomplir.

CHAPITRE III

AHMED III

Difficultés d'un règne. — Dénonciation du traité de Carlowitz. — Alliance avec Charles XII, roi de Suède. — Lutte avec la Russie et la Pologne. — Bataille de Pultava, défaite du roi de Suède. — Hospitalité accordée à Charles XII. — Grand vizirat de Balladji Mohammed. — Rencontre des armées ottomanes et russes sur le Pruth. — Intervention de Catherine. — Pierre-le-Grand échappe au danger d'une capitulation. — Colère de Charles XII. — Traité de Falksen, 1711. — Retraite de Charles XII. — Guerre avec l'Autriche. — Nouvelle bataille gagnée par le prince Eugène. — Paix de Possarowitz (1718). — Relations avec la Russie. — Guerre avec la Perse. — Emeutes à Constantinople. — Déposition du Sultan. — Jugement sur le règne d'Ahmed III. — Introduction de l'imprimerie en Turquie. — La chrétienté et l'Eglise musulmane. — Parallèle entre les deux théocraties. — Causes de révoltes en Turquie.

Maître du pouvoir, Ahmed III dut subir, comme ses prédécesseurs, la tyrannie des Janissaires. Il se soumit d'autant plus volontiers à leurs exigences qu'il y trouva une occasion favorable de se débarrasser, sans encourir aucune responsabilité, des hauts dignitaires compromis dans les derniers événements, tels que le Kizlaraga, le Khaznadar et le Mufti. Mais il était plus facile d'obtenir un fetwa visant la déposition ou la mort d'un sultan que d'en faire rendre un contre le chef suprême de la magistrature. Ahmed trouva pour accomplir cette besogne l'un de ces hommes ambitieux, toujours à l'affût d'une situation à conquérir, auxquels une capitulation de conscience ne coûte rien. Le mufti fut donc condamné à périr sur l'échafaud et telle fut la fureur de la populace accourue pour voir ce spectacle, qu'il fallut lui abandonner le cadavre qu'elle découpa en morceaux. D'autres exécutions eurent lieu le lendemain même. Non seulement les deux milices concurrentes, les Sipahis et les Janissaires désignaient au sultan les victimes, mais la foule, alléchée par le sang, réclamait à son tour quelques têtes qu'elle promenait sur des pics dans les rues de la capitale.

Un aventurier, le nommé Tchalik, qui conduisait les mutins poussa l'audace jusqu'à sommer le sultan de lui remettre le sceau de l'empire. Ahmed eût pu le faire sans déroger aux habitudes de ses devanciers, mais Tchalik était un gueux et dans l'entourage du sultan, on ne pouvait espérer avoir de lui ni présents d'avènement, ni aucune autre compensation. On eut conséquemment recours à un stratagème pour l'arrêter. Il fut aussitôt embarqué sur une galère et précipité à la mer.

Grâce à des mesures énergiques prises par le grand vizir Hassan-Damad, beau-frère du sultan, le calme se rétablit et Ahmed III fut assuré de régner. Les événements qui avaient marqué la fin du précédent règne, l'avaient rendu méfiant au point qu'il jugea utile pour sa sécurité personnelle d'exiler l'homme qui venait de lui rendre de si signalés services. Hassan était devenu populaire et c'était assez pour justifier aux yeux de tous cet acte de rigueur pris contre lui. Le sultan donna sa place au fils d'un potier Kaglaïlikoz. Admis au nombre des pages, il était parvenu à gagner les sympathies du chef des eunuques. Ahmed avait, du reste, un faible pour les êtres inférieurs dont il faisait ses confidents. Ceux-ci s'occupaient plus passionnément de ses plaisirs et le sultan ne pouvait faire moins que de leur confier la direction de l'Etat.

Il eut autant de grands vizirs que de favoris. Il en

changeait fréquemment d'autant que c'était pour lui une source de revenus, chacun des grands vizirs étant tenu de lui offrir de riches présents.

Le traité de Carlowitz qui pesait si lourdement sur la Turquie inquiétait également la France. Celle-ci voyait sa rivale délivrée d'un grand souci. Libre de ce côté, l'Autriche pouvait, en effet, opposer une résistance plus vigoureuse aux prétentions de Louis XIV qui se préparait alors à la guerre de succession. Aussi l'agent du roi Feriol s'agitait-il à Constantinople pour persuader aux hommes d'Etat ottomans qu'ils devaient, à tout prix, dénoncer le traité. Feriol était très adroit et excitait sans cesse la méfiance du sultan par des rapports traduits en langue turque qu'il lui présentait périodiquement.

La Hongrie travaillée en même temps par les émissaires de Louis XIV se plaignait, non sans raison d'ailleurs, par la voix de Rakoczy et d'autres émigrés, qu'on la laissait soutenir seule une lutte inégale. Aussi le roi de France pressait-il son ambassadeur de hâter l'ouverture des hostilités. De son côté le grand vizir (1) n'aurait pas mieux demandé que de saisir le premier prétexte venu pour dénoncer le traité de Carlowitz; mais il redoutait une nouvelle coalition de l'Autriche, de la Pologne, de la Russie et de la République vénitienne. Dans ce dernier cas, quel intérêt avait-il à soulever contre son pays tant d'ennemis qui se seraient acharnés à sa perte? Feriol avait cependant son idée dont il ne voulait pas démordre et poussait constamment le grand vizir à déclarer la guerre.

Un événement parut favoriser le projet poursuivi par le diplomate français. On ne parlait à ce moment-là à Constantinople que des exploits du roi de Suède, Charles XII. La Hongrie, la France et la Pologne enga-

(1) Tchorli.

geaient la Turquie à rechercher l'amitié de ce héros qui était son allié naturel. Le divan finit par offrir à Charles XII une alliance offensive et défensive contre la Russie et lui fit promettre, en outre, des subsides. Alléché par ces offres séduisantes (1), le roi de Suède s'était hâté de quitter ses positions au nord et de se replier à l'ouest pour donner la main à ses nouveaux alliés. Il devait opérer sa jonction avec les Ottomans après avoir chassé les Russes de la Pologne et reprendre plus tard sa marche vers Moscou.

Le roi de Suède ne pouvait cependant pas commettre une plus lourde faute qu'en changeant son orientation. Il eut là une funeste inspiration, encore qu'une alliance avec la Turquie eût été tout à son avantage.

Cet enfant gâté de la fortune, le plus terrible des enfants du nord, était monté sur le trône à quinze ans, trop prématurément pour acquérir de l'expérience et de l'autorité au dehors, mais follement aimé de son peuple. Il était né sous une heureuse étoile. Son père lui avait laissé un magnifique domaine, il régnait sur la Suède, la Finlande, la Livonie, la Casélie, l'Ingrie et possédait en outre Vismar, Viborg, les îles de Rugen, d'Oisel, la plus belle partie de la Poméranie et les duchés de Brême et de Veiden, toutes conquêtes de ses ancêtres, arrachées à la maison d'Autriche au démembrement de laquelle les rois de Suède avaient travaillé peut-être presqu'autant que les rois de France.

A ce titre et pour d'autres raisons encore, Charles XII était jalousé de ses parents et de ses voisins. Le roi de Danemark son cousin, l'électeur de Saxe roi de Pologne et le plus redoutable de ses adversaires Pierre-le-Grand, czar de Moscovie, se liguèrent contre lui.

Le czar s'était déjà distingué contre les Turcs en 1698, la possession d'Azof lui avait ouvert l'accès de la mer

(1) Mission de Youssouf Pacha auprès de Charles XII.

Noire. Ce héros auquel les Turcs avaient donné le surnom de Dély-Pétro (1) et qui eut, en effet, à un suprême degré, la sainte folie de la grandeur de la Russie avait senti qu'il aurait en Charles XII un redoutable ennemi et dès lors tous ses efforts tendirent à s'en débarrasser. Il était plus rusé et plus souple que son adversaire.

Charles XII attaqua d'abord le colosse russe qu'il était allé chercher dans ses Etats, quand il eût été si prudent de l'attendre de pied ferme ; mais la jeunesse est imprudente : Il traversa la mer sur deux cents galères chargées de vingt mille hommes dont mille cavaliers. Après une première victoire qui lui permit d'entrer dans Navra, il se transporta en Livonie pour briser la ligue formée contre lui, remporta une seconde victoire sur la Dwina et conçut le projet de faire détrôner, par ses propres sujets, Auguste, roi de Pologne, tâche dans laquelle les Polonais ont toujours excellé. Comme il y avait deux factions ennemies l'une de l'autre, Charles XII n'eut qu'à prendre sous sa protection l'une d'elles. Le roi combattit pour sa couronne, perdit la bataille de Clisson (1702) et se réfugia à Thorn d'où il fut chassé. Finalement Stanislas Leczinski, élu roi de Pologne à la place d'Auguste, força ce dernier à se retirer dans ses anciens domaines. La lutte n'était pas terminée ; car de nouveau Pierre-le-Grand accourait du nord au secours de son allié. Il reprit Navra en 1703 et marcha contre Charles XII qui, en battant coup sur coup les généraux russes, leur apprit l'art de la guerre. Le roi toujours poursuivi par les Suédois se voyait dans l'obligation de renoncer à sa couronne, quand le général russe Meyerfeld arriva à son aide avec trente mille hommes, engagea le combat et vainquit pour la première fois les Suédois qui n'étaient pas commandés par Charles XII.

Celui-ci, pour son plus grand malheur, avait divisé

(1) Pierre le dément.

ses forces et allait sans cesse de l'avant se rapprochant de plus en plus des frontières de la Turquie et poussant le czar qui reculait tout en tenant en respect son adversaire. Charles XII venait de recevoir de l'Ambassadeur du sultan les plus belles promesses au point qu'il n'eut plus qu'un désir, c'était d'arriver en Turquie le plus tôt possible.

Pierre-le-Grand, de son côté, commençait à envisager avec terreur l'éventualité d'une guerre avec les troupes du sultan renforcées des Suédois, ce qui eût achevé de ruiner ses rêves de gloire et de domination. Il s'appliqua donc de toutes ses forces à gagner une grande victoire sur son ennemi lorsque ce dernier lui en fournirait l'occasion.

Charles XII voulant se transporter avec son armée en Ukraine, province fertile, mais déserte, située au sud, entre la Pologne et la Turquie, abandonna ainsi la route du nord où son étoile avait brillé d'un si vif éclat. Le czar, qui épiait tous ses mouvements, l'attendit au sortir d'une forêt de plus de cinquante lieues que l'armée suédoise, exténuée de fatigue, avait eu beaucoup de peine à traverser pour arriver en Ukraine.

Les Suédois durent faire face à ce moment à un ennemi plus nombreux qui les harcelait sans cesse.

Charles XII avait perdu la moitié de ses troupes, il disposait encore, néanmoins, de dix-huit mille hommes. Il tenta donc la fortune des armes. N'avait-il pas vaincu à Navra avec quinze mille hommes une armée de quatre-vingt mille Russes.

Ayant appris que le czar avait amassé des vivres considérables à Bultava dont il avait fait son magasin d'approvisionnements, Charles XII forma le dessein de s'en emparer.

Pour des soldats affamés comme l'étaient les Suédois, qui seraient morts d'inanition sans le secours d'un chef cosaque révolté contre l'autorité du czar, le nommé Mazeppa, c'était une véritable aubaine. Charles XII se laissa tenter et mit le siège devant la place ; mais Menzikof avait réussi à y jeter cinq mille hommes de renfort. Le czar prévenu s'approchait en même temps à grandes journées de la ville assiégée à la tête de soixante-dix mille combattants.

Quoique blessé dans un premier engagement, Charles XII se disposait le lendemain même à donner un assaut à la garnison russe, quand on vint lui annoncer que le czar était déjà à l'entrée de son camp. Il se prépara alors selon sa propre expression à lui donner bataille.

Ici nous laissons la parole à Voltaire : (1)

« Ce fut le 8 juillet 1709 que se donna cette bataille décisive de Pultava entre les deux plus singuliers monarques qui fussent alors dans le monde : Le général Shpenbak à la tête des Suédois fondit sur la cavalerie russe ; les escadrons moscovites furent rompus et le czar accourut lui-même pour les rallier. Menzikoff eut trois chevaux tués sous lui, les Suédois crièrent victoire. Charles ne douta pas que la bataille ne fût gagnée. Il avait envoyé au milieu de la nuit Crentz avec cinq mille cavaliers qui devaient prendre l'ennemi en flanc, tandis qu'il l'attaquerait de front ; mais son malheur voulut que Crentz s'égarât et ne reparût point. Le czar qui s'était cru perdu eut le temps de rallier sa cavalerie ; il fondit à son tour sur celle du roi, qui, n'étant pas soutenue par le détachement de Crentz fut rompue à son tour. En même temps soixante-douze canons tiraient du camp sur la cavalerie suédoise et l'infanterie, débouchant de ses lignes, venait attaquer celle de Charles. Les Suédois consternés s'ébranlèrent et le canon ennemi conti-

(1) *Histoire de Charles XII.*

nuant à les écraser, la première ligne se replia sur la seconde et la seconde s'enfuit. Déjà le prince de Wirtemburg, Renschild et plusieurs officiers principaux étaient prisonniers, le camp devant Pultava forcé et tout dans une confusion à laquelle il n'y avait plus de ressources ».

Panialowski, un brillant officier polonais, rallia cinq cents cavaliers et força le roi à chercher son salut dans la fuite. Tout le camp suédois avec l'artillerie tomba aux mains des Russes. Ce fut un grand désastre dont l'infortuné roi de Suède ne devait plus jamais se relever. Levenhaupt avait ramené jusqu'à Barysthène les débris de l'armée et c'est là qu'il fut rejoint par Charles XII que l'on croyait tué ou perdu. D'aucuns disent que Mazeppa avait été soudoyé par Pierre le Grand pour conduire le roi de Suède dans la fatale forêt dont il était sorti exténué ainsi que ses troupes. La vérité est que Charles XII n'avait pris aucune mesure pour approvisionner convenablement son armée, précaution à laquelle Pierre-le-Grand avait songé pour ses soldats. Or, le sort d'une bataille peut dépendre d'un acte d'imprévoyance, ou d'un défaut de renseignements. Le malheureux roi de Suède ne venait-t-il pas d'en faire la cruelle expérience?

Ainsi, en une seule journée, il perdit le fruit de plusieurs victoires. Comment ce lion s'était-il laissé prendre au piège? Poursuivi sans relâche par un ennemi victorieux, le noble fugitif avait couru à brides abattues jusqu'à Bender où les Turcs lui offrirent une hospitalité généreuse dont il était digne à tous égards; mais allaient-ils maintenant s'armer pour sa défense ?

La période héroïque était close et une période politique s'ouvrait devant Charles XII. L'hôte d'Ahmed III caressait l'espoir — les vaincus ont de ces illusions — de réparer promptement ses revers avec le concours d'une armée turque. Cet espoir fut bien vite dissipé. Il aurait fallu pour réussir que Charles XII commandât les troupes ottomanes, honneur qui ne lui échut point ; car il ne s'appelait ni Moustapha, ni Ahmed, ni Békir. Le sultan confiait des armées de cent mille hommes à des illettrés, à des aventuriers inconnus qui les menaient à la défaite ; mais ces aventuriers, ces incapables appartenaient à la grande famille musulmane ou bien ils étaient renégats. Qu'est-ce que Charles XII n'aurait pas fait avec une armée telle que celle qui fut confiée par le sultan à Baltaji Mohammed ?

Le divan gagné à la cause moscovite était dès le début opposé à la guerre. L'or de la Russie pleuvait à Constantinople et le roi de Suède n'était plus, en réalité, dans son camp de Bender que le prisonnier du gouvernement turc.

Par bonheur, le peuple l'affectionnait et le corps des ulémas lui portait un réel intérêt, ce qui l'aida à se maintenir quelque temps en Turquie ; car le grand vizir ne parlait de rien moins que de l'expulser du territoire ottoman.

Paniatowski était parvenu par d'habiles manœuvres à renverser le grand vizir, il ne put cependant contribuer au choix de son successeur, ce qui rendit son œuvre vaine. Baltaji Mohammed reçut le sceau. Fendeur de bois dans sa jeunesse, il était parvenu aux plus hautes dignités par suite des accointances que sa femme, une fille esclave sortie du harem impérial, avait gardées dans le sérail. Les Russes auraient été appelés à désigner un successeur au grand vizir tombé en disgrâce qu'ils n'auraient certainement pas fait d'autre choix.

Charles XII et ses amis du parti polonais triomphaient en apparence, en réalité, ils étaient vaincus. Sans doute, ils obtenaient une déclaration de guerre formelle contre l'empire moscovite ; mais du moment que Baltaji Mohammed était appelé à exercer, dans cette circonstance, le commandement suprême, le czar pouvait dormir tranquille.

Il ne dormait pas, le grand empereur. Il veillait sur ses intérêts, sur sa gloire, sur la grandeur de la Russie et on ne vit jamais prince plus actif ni plus vigilant. Il se préparait depuis longtemps à cette guerre que le sultan venait de lui déclarer et pourtant, il faillit tout perdre : il avait trop compté sur les sympathies des Moldaves qui, mieux traités cette fois, par les généraux ottomans que par les officiers russes, avaient livré aux premiers toutes leurs provisions, laissant les Russes sur le Pruth, presque sans vivres au milieu d'un pays ravagé, en face du camp ottoman.

Dans sa détresse, alors que les maladies et les privations décimaient les rangs de son armée, Pierre-le-Grand se voyait à peu près dans la situation critique où s'était trouvé Charles XII en Ukraine, pire encore, car il avait devant lui cent cinquante mille Turcs, tandis que les forces dont il disposait s'élevaient à peine à trente mille hommes retranchés, il est vrai, dans une forte position, mais manquant de tout. Pierre se sentant perdu avait résolu d'attaquer le lendemain même l'ennemi et de se frayer un passage à travers le camp pour échapper à la captivité dont il était menacé. Il se voyait traîné derrière le char du grand vizir, entrant à Constantinople suivi de tous ses généraux prisonniers. Terrible vision faite pour édifier les conquérants sur la fragilité de leur œuvre. Une femme sauva Pierre le Grand, Catherine, fille d'une paysanne de l'Esthonie. Tombée, on ne sait comment, dans le camp russe, elle avait plu au czar qui l'avait épousée.

Retiré dans sa tente, Pierre défendit à Catherine d'y pénétrer; il voulait être seul avec ses pensées et craignait de voir faiblir chez lui la résolution qu'il avait prise de faire une trouée le lendemain pour sortir mort ou libre du cercle étroit où il s'était laissé enfermer.

Catherine, voyant l'imminence du danger, tint conseil dans la nuit avec les officiers généraux. Il fut décidé qu'on demanderait la paix au grand vizir. Catherine fait aussitôt rédiger une lettre, entre chez le czar, tombe à ses genoux, pleure, supplie, et finit par obtenir son consentement à cette démarche, puis, réunissant ses pierreries, son argent et celui des officiers, elle envoie le tout à Osman Aga, l'homme de confiance du grand vizir, qui fut chargé de présenter la lettre du czar à son maître.

Réveillé en sursaut dans la nuit, Baltadji Mohammed déclara tout d'abord que le czar devait se rendre à discrétion, à quoi Osman répondit que le czar était décidé à l'attaquer dans vingt minutes, s'il ne lui accordait pas des conditions honorables.

Baltadji n'était pas un homme de guerre ; il n'avait même jamais combattu et l'annonce d'une bataille lui causait quelques appréhensions. De plus, la vue de l'or et des joyaux de Catherine ne pouvait le laisser insensible.

Il commença par consentir à une suspension d'armes de quelques heures. C'était un premier succès. Le reste fut vite réalisé. Osman Aga transformé en ambassadeur, débattit les conditions du traité. Il exigea que les Russes rendissent à la Turquie Azow et quelques autres places fortes, qu'ils se retirassent de la Pologne et qu'ils payassent aux Tartares de Crimée un tribut annuel de 40.000 sequins. Le czar accepta tout en se promettant de ne tenir aucun de ses engagements.

Ce traité était, certes, humiliant pour l'orgueil moscovite ; mais le czar retrouvait sa liberté et celle de son armée. Il ne capitulait pas, il donnait une signature et se retirait après que son camp, par une attention délicate du grand vizir, eût été approvisionné. Une femme avait accompli ce prodige avec son cœur plus puissant que le génie (1711).

Cette occasion, les Turcs ne la retrouveront jamais plus ; mais aussi pourquoi gardent-ils un régime qui fait d'un fendeur de bois un grand vizir et un généralissime d'armée ?

Dans l'intervalle, Charles XII était accouru au camp ottoman brûlant les étapes pour conjurer Baltadji de combattre. Il arriva trop tard et eut la douleur de voir le czar s'éloigner avec toute son armée. Il entra alors dans une grande colère accablant le grand vizir de reproches. Qu'aurais-tu fait à ma place lui demanda Baltadji ? J'aurais emmené le czar prisonnier à Andrinople, répliqua le roi de Suède. Mais qui donc alors, reprit le grand vizir, aurait, pendant son absence, gouverné ses Etats ? Cette réponse mérite d'être retenue. Néanmoins Baltadji Mohammed n'était pas seul coupable. Il avait dit au sultan lorsqu'il le revêtit de sa dignité ; « Sire, j'en suis indigne et si je commets quelque faute n'en accusez que mon ignorance et pardonnez-moi d'avance car je n'ai jamais commandé à une armée. »

Le traité de Pultava fut pour le malheureux Charles XII une révélation. Il comprit trop tard qu'il avait été induit en erreur et au lieu de regagner son pays natal, où il aurait eu ses coudées franches, il persista dans le dessein qu'il avait formé de marcher contre les Russes en s'appuyant toujours sur les Turcs. Il comptait pour cela sur l'influence du harem que les émigrés polonais, ces fascinateurs dont on ne saurait assez louer le zèle pour leur patrie, firent miroiter à ses yeux. Naïf, comme le sont d'ordinaire tous les héros, il se laissa aller à cette espérance décevante de voir la Turquie s'unir à lui et se perdit dans le dédale du sérail.

Quelle escorte vous faut-il pour remonter jusqu'à votre pays, lui demanda un jour, à brûle-pourpoint, le grand vizir ? Trente mille spahis et vingt mille jannissaires, répondit Charles XII. Au palais on trouva ce chiffre exagéré et Tolstoï, l'ambassadeur du czar, profitant de ces dispositions, offrit au sultan un cadeau de cinquante mille ducats. Grâce à ces libéralités il put obtenir l'addition au traité, d'un article invitant formellement le roi de Suède à rentrer dans ses Etats. Ce n'était ni plus ni moins qu'une sommation faite à Charles XII d'avoir à quitter dans le plus bref délai le territoire ottoman.

Pendant que la Russie remportait à Constantinople ce succès inespéré, l'Autriche battait à plate couture Rakoczy et reprenait l'ascendant qu'elle avait perdu.

Fériol, ayant à peu près échoué dans toutes ses tentatives, fut rappelé en France. Il perdit la partie engagée parce qu'il voulut forcer la main au grand vizir et briser la résistance du divan. Toutefois, les succès de Tolstoï n'empêchèrent pas les Polonais de manœuvrer très habilement contre le grand vizir. Ravivant les dernières étincelles de sympathie du palais pour l'infortuné Charles XII, ils firent un nouvel effort pour l'écarter du pouvoir. Les ulémas s'en mêlèrent, intervenant auprès du souverain en faveur de cet illustre exilé et invoquant le verset du Coran où il est expressément défendu de trahir ses amis. On obtint ainsi un sursis qui permit à Charles XII d'espérer une meilleure solution ; mais on ne fit que retarder le dénouement. Du moins réussit-on, maigre satisfaction, à empêcher la ratification du traité.

Les Russes pouvaient-ils désirer mieux ?

Baltadji fut exilé à Lemnos où il mourut peu de temps après. Le Reis-Effendi qui avait rédigé les clauses du traité ainsi que le ministre de l'intérieur furent exécutés. On trouva chez eux les bagues de Catherine et quantité de pièces d'or frappées aux armes de Suède et de Russie. Quelques mois après un nouvel accord (1) intervenait entre les deux Etats en vertu duquel le roi de Suède fut invité à quitter le territoire ottoman ; mais celui-ci persista à vouloir y rester malgré le gouvernement, ce qui parut excessif au sultan. On dut employer la force. Charles XII poussa l'obstination jusqu'à tenir tête aux troupes turques envoyées à Bender pour l'accompagner jusqu'à la frontière. Ce noble soldat ne comprenait rien aux variations de la politique ; toutefois on ne peut accuser la Turquie d'avoir manqué de longanimité à son égard. Fallait-il qu'elle continuât la guerre pour lui assurer un retour triomphal en Suède ?

Le sceau, après le départ de Charles XII, avait passé aux mains d'Ali Damad qui s'était distingué par ses victoires sur les Vénitiens auxquels il avait repris la Morée, Corinthe et Nopoli. L'Autriche s'inquiéta de ces succès et somma la Porte de restituer aux Vénitiens ces conquêtes conformément aux clauses du traité de Carlowitz que le Divan venait de violer. De part et d'autre, on se prépara à la guerre. Damad-Ali, grisé par ses succès, n'était pas de taille à lutter contre le prince Eugène ? Celui-ci disposait de cent quatre-vingt-sept escadrons et de soixante-deux bataillons massés entre Petervardein et Carlowitz. Son aile gauche s'appuyait sur une mare d'eau et son aile droite était défendue par des hauteurs escarpées. Contre cette force imposante les Turcs pouvaient aligner 150 mille hommes. Commencée dès le matin, la bataille s'annonçait comme devant être favorable au prince Eugène, quand les janissaires culbutèrent l'aile gauche de l'infanterie allemande, l'aile droite fléchit, mais le prince Eugène, ayant fait avancer ses réserves et sa cavalerie pour appuyer son aile droite, rétablit les chances de la

(1) Paix d'Andrinople 1713-1715.

bataille. La cavalerie turque, après avoir vainement tenté d'arriver jusqu'aux janissaires pour les dégager, prit la fuite afin d'échapper à l'artillerie du prince Eugène qui la décimait. Le grand vizir s'efforça de ramener les fuyards, et se jeta courageusement dans la mêlée. Il tomba frappé d'une balle. Alors la déroute se mit dans les rangs de l'armée ottomane et l'on eut quelque peine à sauver l'étendard sacré. La victoire du prince Eugène fut encore plus complète que celle qu'il avait remportée quelques années auparavant ; Venise était vengée, le traité de Carlowitz rétabli par la force des armes et les conquêtes de l'Autriche raffermies (1). Cent quatorze canons, cent cinquante drapeaux et la tente du grand vizir furent les trophées de cette journée. Peu de temps après Temesvar, le dernier boulevard de l'islamisme en Hongrie, tombait aux mains des Autrichiens pendant que la flotte turque subissait devant Corfou un terrible désastré. La Porte ne se laissa pas aller au découragement ; elle réunit de nouvelles troupes et tandis que le prince Eugène assiégeait Belgrade, une seconde armée forte de 80 mille janissaires, de 10 mille asiatiques, d'un pareil nombre de troupes feudataires, de 20 mille volontaires et de 30 mille Tartares escaladait les Balkans et marchait à la délivrance de la place. La lutte fut émouvante, mais en dépit de l'héroïsme des troupes turques, elle se termina par la capitulation et le divan demanda la paix.

Ce succès était dû à la vaillance et au sang-froid du prince Eugène qui, se trouvant en face de l'ennemi dans une position peu avantageuse, osa l'attaquer avec cette promptitude et cette décision qu'il mettait à tous ses mouvements. Il tailla en pièces les Ottomans et le pacha de Belgrade lui ayant remis son épée il entra en vainqueur dans la ville.

(1) 1717.

De là, il se porta à Bude, menacée par une seconde armée, moins nombreuse, il est vrai, que celle qu'il venait de vaincre, mais mieux commandée. Grâce à ses qualités militaires, il sauva la ville, livra une nouvelle bataille aux Turcs et les dispersa.

Tant d'efforts avaient épuisé la Turquie qui conclut la paix à Passarowitz sur les bases du traité de Carlowitz (1718). L'Autriche, en vertu de ce traité, acquit le Banat de Temesvar, Belgrade et une portion de la Serbie, mais Venise perdit la Morée. La Cour de Vienne, tout en paraissant s'intéresser au sort de la République vénitienne l'abandonnait en réalité. De son côté, Pierre-le-Grand obtenait de la Porte une modification au traité de Falksen et améliorait de plus en plus l'état de ses relations avec le divan. Maintenant, l'ambassadeur du czar avait ses grandes et ses petites entrées au palais. Il avait obtenu l'expulsion de Charles XII du territoire ottoman et l'autorisation de construire une résidence à Péra. D'autres pourparlers étaient engagés avec la Russie. Il ne s'agissait de rien moins que d'une alliance du czar avec la Turquie exclusivement dirigée contre la Perse. Cette alliance se fit effectivement; mais si le sultan y gagna quelques territoires, elle porta une grave atteinte aux intérêts panislamiques en affaiblissant, au profit de la Russie, un des plus solides boulevards de l'Islam.

L'empire ottoman verra bientôt surgir dans l'Iran un de ces hommes qui sont nés pour assurer le salut de leur patrie et pour venger ses défaites ; Nadir Kouli-Khan reprendra les provinces perdues.

Il semble qu'Ahmed III n'ait eu en vue, pendant la durée de son règne, que de s'enrichir par des mesures fiscales qui faillirent susciter des révoltes dans tout l'empire. Damad Ibrahim, gendre du sultan, essaya de parer aux difficultés du moment en rétablissant l'ordre dans les finances ; il se heurta à des difficultés telles qu'il ne put empêcher la rébellion d'éclater.

Elle fut terrible, le peuple y prit part et l'on sait que quand il se jette dans la révolution, c'est pour en faire jaillir le désordre et le sang, le sang surtout. Un triumvirat se forma, composé de trois chefs acclamés par la foule. Le plus redoutable des trois fut sans contredit Patrona Khalil, marchand de vieux habits, qui fut à la fois un révolutionnaire audacieux et l'ami du peuple.

Après avoir exigé le châtiment de plusieurs concussionnaires de marque, il demanda la déposition du sultan qui, pour échapper à la mort, descendit du trône, laissant la réputation d'un monarque sans courage, mais non sans mérite. Faible et voluptueux, il fut plus préoccupé de ses plaisirs que des affaires de l'Etat. Les plaintes d'un peuple contre ses souverains ne sont pas toujours justifiées et il leur arrive souvent d'être châtiés pour les fautes de leurs prédécesseurs. Nous n'entendons pas laver de tout reproche Ahmed III ; mais quelque funeste à l'empire qu'ait été sa conduite privée, il faut convenir que dans sa tentative contre Venise pour lui reprendre la Morée, de même que dans sa lutte acharnée contre l'Autriche pour effacer la honte du traité de Carlowitz, il eut un but louable dont il faut lui tenir compte. Il fut malheureux tout d'abord dans le choix de ses grands vizirs, il sut toutefois s'en débarrasser sans employer les moyens violents dont les sultans, on le sait, avaient coutume de se servir : Mohammed Baltadji condamné à mort, vit sa peine commuée en celle de l'exil. Dans la conduite de ce grand vizir lui-même, tout n'était pas extravagant. Son crime fut d'avoir laissé le czar s'échapper ; qui sait cependant si par son propre courage et la valeur de ses soldats, Pierre le Grand ne se serait pas sauvé de la position critique dans laquelle il se trouvait. Cette paix tant désirée ne favorisa pas les visées du roi de Suède, mais elle rendit Azow à la Turquie. C'était un résultat.

Il y eut, sous ce règne calamiteux, ceci de remarquable : l'existence pendant plus de vingt années d'un gouvernement quasi régulier qui permit aux puissances de l'Europe de négocier plusieurs arrangements diplomatiques avec la Turquie.

L'Angleterre et la Hollande jouèrent particulièrement, durant toute cette période, un rôle important en intervenant dans les négociations avec le sincère désir de les faire aboutir. Depuis que Venise était en guerre avec la Porte, le commerce ayant passé aux mains des Anglais et des Hollandais, il était naturel qu'ils travaillassent à consolider la paix. Ainsi que le fait justement remarquer Voltaire, les Anglais et les Hollandais seront toujours pour le peuple qui favorisera le plus leur trafic.

Sans être précisément glorieux, le règne d'Ahmed III fut marqué par quelques succès, parmi lesquels il faut compter la reprise d'Azow, de la Morée et d'Erivan. C'était, il est vrai, une faible compensation aux pertes subies par le divan en Transylvanie, en Hongrie et sur d'autres points. Pouvait-on espérer davantage d'un monarque qui eut tant de faiblesses et pour qui l'or et les jouissances semblaient être tout le but de la vie ?

Quelques essais de réformes furent entrepris, durant son règne, comme l'introduction de l'imprimerie dans l'empire. Cette utile découverte qui exerça une si grande influence sur les destinées de l'Europe ne modifia guère la marche des événements en Turquie. Faute de liberté, l'imprimerie resta à l'état de machine, fonctionnant d'une manière intermittente suivant le caprice du souverain. C'est qu'entre le despotisme et l'imprimerie il y a des causes d'inimitié qui ne disparaîtront jamais. Les monarques absolus ne la tolèrent dans leurs pays qu'à la condition d'être assujettie à des lois, tellement sévères qu'il serait plus logique de leur part de la supprimer. Le despotisme a, sans doute, des raisons de la redouter ; aussi doit-on le louer lorsqu'il en permet l'usage, car il en jaillira toujours des étincelles qui dissiperont quelque peu la nuit de l'ignorance jusqu'au jour où, la tyrannie ayant cessé d'exister, la liberté resplendira comme un phare éblouissant.

Longtemps l'imprimerie introduite par Ahmed III, dans ses Etats en vertu d'un fetwa légal, fut considérée comme une bête féroce et enfermée dans un local spécial, avec une garde particulière, de crainte que le monstre de fer ne vomît des appels à la liberté.

On fit d'abord imprimer quelques livres d'histoire et de religion. Les ulémas, du moins le bas clergé, s'étant montré hostile à cette innovation, l'imprimerie fut mise de côté et ce n'est que deux règnes après qu'on la voit fonctionner de nouveau. Ceux qui la dirigèrent furent même de grands dignitaires de l'Etat placés sous le contrôle sévère du Cheik-ul-Islam.

La conduite d'Ahmed III à l'égard du roi de Suède a été blâmée. On peut plaider ici en faveur du sultan les circonstances atténuantes.

A la suite du traité conclu avec la Russie, il était impossible de tolérer plus longtemps la présence sur le territoire ottoman d'un ennemi avéré du czar. Le sultan et ses ministres ne faisaient qu'appliquer au roi de Suède l'ancienne maxime : « malheur au vaincu ». Le grand vizir y mit néanmoins tous les ménagements possibles et imaginables sans arriver, d'ailleurs, à désarmer le parti polonais à la tête duquel se trouvait Paniatowski, cet habile intermédiaire, un des hommes les plus fins, les plus souples, les plus adroits auxquels la Pologne ait donné naissance. Il fallait un tel homme à Charles XII pour l'aider à sortir des difficultés où l'avait jeté son imprudence. Paniatowski était, en effet, parvenu à ameuter le harem contre le sultan par sympathie pour le héros suédois. Il avait introduit dans le sérail une jeune femme israélite qui faisait à la validé et aux autres sultanes, dans une langue imagée, le récit des exploits merveilleux de Charles XII. Or, on connaît la séduction que les contes exercent sur les Orientaux. Finalement Paniatowski avait arraché au divan une déclaration de guerre contre la Russie. Si ce noble Polonais avait pu exercer le même prestige sur son royal ami, au début de la campagne, nul doute qu'il ne lui eût épargné bien des malheurs, encore qu'il soit difficile d'avoir raison de l'obstination d'un soldat quand il a pris un parti. Il y avait, certes, en Charles XII toutes les qualités que doit posséder un illustre guerrier, mais non celles qui font un prince et c'est précisément ce qui constitue la supériorité de Pierre le Grand sur le roi de Suède. Le fondateur de l'empire russe fut à la fois un grand capitaine et un grand monarque. Il possédait cette clairvoyance, cette pénétration aiguë qui distinguent les hommes de génie. Entre ses mains puissantes, dans le tissu serré de ses combinaisons, Charles XII ne pouvait que périr étouffé. Les hommes d'état ottomans le voyaient bien, à la lumière de leur bon sens, et voilà pourquoi ils ne voulaient pas s'engager avec le roi de Suède dans une action qui eut fatalement abouti à un échec. Charles XII leur apparaissait, au surplus, comme l'enfant prodigue trop tôt émancipé. Ils le tolérèrent chez eux jusqu'au jour où sa présence devint un péril pour l'empire. Adresser à Ahmed III le reproche de ne l'avoir pas soutenu jusqu'au bout, en s'armant pour sa querelle, c'est méconnaître les véritables intérêts de la Turquie. Tout au plus pouvait-elle tirer un certain profit de l'hospitalité généreuse qu'elle lui avait accordée en utilisant ses connaissances militaires. Une raison péremptoire s'y opposait, nous l'avons déjà fait connaître. Pour commander à une armée musulmane, il faut être musulman. Ce n'était pas là, comme on l'a prétendu, l'indice d'un fanatisme aveugle, c'était dans l'ordre. Un calife ne pouvait agir autrement. Est-ce que le pape, chef suprême de la religion catholique aurait jamais confié un commandement à un protestant ? Il y a beaucoup d'analogie entre les deux situations et, quelle que puisse être la différence existant entre les deux plus grands chefs religieux du monde entier, on doit convenir que le même système produit toujours des effets semblables. L'Eglise chrétienne et l'Eglise musulmane, deux théocraties puissantes, étaient gouvernées au Moyen-Age d'une façon identique. Le pape et le sultan exerçaient, chacun dans son domaine propre, le pouvoir temporel et le pouvoir spirituel. L'un et l'autre, armés jusqu'aux dents pour assurer leur prépondérance politique et religieuse, se faisaient constamment la guerre et combattaient pour le triomphe de leur foi respective. Rien de cela ne ressemble au fanatisme, c'est une politique inspirée par des raisons supérieures.

Si les papes ont eu toutes sortes de motifs légitimes pour s'opposer à l'invasion islamique et repousser la domination turque, on doit admettre que les sultans pouvaient invoquer les mêmes raisons pour agir exactement comme les pontifes de Rome. Les deux parties, se trouvaient, pour ainsi dire, dans la logique de leur situation.

Le règne d'Ahmed III ne fut point souillé par des tueries et des massacres. Les exécutions y furent peu nombreuses. Ses familiers nous le représentent comme ayant beaucoup aimé la nature et les oiseaux, passion qui exclue la cruauté. De plus, ayant joui sous le règne précédent de toute sa liberté, son caractère ne s'était point aigri dans l'isolement.

Voltaire fait remarquer qu'Ahmed enferma le sultan déposé, auquel il avait succédé, dans le sérail où il vécut pendant plusieurs années au grand étonnement du monde entier ; car les sultans ne l'avaient point habitué à tant de mansuétude. Il explique ensuite l'acte par lequel il fit périr quelques-uns de ceux qui avaient pris part à la révolution qui renversa son frère par ce motif qu'il voulut raffermir son trône. Et de fait Ahmed III, en dehors de ces exécutions commandées par la raison d'Etat et du juste châtiment infligé aux conseillers du grand vizir, ne rendit aucune sentence de mort contre les dignitaires de l'empire.

Si quelqu'un de ces hauts fonctionnaires avait mérité le supplice, c'était bien Mohammed Baltadji qui vendit son pays pour quelques pièces d'or et quelques bijoux. Les Ottomans réclamaient à cor et à cri cette mesure ; mais le sultan lui fit grâce.

Au fond, il n'était peut-être pas fâché qu'il eût laissé échapper le czar. Qu'eut-il fait de cet auguste captif ? Il n'aurait pas osé lui ôter la vie, il n'aurait pas voulu non plus rendre à la liberté un adversaire aussi redoutable. Au surplus, c'est une remarque que nous aurons souvent occasion de faire, les Russes ne sont point antipathiques aux Turcs, soit à cause de leur amabilité bien connue et de leur souplesse, soit à cause de leur courage, soit enfin parce que les czars sont comme les sultans chefs de l'Etat et de la religion. Il est, d'ailleurs, dans l'ordre des choses que les gouvernements despotiques ne se détestent pas. Guidés par les mêmes principes, ils ont une tendance à s'entendre pour opprimer les peuples qui leur obéissent aveuglément. Les Orientaux ont une prédisposition particulière à la servitude et cette prédisposition s'accuse d'une manière plus marquée chez les Ottomans que chez les Russes.

Trois causes font des Ottomans le peuple le plus soumis de la terre, une cause atavique : la discipline dans la race, cette discipline est dans leur sang et dans leur moëlle ; une cause religieuse, l'islamisme pratique l'esclavage et le recommande à ses adeptes. En outre, la croyance en un Dieu unique, en un Dieu vengeur et terrible, les pousse à voir dans le sultan une image de ce Dieu auquel il n'est point permis de désobéir.

Le christianisme, par contre, tout en prêchant la soumission à l'autorité, se prête merveilleusement aux revendications et aux révoltes.

Dans chaque chrétien, si l'on voulait y regarder de près, il y a un révolutionnaire. Il se soumet par devoir, par obligation ; mais son tempérament ne le porte point à l'obéissance.

S'il en est ainsi des Musulmans, comment expliquer ces révoltes périodiques et ces bouleversements qui sont si fréquents en Turquie. Moustapha tomba sous la poussée de la sédition, Ahmed III qui lui succéda tomba, à son tour, sous la même poussée et combien d'autres.

Nous ferons, d'abord, remarquer que ces révoltes sont dues, pour la plupart, à des séditions militaires et ne viennent pas directement du peuple. S'il s'y associe quelquefois, c'est que les habitants de Constantinople, vivant avec la troupe et trafiquant avec elle, sont naturellement entraînés, par l'intérêt de leur commerce, à épouser la cause des mutins, leurs clients. Quelques séditions sont provoquées par les intrigues des grands et les conspirations des ulémas ; mais il n'existe pas à proprement parler de dissentiments profonds entre le peuple et ses souverains, entre le calife et les fidèles.

Plus sceptiques, les hommes du gouvernement, satellites du pouvoir, ayant des ambitions personnelles à satisfaire, des intérêts à défendre, des passions à assouvir, des haines à éteindre dans le sang, sont amenés à ourdir des complots, à organiser des rébellions, à susciter des révoltes. La lutte est donc en réalité entre les sultans et les serviteurs du trône qui forment cette puissante oligarchie qui gouverne l'Etat et impose ses volontés au souverain lui-même, lutte sourde et acharnée dans laquelle les monarques ont souvent le dessous. Que s'ils veulent arrêter les excès de cette oligarchie, composée d'officiers, de fonctionnaires, d'ulémas, de magistrats, d'esclaves, de domestiques, ou s'ils essaient seulement de s'affranchir de son joug, ils se créeront des ennemis dans le monde qui les entoure et sur la fidélité duquel ils ne sauraient compter qu'à la condition expresse de favoriser ses intérêts. Ils sont, en un mot, les esclaves de leurs esclaves.

Etudiez les causes de toutes ces révolutions qui ont abouti à la déposition des souverains ottomans, vous constaterez qu'elles ont été faites par des chefs militaires, ou des ministres, ou des officiers du palais, ou des ulémas, ou des magistrats. Le peuple reste complètement étranger à ces complots jusqu'au moment où ils éclatent, car il lui répugne de se déclarer contre le calife, ce qui rend saisissante cette réflexion de Voltaire, à savoir que « la rapacité et la tyrannie du grand seigneur ne s'étendent presque jamais que sur les officiers de l'empire quels qu'ils soient et sur les rayas ; le reste des musulmans jouissent donc d'une sécurité profonde, sans crainte, pour leurs vies, ni pour leurs fortunes, ni pour leurs libertés ».

CHAPITRE IV

MAHMOUD Ier

Commencements difficiles. — Désordres dans la rue. — Diversion, guerre contre la Perse. — Traité de 1732. — Retour des armées ottomanes. — Relations avec les ambassadeurs. — Manque de courtoisie. — Le grand vizir Topal Osman, sa chute. — Intrigues de la Russie. — Préparatifs de guerre. — Manie de la construction. — La Pologne menacée. — Intervention de la France auprès du divan. — Villeneuve et Bonneval. — Inaction de Louis XV. — Complicité de l'Autriche dans les affaires de Pologne. — Défaites des armées ottomanes. — Imprévoyance de la Porte. — Dangers de la lutte engagée contre la Perse. — Villeneuve et Talman, internonce d'Autriche. — Déclaration de guerre contre la Russie et l'Autriche. — Résultats imprévus. — Yegen-Mohammed grand vizir et généralissime. — Succès des armes ottomanes. — Médiation de la France. — Changements importants dans la politique française, sympathies pour l'Autriche. — Le royaume de Prusse. — Causes de ces changements. — Catholicisme et protestantisme. — Traité de Belgrade (1739). — Ses conséquences. — Attitude équivoque de la Russie après la paix. — Nouveaux conflits avec la Perse. — Traité de paix avec Nadir Schah. — Mort de Mahmoud Ier. — Jugement de l'histoire.

Sultan Mahmoud venait de monter sur le trône à la faveur de l'émeute.

Il essaya de traiter directement avec les agas des janissaires et fixa à une somme relativement importante l'argent qui devait leur être distribué. Le chef le plus influent de la rébellion, Patrona, refusa tout don ; mais comme il se disait ami du peuple, il demanda la suppression de deux impôts qui pesaient lourdement sur ce dernier, ce qui lui fut accordé sur le champ. Pouvait-on lui refuser quelque chose ? Mahmoud chercha, ensuite, à apaiser la colère de la multitude qui s'agitait furieuse dans les quartiers de Stamboul où elle se livrait à toutes sortes d'excès. L'anarchie déchaînée par quelques meneurs battait son plein; on eût dit, en entendant le bruit de la rue, qu'une violente tempête soufflait sur la capitale. La cérémonie du couronnement se fit au milieu de ce tumulte ; le cheval sur lequel le sultan était monté disparaissait dans les flots populaires, puis, on le voyait, pour ainsi dire, surnager au-dessus de la foule pour disparaître de nouveau dans le remous.

Une pluie de menues pièces d'argent tombait sur ce peuple dévoyé, qui, en même temps qu'il acclamait le souverain criait : mort aux riches, mort aux ministres !

Le mouvement révolutionnaire qui porta Mahmoud au trône avait un caractère plutôt économique que politique. Depuis longtemps, le peuple souffrait de la disette, les armées étaient sur la frontière et le commerce périclitait.

Jeté violemment dans l'émeute, à la suite des sépahis et des janissaires, il demandait à mettre le feu aux maisons des grands seigneurs et des officiers de la cour ; mais le sultan parvint à arrêter les mutins, en leur disant : « Et que penseraient de nous les chrétiens si nous agissions ainsi ? » Toutefois la foule, armée de pioches et de hâches, gardait une attitude menaçante. On lui permit de démolir les maisons et de dévaster les jardins, procédé moins expéditif que le feu, mais aussi détestable.

Grâce à ces concessions, la rébellion fut apaisée et la ville put reprendre sa physionomie habituelle.

Diverses mutations furent alors faites dans le gouvernement, et plusieurs sentences d'exil furent rendues contre les instigateurs de la sédition à l'exception de

Patrona qui restait tout puissant au palais, le divan n'osant lui susciter aucune opposition.

Son boucher, Yanaki, lui ayant demandé le gouvernement de la Moldavie, il obtint du sultan cette scandaleuse nomination. Ce forcené alla plus loin encore. Il contraignit le divan à destituer le khan de Crimée et à le remplacer par Kaplan-Ghiraï, exilé à Brousse. Le nouveau khan qui devait tout à Patrona, n'hésita pas, néanmoins, à le trahir. Il s'entendit avec le chef des eunuques pour le faire tomber dans un piège. Patrona, s'étant présenté un jour chez le grand vizir pour lui demander de déclarer immédiatement la guerre à la Russie, Kaplan-Ghiraï présent à cette entrevue, parut d'abord s'opposer à ce projet, il fut décidé, séance tenante, que l'on tiendrait le lendemain un conseil solennel pour prendre une décision. Ce fut au sortir de ce conseil que Patrona fut assassiné par des émissaires postés derrière la porte de la salle des délibérations. Le sultan s'empressa ce jour-là de faire une nouvelle distribution d'argent aux janissaires et aux sépahis qui se consolèrent bien vite de la perte de leur chef. Le peuple seul le regretta, encore ne fit-il rien pour venger sa mort. En revanche, tous ceux qui avaient coopéré au succès du coup de main tenté contre le rebelle reçurent des récompenses et Kabakoulak, qui avait été payé pour l'abattre fut nommé grand vizir. Il débarrassa son maître de la présence des complices les plus dangereux de Patrona, en se livrant sur eux à de véritables hécatombes. Il en fit, dit-on, périr plusieurs milliers. C'était autant de clients qu'il enlevait aux commerçants de Stamboul qui commencèrent à faire entendre des murmures. Kabakoulak, ayant accompli à la satisfaction du sultan son métier de bourreau, fut exilé et Osman Pacha prit sa place. Il acheva de pacifier l'empire ; mais comme pour y parvenir il fallait de toute nécessité entreprendre une guerre, il attaqua la Perse, destinée désormais à être prise par les Turcs comme point de mire de leurs opérations à l'extérieur, jusqu'au jour où l'entente entre le divan et la Russie pour le partage de ce royaume deviendra un fait accompli. Tambasib Schah tint tête à l'orage ; mais il ne put vaincre. Ayant pris l'offensive contre l'armée ottomane à Kardjan, il fut battu, malgré les prodiges de valeur qu'il déploya à cette occasion. Forts en cavalerie, les Persans avaient une infanterie peu nombreuse et leur artillerie, surtout, laissait beaucoup à désirer. Depuis Sélim Ier, elle avait réalisé quelques progrès, mais elle restait inférieure à celle des ottomans qui semblaient avoir pour l'artillerie une prédilection toute particulière. Les lieutenants du roi de Perse furent battus successivement ou se laissèrent entamer et l'année suivante un traité, en bonne et due forme, intervint entre les deux pays.

Ces victoires jetèrent un vif éclat sur les premières années du règne de Mahmoud et lui permirent de se montrer avec quelques avantages aux ambassadeurs du czar et à l'internonce d'Autriche, venus pour lui présenter les compliments de leurs souverains à l'occasion de son avènement au trône. Elles eurent, néanmoins, cet inconvénient de griser le monarque et son entourage. On parlait avec mépris, à la Cour, des représentants des puissances les traitant « de chiens impurs et maudits, dignes à peine de fouler la poussière du chemin par lequel passait le sultan ». Ainsi s'exprimait l'historiographe du palais.

Ce langage ne signifiait pas grand'chose, il est vrai, c'était celui qu'on tenait, en ce temps-là, aux heures de la causerie ; mais le protocole restait intact et la courtoisie internationale n'était pas aussi méconnue qu'on pourrait se l'imaginer. Les ambassadeurs savaient, sans doute, qu'ils étaient détestés dans l'entourage du souverain qui les couvrait d'injures dans l'intimité; ils n'y prêtaient pas la moindre attention. Cependant le même historiographe s'étant permis d'écrire une relation, sur la réception des représentants européens, dans laquelle il disait textuellement que « le roi des rois et le souverain des souverains, à la disparition de leurs personnes abjectes du champ du Séraï, brillant comme une émeraude, fut délivré de la souillure de leur présence », les ambassadeurs en référèrent à leur gouvernement; mais aucune représentation ne fut faite à ce sujet au divan.

Aujourd'hui encore dans les occasions solennelles, surtout aux approches des fêtes, il est d'usage au palais de traiter les chrétiens et les étrangers de *giaours* (impies) et de chiens maudits. On y a même gagné qu'on emploie souvent le vocabulaire français; encore une fois, cela ne tire pas à conséquence. C'est le fait de quelques fanatiques impénitents qui croient honorer la religion mahométane, en insultant les chrétiens.

Il y aurait, d'ailleurs, de la naïveté à demander à des gens ignorants, imbus des préjugés les plus surannés de témoigner de la tolérance aux étrangers.

Disons à l'honneur des sultans qu'ils n'écoutaient pas toujours les funestes conseils de leur entourage et montraient parfois une grande courtoisie envers les représentants des puissances. Il n'en est pas moins établi que l'orientation générale de la politique ottomane a constamment été influencée par le parti fanatique et rétrograde très puissant à la Cour. Sous le règne de Mahmoud, ce parti se livra à des démonstrations tellement inconvenantes à l'égard des ambassadeurs qu'il fit pour ainsi dire école et contribua, par ses excentricités mêmes, à gratifier les ottomans d'une réputation qu'ils n'avaient point méritée jusque-là. La politique extérieure de l'empire fut affaiblie et déconsidérée par ces nouvelles tendances.

Topal Osman, qui paraissait avoir la confiance de son maître, détenait depuis assez longtemps le sceau du grand vizirat, quand un jour il fut réprimandé d'avoir témoigné, dans ses relations, une vive amitié à un officier français au service de la Porte, Bonneval. Sur ces entrefaites les ambassadeurs turcs envoyés en Pologne pour annoncer l'avènement du sultan, s'étant plaints à leur retour dans la capitale, d'avoir été reçus avec quelque froideur, ce fut le point de départ d'une campagne menée contre le grand vizir et qui provoqua sa chute. Bonneval qui avait voué à l'Autriche une haine implacable nouait toujours avec Rakoczy, prince de Transylvanie, refugié à Constantinople, et d'autres émigrés des intrigues qui contrariaient beaucoup l'internonce d'Autriche. Par la chute de Topal Osman celui-ci infligeait un échec à la diplomatie française indirectement représentée par Bonneval, qui en était l'agent secret.

La vérité est que, outre les motifs d'antipathie envers Bonneval, que nous avons signalés plus haut, l'internonce d'Autriche disposait d'un bon nombre de sacs de ducats pour entretenir des intelligences dans le palais, tandis que, en définitive, Bonneval en était réduit à demander des subsides à la Porte, ou bien, à emprunter de l'argent aux particuliers pour pourvoir à son entretien personnel.

La diplomatie française, pour tout dire, eut rarement recours à des moyens de corruption qu'elle laissait aux Autrichiens, aux Anglais, aux Hollandais et surtout aux Russes qui savaient s'en servir avec un art consommé.

Le czar ayant envoyé à Constantinople une grande ambassade avec de riches présents (1) pour le sultan, la Porte désigna, de son côté, une mission extraordi-

(1) Ambassade du prince Scherpatoff.

naire qui devait se rendre en Russie et de là en Suède. Ces démonstrations amicales n'empêchaient pas les Russes d'exciter la Perse contre la Turquie. Ils avaient, à ce moment-là, des démêlés avec le divan et affichaient ouvertement la prétention d'exercer une suzeraineté absolue sur les Tcherkesses et les Noghaïs, deux peuplades dépendantes de l'empire ottoman. Les hommes d'état russes avaient trouvé un moyen ingénieux de perpétuer les malentendus avec le divan en subordonnant la ratification des traités à la délimitation des frontières, ce qui laissait la porte ouverte aux contestations. Aussi n'y eut-il, le plus souvent, entre les deux puissances que des trêves.

Le divan repoussa avec une grande énergie les prétentions du cabinet de Moscou et fit remarquer avec quelque amertume à ses envoyés que s'ils venaient à Constantinople les mains pleines de présents, ayant à la bouche des protestations d'amitié, leurs poches étaient remplies de revendications et de leurs lèvres tombaient les menaces. Le divan était cependant trop engagé avec la Perse pour ne pas désirer le maintien de la paix. Aussi montrait-il beaucoup de patience et de longanimité. Les Russes, de leur côté, voyaient avec plaisir la guerre éclater entre deux puissances musulmanes et cherchaient à envenimer la querelle. Ils pressaient la Porte de consentir à un partage de ce royaume au profit des deux Etats. Cette idée, à la vérité, ne déplaisait pas aux ministres ottomans qui préféraient voir la Perse hérétique coupée en trois tronçons que de lui permettre de réaliser son unité avec le concours des Afghans et des Kurdes qui auraient constitué sur ses frontières un Etat mahométan pouvant porter ombrage au calife. Cette opération s'accomplira en partie, en un temps relativement court, et nous devons ajouter que la résistance acharnée de Tahmasib et de ses successeurs aux armées turques justifiait, dans une certaine mesure, cette politique du divan. Comment tolérer, en effet, l'existence d'un califat schüte ou hérétique en opposition avec le califat sunnite. La Porte fortifiait, il est vrai, par cette politique astucieuse la position des Russes en Asie, mais il était dans sa destinée de combattre les chrétiens qu'ils vinssent du nord ou du sud, et dès lors, elle devait tendre à réunir sous son sceptre le plus grand nombre possible de Musulmans affaiblissant ainsi les autres Etats mahométans. La politique asiatique des deux empires voisins évoluait dans ce sens, lorsque la victoire de Nader Schach, qui avait succédé à Tahmasib, ajourna l'exécution de ce plan, qui resta à l'état d'ébauche. La bataille de Kerkouk en 1733 raffermit la puissance des Perses. La Russie voulut du moins mettre à profit les embarras de la Porte en empiétant sur ses possessions. Hakimzadé, ayant demandé au sultan l'autorisation de se rendre en personne au camp pour terminer la guerre avec la Perse, guerre qui s'éternisait au détriment des intérêts de l'empire, la Russie en profita pour le perdre dans l'esprit de son maître. Cet illustre vieillard, désirant s'affranchir de la tutelle du chef des eunuques, s'était attiré par cela même l'inimitié de ce personnage influent qui l'accusa de vouloir prendre le commandement de l'armée dans le dessein de détrôner le sultan, accusation puérile à laquelle Mahmoud ajouta foi. Il résolut conséquemment de destituer le vertueux homme d'état dont le dévouement au pays et à la dynastie s'était affirmé tant de fois d'une manière si éclatante. Mahmoud aggrava cette faute en lui donnant pour successeur un esclave géorgien qui avait servi dans le corps des janissaires, homme notoirement incapable. Ce ministre improvisé ne resta que six semaines au pouvoir, juste le temps nécessaire pour enjoindre aux troupes du

Caucase d'aller secourir l'armée de l'Euphrate. La Russie n'en demandait pas davantage.

Il se livra pendant son passage aux affaires aux plus scandaleuses confiscations, ce qui fit dire que le sultan ne l'avait placé à ce poste que pour lui amasser de l'or. La conduite de Mahmoud prêtait à cette calomnie quelque apparence de vérité. Il n'était occupé, en effet, qu'à faire construire des kiosques. Ces kiosques portaient des noms bizarres : kiosques du bonheur, maison du désir, asile de l'aurore, jardin du printemps, etc. Tant de folles dépenses avaient appauvri le trésor. Lé nouveau grand vizir était chargé de l'alimenter. Il faut mettre le pays en coupe réglée et vendre les emplois pour subvenir aux frais du sultan. La Russie profita de ces embarras pour provoquer le divan à la guerre. Jamais l'occasion n'avait été plus belle pour l'empire moscovite d'intervenir par les armes : une Turquie affaiblie par ses désordres intérieurs, un sultan préoccupé de ses plaisirs et qui mettait toute sa gloire à édifier des palais pour ses concubines et ses favoris, une armée indisciplinée, en proie à tous les soubresauts de l'anarchie, un gouvernement corrompu jusqu'à la moëlle et que l'on était sûr de pouvoir acheter au moment opportun, une Autriche vaincue par la Prusse, une Pologne agonisante, une France livrée aux caprices d'une Pompadour. Le moment était on ne peut mieux choisi par la Russie pour accomplir ses desseins. Il s'agissait bien de l'article II du traité de Passarowitz que le Reïss-Effendi tenait en main dans une audience diplomatique et qu'il interprétait avec une grande chaleur devant Talman, l'internonce d'Autriche qu'il désirait convertir à ses idées. Celui-ci répondait invariablement que les Russes n'étaient entrés en Pologne que par suite des intrigues de la France qui voulait s'immiscer dans les affaires de ce pays. Et le

Reïss-Effendi s'adressant alors à l'ambassadeur français lui demandait des explications sur l'attitude de son gouvernement. L'ambassadeur du roi déclarait à son tour que l'intérêt de la Turquie, son honneur, sa dignité même lui commandaient de tirer l'épée pour la défense de la Pologne. Et il ajoutait pour l'édification du ministre des affaires étrangères de Turquie, évidemment mal instruit de ce qui se passait en Europe, que les puissances du nord méditaient la ruine de la Pologne, et que le roi de France disposait de forces considérables qu'il était décidé d'opposer à celles de l'Autriche et de ses alliés pour les empêcher de consommer cette œuvre inique. Pour l'ambassadeur français, la Russie était un pays barbare à peine né à la civilisation et qui n'existait que par la grâce du padischah lequel ne pouvait tolérer l'occupation de Varsovie par les troupes moscovites. C'était un attentat, un crime abominable qu'il fallait châtier promptement. Et il déclarait que la flotte du grand roi était dans la Baltique prête à seconder les efforts de la Porte qui seule avait droit d'intervenir pour protéger la liberté du nouveau monarque que le peuple polonais venait d'élire.

Bonneval et Villeneuve promettaient plus qu'ils ne pouvaient tenir. Ce n'est pas que dans les négociations entamées avec le divan, il y eut de la part des agents français la moindre mauvaise foi, ceux-ci étaient tout à fait sincères, mieux que cela, ils mettaient beaucoup de zèle à conclure un traité définitif entre leur pays et la Porte. Bonneval et Villeneuve n'épargnaient aucun moyen pour atteindre ce but ; mais Louis XV et ses ministres se montraient hésitants et irrésolus. Ils voulaient bien que la Turquie s'engageât dans une lutte à outrance en faveur de la Pologne ; mais ils tenaient, quant à eux, à ne point agir. Singulière attitude en vérité, qui sous le règne de Soliman, avait déjà rendu stériles des projets d'alliance avantageux aux intérêts des deux pays.

Toutefois l'accord intervenu dès 1737 entre la Russie et l'Autriche n'était point nouveau ; il se produisait cette fois dans des conditions différentes de celles qui avaient servi de base aux arrangements secrets conclus avant le traité de Carlowitz. On osait affirmer à Vienne avec une rare impudence que les agissements de la France justifiaient cette politique véritablement monstrueuse. L'Autriche s'alliant à la Russie contre la Pologne qui sauva Vienne de la domination turque, n'était-ce pas un acte abominable ? La trace du sang versé par les soldats de Sobieski sous ses remparts n'était pas encore effacée que l'Autriche ourdissait déjà des complots contre la Pologne, mais en politique la justice et la loyauté ne sont pas des arguments à faire valoir.

La Porte qui n'avait pas prévu ces événements fut impuissante à les conjurer. Ses forces disséminées en Asie ne pouvaient lui être d'aucun secours en Europe ; car il lui fallait, avant tout, tenir tête à l'armée persane enhardie par ses succès. La Russie ne l'ignorait pas et l'occasion lui paraissait bonne pour attaquer sa rivale. Elle avait lancé l'un contre l'autre deux pays mahométans faits pour s'entendre, lutte fratricide dont elle sut tirer parti. Mahmoud ne songeait guère aux inconvénients qui pouvaient résulter d'une telle politique et ses ministres étaient eux-mêmes trop occupés de fomenter des intrigues pour y penser. La faute en était au régime beaucoup plus qu'aux hommes.

Sans doute, le même système de gouvernement existait en Europe, notamment en Russie, et il serait aisé d'établir un parallèle entre l'arbitraire des czars et celui des sultans. Il y a néanmoins entre les deux despotismes cette différence que le premier sait s'entourer d'hommes capables de gouverner, tandis que le second marche aux abîmes sans discernement, à l'aventure. Le divan affolé par la menace d'une guerre prochaine ne demandait qu'à gagner du temps. Villeneuve et Talman lui en fournirent l'occasion. Le premier le poussait à déclarer la guerre à l'Autriche et à la Russie, le second, ayant reçu des instructions secrètes de son gouvernement, s'efforçait de donner le change au divan en lui faisant croire que les relations de son pays avec la Russie n'étaient pas aussi amicales qu'on paraissait le supposer à Constantinople, qu'il n'y avait pas lieu, en conséquence, de rompre l'accord existant entre la cour de Vienne et la Sublime Porte et que ce malentendu provenait simplement des intrigues de la France qui prétendait exercer une prépondérance absolue sur la Pologne au détriment des Etats voisins. Il y avait du vrai dans cette allégation que la France voulait établir sa suprématie au nord de l'Europe, mais n'est-ce pas le devoir d'un gouvernement soucieux de ses intérêts de ne pas laisser les pays rivaux s'agrandir à ses dépens ? Cette politique de la France, d'ailleurs prudente et sage, ne méritait pas de lui attirer ces critiques acerbes. Il fallait, au contraire, affirmer cette politique par des actes solennels, au lieu de s'en tenir aux procédés dilatoires employés par le cabinet de Paris et qui aboutirent finalement à l'abandon de la Pologne.

Il était difficile, en vérité, de trouver deux hommes plus habiles, plus souples, plus aptes à tirer parti d'une situation donnée que Talman et Villeneuve.

L'un et l'autre étaient vis-à-vis de la Porte dans une fausse position : Villeneuve instruit de l'accord secret intervenu entre la Russie et l'Autriche pour le partage de la Pologne continuait à en fournir des preuves irrécusables au divan. Par là, son crédit s'affermissait avec plus d'éclat que celui de Talman ; mais d'un autre côté, ce crédit se trouvait fortement ébréché par cette considération que l'attitude de la France à l'égard de la Turquie manquait de cette netteté et de cette sincérité qui sont la base d'une solide amitié. D'autre part, Talman, doué d'une grande hardiesse, osait certifier au divan que les dispositions de son gouvernement étaient aussi amicales qu'après le traité de Passarowitz. En politique on fait ce qu'on peut, et, ce qui démontre que les deux adversaires avaient raison d'agir ainsi, c'est que Villeneuve, après bien des hésitations, était parvenu à arracher au divan une déclaration de guerre, d'ailleurs toute platonique, en faveur de la Pologne ; tandis que Talman qui cherchait avant tout des atermoiements, réussissait à ajourner une rupture qui paraissait imminente. A plus d'un siècle de distance ce duel diplomatique apparaît plein d'intérêt, rempli d'enseignements et laisse clairement voir que les nations étaient mieux servies par leurs représentants à l'étranger qu'elles ne le sont de nos jours où le télégraphe en a fait les agents subalternes de leurs ministres lesquels, quotidiennement, leur donnent des instructions sur des questions que le plus souvent ils ignorent en leurs détails, quand il est démontré que c'est en matière de diplomatie, surtout, que les moindres détails ont leur importance.

Le divan, de son côté, ayant besoin de se préparer à la guerre n'était pas fâché de négocier en attendant que la situation s'améliorât en Asie. On ne tarda pas à apprendre que Topal Osman avait remporté coup sur coup deux brillantes victoires sur Nadir Schah, celui-ci rétablit promptement ses affaires et gagna, l'année d'après, une bataille décisive sur le généralissime ottoman. Nadir imposa à la Porte une paix onéreuse et quelque peu humiliante, lui enlevant Tebriz et Erivan ; mais cette paix rendit à la Turquie sa liberté d'action en Europe, ce qui était l'essentiel.

Toutefois, la situation de Talman devenait intenable. Son insistance à vouloir persuader au divan qu'il devait faire des concessions à la Russie pour éviter la guerre lui avait attiré une vive réprimande de la part du grand vizir. L'embarras de Talman augmenta lorsqu'il eut reçu de son gouvernement l'ordre formel de rompre ses relations avec la Porte et de rentrer à Vienne. Comment allait-il se tirer de ce mauvais pas lui qui avait, tant de fois, affirmé que son souverain entendait conserver ses bonnes relations avec la Turquie? Il dut, à cette occasion, provoquer un conflit avec la Porte. A la suite d'une audience tumultueuse qui lui fut accordée par le grand vizir, il partit de Constantinople laissant au divan la certitude que Villeneuve ne s'était pas trompé en lui affirmant que l'Autriche et la Russie agissaient de concert.

Sur le Dniéper et sur le Danube, les Turcs résistèrent vaillamment à l'ennemi. On eût dit que l'âme des héros de la conquête animait les soldats et les généraux ottomans ; ils ne tardèrent pas, en effet, à reprendre vigoureusement l'offensive.

Ils enlevèrent aux Impériaux Nissa et Mahmoud pacha les tint longtemps en échec devant Widdin, tandis que Hakimzadé les chassait de la Bosnie.

L'Autriche était châtiée pour sa perfidie. Cependant les armées russes avaient remporté quelques succès. Elles reprirent Ozakow aux Ottomans et Laseczy pénétra en Crimée qu'il soumit presque en entier. Ces événements suggérèrent au gouvernement du czar l'idée de traiter séparément avec la Porte les conditions d'une paix avantageuse, mais celle-ci refusa. Le cardinal Fleury ayant offert sa médiation aux belligérants, la Turquie réclama la restitution d'Ozakow et de Kilbouroun ce qui retarda les négociations.

Du côté de l'Autriche, les pourparlers furent plus

faciles, le cabinet de Vienne étant disposé à faire des concessions au divan ; il n'allait pas, toutefois, jusqu'à donner son consentement à la cession de Belgrade et de Tameswar. De plus il s'opposait à la reconnaissance de Rakoczy comme prince de Transylvanie et chef de la nation hongroise. La guerre fut donc reprise malgré les efforts de l'ambassadeur français pour conclure la paix.

Cette fois, les armées ottomanes faiblirent contre l'Autriche, tandis qu'elles remportaient plusieurs avantages sur les Russes, ce qui rétablit l'équilibre et facilita la tâche des médiateurs.

Villeneuve montra dans ces circonstances beaucoup de tact et de finesse. Il fit aboutir les négociations avant que se produisît l'intervention de l'Angleterre et de la Hollande. La Suède, la Pologne et Nadir Schah lui-même voulurent intervenir à leur tour. Du moment que la France entreprenait quelque chose d'utile, tout le monde tenait d'en être. La vérité c'est qu'on fut très surpris en Europe de la nouvelle tactique du gouvernement français qui semblait rechercher maintenant le moyen d'être agréable à l'Autriche, l'ennemie héréditaire. On ne s'expliquait pas cette volte-face. Pourquoi la France après avoir tant fait pour rallumer la guerre voulait-elle tout-à-coup la faire cesser?

Yegen Mohammed, l'énergique grand vizir qui avait mené toute cette campagne contre les ennemis de son pays, poursuivait ses succès lorsque la Russie, par ses intrigues, ayant gagné à sa cause le Khan de Crimée et le chef des eunuques, parvint à le renverser du pouvoir. Mahmoud ne pouvait commettre une plus lourde faute. Elle n'eut pas heureusement les conséquences qu'elle faisait craindre ; car le successeur de Yegen, le pacha de Widdin, remporta sur les Autrichiens, près de Hissardjik, une éclatante victoire et vint mettre le siège devant Belgrade.

Wallis qui commandait les Impériaux répara incomplètement cet échec en taillant en pièces à Pancsowa une armée turque commandée par l'incapable Toz-Mohammed. En même temps les Russes se distinguaient par quelques succès en Bessarabie et en Moldavie, où le général Munch fut vainqueur.

Villeneuve mit à profit ces événements pour presser la Porte de conclure la paix en lui représentant que les circonstances étaient favorables et qu'une troisième campagne pourrait tourner complètement à son désavantage. Le divan ne repoussa pas cette fois ses conseils et les négociations marchèrent rapidement, malgré l'opposition de la Russie qui voulait obtenir pour elle des conditions exceptionnelles. Villeneuve, après bien des efforts, parvint enfin à faire signer le traité de Belgrade qui effaça la honte des traités de Carlowitz et de Passarowitz. Ce traité, œuvre capitale de la diplomatie française en Orient, fut, en réalité, le seul service notoire que la France eût rendu jusque-là à la Turquie.

La Russie qui, au début, s'était montrée intransigeante, voyant les dispositions pacifiques de l'Autriche et le rapprochement inattendu qui venait de s'opérer entre elle et le cabinet de Paris, craignit quelque machination ténébreuse de la part de son alliée et se hâta, elle aussi, d'acquiescer aux conditions qui lui étaient offertes par Villeneuve.

Glorieuse pour l'empire ottoman, la paix de Belgrade ne fut humiliante, à vrai dire, que pour l'Autriche qui dut restituer à la Turquie une partie des territoires qu'elle avait conquis et rétablir les anciennes frontières entre les deux empires.

Hammer s'efforça de présenter le nouveau traité comme un acte de trahison de la part des généraux autrichiens qui en auraient accepté les conditions sans en référer à leur gouvernement, hypothèse inadmissible, erreur d'un esprit distingué que les humiliations subies par l'Autriche affectèrent au point qu'il en voulut atténuer les effets.

L'acceptation du traité s'imposait à l'Autriche à la suite de ses récentes défaites et pour cette raison particulière qu'elle commençait à s'apercevoir qu'elle tirait simplement les marrons du feu pour la Russie dont les progrès lui causaient quelque inquiétude. La France n'était point étrangère à cette réaction qui venait de se produire à Vienne. Elle ne dissimula pas, en effet, à l'Autriche que des agglomérations de peuples qui avaient jusque-là vécu sous sa tutelle manifestaient de vives sympathies au gouvernement du czar, ce qui constituait pour elle un symptôme des plus alarmants.

Ces préoccupations, qui s'étaient fait jour dans les négociations relatives au traité de Belgrade, expliquent la nouvelle orientation de la politique française intéressée à ce que la coalition des puissances du Nord s'évanouît rapidement de crainte qu'elle n'entraînât la perte de la Pologne. Or, si elle parvenait à séparer l'Autriche de la Russie, elle rendrait peut-être possible une rivalité entre la Prusse et le gouvernement de St-Pétersbourg, ce qui achèverait la dislocation de la Sainte-Alliance. La Prusse, considérablement agrandie, était devenue, dès cette époque, un sujet de préoccupation pour le cabinet de Paris.

Appelés depuis longtemps à coopérer avec l'Autriche aux œuvres de la guerre et de la paix, les Etats germaniques avaient peu à peu pris conscience de leur force et c'est ainsi que le fils du grand électeur Frédéric Ier, faisant valoir ses services passés, put obtenir de l'empereur Léopold l'autorisation de porter le titre de roi. Ce fut le commencement de la monarchie prussienne. Frédéric II, le souverain le plus extraordinaire de l'Europe, après Pierre le Grand, donna au jeune royaume de Prusse beaucoup de gloire et de solidité.

L'Allemagne était, à cette époque, très riche en hommes de guerre et en officiers, Frédéric réunit ces éléments dont il fit une armée qui, dans la guerre de Sept Ans récolta une facile moisson de gloire. Depuis cette date, l'alliance de la Prusse fut recherchée par les czars qui en appréciaient la valeur. Les petits Etats de l'Allemagne qui avaient obéi jusque-là à l'impulsion de l'Autriche, commençaient à tourner leurs regards du côté du soleil levant, c'est-à-dire vers Berlin. Les progrès réalisés par le protestantisme étant venus se greffer sur ces causes que nous ne faisons qu'indiquer sommairement, achevèrent de rendre plus visible la ligne de démarcation entre l'Autriche catholique et l'Allemagne protestante, unie à l'Angleterre.

A ce moment, la France comprit, mais trop tard, qu'il y avait mieux à faire que de travailler systématiquement à la destruction de la Maison d'Autriche et par des rivalités, sans cesse renaissantes, avec ses voisins des Alpes et des Pyrénées, à l'affaiblissement de l'Italie et de l'Espagne.

Le cardinal de Bernis, qu'on accuse, à tort, de légéreté, parce qu'il composa quelques madrigaux, se rendit compte, le premier, des dangers d'une telle politique. Il l'abandonna résolument, montrant par là un grand sens des affaires extérieures et un courage au-dessus de tout éloge. Changer, en effet, l'orientation de la politique de Richelieu, de Mazarin et de Colbert, n'était pas chose aisée. Il le fit, cependant, mettant ainsi fin à l'animosité qui existait entre la Maison royale de France et la Maison d'Autriche contre laquelle Richelieu s'était acharné, faisant darder sur elle les éclairs foudroyants de son génie. Tout compte fait, cette politique agressive ne donna pas à la France les résultats qu'elle était en droit d'en attendre. Elle fit, en revanche, la fortune de l'homme puissant qui l'inaugura. Par une sorte de jeu bizarre de la destinée, il s'est trouvé que c'est le protestantisme persécuté en France par Richelieu et ses successeurs qui a le plus contribué à la dislocation de l'ancien empire de Charles-Quint. La Prusse fut la cheville ouvrière de ce mouvement dont le grand homme d'Etat français ne semble pas avoir prévu les conséquences désastreuses.

Guillaume Ier achèvera l'œuvre du Grand-Frédéric et l'Autriche, après Sadowa, ne sera plus qu'une épave aux mains de l'Allemagne. Avant Richelieu et Frédéric le Grand, les Turcs avaient concouru efficacement, sur le Danube, à l'écrasement de la puissance autrichienne. Si leurs assauts avaient été secondés par la France dont la politique changeante, depuis François Ier jusqu'à Louis XV, n'eut pas une orientation bien nette, ils eussent modifié la face des événements au nord comme au centre de l'Europe. On considéra l'action de la Turquie comme un simple appoint, on s'efforça de la développer dans la mesure du possible, mais sans y participer d'une manière efficace, soit qu'on n'eût osé rompre avec les préjugés de l'époque, soit qu'on eût considéré comme dangereux l'introduction de l'islamisme en Europe. On lui préféra le protestantisme qui, par son influence grandissante, sinon par le nombre de ses adeptes est devenu l'élément prépondérant. A partir de ce moment, l'Autriche, la citadelle catholique investie par Richelieu, attaquée successivement, ou simultanément, par les Turcs et les Français, fut dominée et annihilée par les protestants. Quand la France s'aperçut de son erreur, il n'était plus temps d'y remédier, la révolution était à ses portes, menaçant l'existence dix fois séculaire de la monarchie et celle de l'ordre social, ébranlant les trônes et forçant l'orgueilleuse Autriche elle-même à chercher son point d'appui auprès des puissances du Nord.

Disons par respect pour la mémoire de Richelieu que s'il avait vécu sous Louis XV il n'eût point attendu l'heureuse, mais tardive, inspiration du cardinal de Bernis pour modifier sa politique à l'égard de l'Autriche et il eut peut-être groupé toutes les puissances catholiques pour les opposer au protestantisme triomphant. En effet, l'idée de Bernis, d'une justesse si remarquable, ne fut point féconde en résultats. Il ne pouvait en être autrement, du moment qu'elle se produisait après deux siècles d'oppression.

La tyrannie exercée par Richelieu sur les grands du royaume, son autorité despotique à l'intérieur où il faisait tomber les têtes, comme des épis, au nom de la raison d'Etat, son indomptable orgueil, cette glorification de la monarchie absolue qui eut son apothéose au siècle de Louis XIV, apothéose trop vite dissipée, la persécution dirigée contre le protestantisme, persécution dont il fut l'initiateur, avait réveillé les instincts perturbateurs du peuple et préparé cette levée de boucliers des philosophes du XVIIIe siècle qui fut si favorable à la Révolution. Deux règnes successifs, l'un brillant comme un météore, le règne de Louis XIV, l'autre flambant comme une nuit de débauche et de luxure, le règne de Louis XV, amenèrent prématurément la royauté française, élevée au sommet de la gloire par les efforts de Richelieu, à sa décrépitude, à sa ruine, à sa disparition. Ceci ne montre-t-il pas toute la fragilité des œuvres humaines ?

Depuis les croisades, la vieille Europe semble marcher au hasard des événements, sans direction, sans boussole, et quoiqu'elle ait réalisé dans l'ordre scientifique, comme dans l'ordre industriel, d'admirables progrès, elle ne saurait dire aujourd'hui où elle va, ni quel idéal elle poursuit. Après s'être affranchie du joug de la religion, elle commence à s'attaquer indistinctement au principe d'autorité d'où qu'il vienne. Jusqu'ici, c'est le catholicisme qui a le plus souffert de ces tendances subversives des peuples auxquelles les gouvernements n'ont pas voulu résister, entraînés, précipités qu'ils sont dans les abîmes où s'agitent les passions des foules.

Peut-on dire que cet état de choses ait profité à la civilisation, n'est-il pas visible qu'il l'a plutôt affaiblie. En tout cas, l'Europe n'en a tiré aucune force morale.

Après avoir combattu l'islamisme dans les plaines de Poitiers, après lui avoir livré mille assauts pendant les croisades, la France imprima à sa politique une autre orientation. Elle parut renoncer à son hostilité contre les Musulmans, hostilité que rien, du reste, ne justifiait, mais elle n'osa manifester publiquement ses sentiments et ses hésitations donnèrent lieu à bien des malentendus. D'autre part, il y eut toujours, à quoi servirait-il de le dissimuler ? une sorte d'hostilité entre la monarchie française et la papauté. Le trait caractéristique de la politique romaine, c'est de dominer et de faire prévaloir dans le monde non seulement ses doctrines, mais aussi ses théories. Les rois de France, très indépendants, ne pouvaient se soumettre à cette discipline rigoureuse qui, au Moyen-Age, prenait parfois une allure hautaine. Des conséquences fâcheuses en sont résultées. La papauté trouvant plus de soumission et de déférence du côté de l'Autriche, voire plus de dévouement aux intérêts de l'Eglise, fut naturellement amenée à lui témoigner plus de sympathies et la manifestation de ces sympathies ayant coïncidé avec le projet formé par les rois de France de détruire la prépondérance de la Maison d'Autriche en Europe, accentua la mésintelligence qui existait déjà entre Rome et Paris.

Toutefois, les papes qui tenaient, avant tout, à repousser l'invasion turque ne pouvaient se séparer de l'Autriche, fidèle exécutrice de leurs volontés. De ce heurt des intérêts et de ces divergences de vues entre les gouvernements catholiques est venu tout le mal. La France ne put réaliser à son profit l'œuvre de l'amoindrissement de la puissance autrichienne. De part et d'autre, on semble avoir agi de façon à assurer la grandeur et la prospérité des Etats protestants. A ce point de vue la politique suivie par Louis XIII et Louis XIV fut éminemment funeste au catholicisme.

Il y eut dans ce fait d'une puissance catholique, la France, s'acharnant contre une autre puissance catholique, l'Autriche, alors que le protestantisme s'était fortifié au nord de l'Europe, une sorte d'égarement que la passion politique seule peut expliquer. L'Autriche eut, certes, sa part de responsabilité dans ces événements. La prétention qu'elle afficha d'étendre sa domination aux duchés italiens et à l'Espagne, devait nécessairement lui susciter l'inimitié de la France. Ici, une question se pose : une étroite alliance entre les pays catholiques était-elle possible ? Oui, sans doute, puisqu'on admet généralement qu'elle aurait pu exister entre la Turquie et la France. Or ce qui se pouvait entre Musulmans et Chrétiens n'était-il pas réalisable entre nations professant la même religion ?

Une entente entre les puissances catholiques étroitement unies et donnant la main à une Turquie, devenue pour elles une utile auxiliaire aurait eu pour résultat de refouler les Russes dans leurs steppes, de contenir les ambitions de l'Allemagne et de la Prusse, de sauver la Pologne, la Crimée et l'Egypte. La régénération de l'Arabie, encore palpitante du souvenir de ses gloires passées, s'en serait suivie et la civilisation latine aurait pris un nouvel essor dans la Méditerranée, sous l'égide de la religion.

C'était l'union entre la catholicité et l'islamisme

assurée pour de longs siècles, soutenue et fortifiée par des croyances différentes, mais non forcément ennemies. La Turquie se serait d'autant plus facilement ralliée à ce projet d'alliance qu'elle s'était déjà rapprochée de la France au point qu'on crut longtemps en Europe à l'existence d'un traité secret entre les deux pays. Elle n'avait, d'ailleurs, rien à redouter du prosélytisme religieux des Latins qui ne pouvait entamer ses fortes convictions et dont elle eût été préservée, sans doute, par le libéralisme bien connu de la France.

Ce que les gouvernements catholiques n'ont pas voulu tenter, les Etats protestants sont en train de l'accomplir. Le monde anglo-saxon ou germanique, aveugle qui ne le voit, marche résolument vers une union intime avec l'islamisme, il y marche même si rapidement qu'en Turquie, comme en Egypte, en Chine comme aux Indes il groupera bientôt tous les mahométans sous sa bannière. C'est là une œuvre colossale qu'il appartenait à la France de réaliser. Nous assisterons dans un proche avenir à une transformation complète de l'Orient musulman qui s'acheminera vers le progrès et deviendra l'élément prépondérant tant en Afrique qu'en Asie.

A défaut des Etats catholiques, l'empire russe était tout désigné pour remplir ce rôle. Si, au lieu de s'intéresser à quelques nationalités chrétiennes qui comptaient à peine dix à quinze millions d'habitants, les Russes avaient conclu une alliance sincère avec la Turquie et s'ils l'avaient initiée aux progrès qu'ils ont eux-mêmes accomplis dans l'ordre administratif, aussi bien que dans l'instruction, les amis de la liberté auraient eu peut-être à le regretter, mais les Russes en auraient retiré des avantages tels que leur prédominance sur l'Asie et l'Afrique s'exercerait aujourd'hui sans conteste. Ils ne saisirent pas, malgré leur intelligence si vive et si pénétrante, ce côté utile de leur mission providentielle dans le monde. Ils travaillèrent, eux aussi, à affaiblir la Turquie pour la livrer sans défense aux mains de leurs rivaux.

Attaquée par la Russie, menacée par les ambitions balkaniques, faiblement soutenue par la France, la Turquie n'avait d'autre issue pour sortir de cette sombre situation que de se jeter dans les bras de l'Allemagne qui s'est substituée, fort habilement du reste, à l'Angleterre dans la défense des intérêts ottomans. Pour avoir voulu accrocher leur rêve de domination à la coupole de Sainte-Sophie, les czars ont constamment travaillé à favoriser leurs émules.

Qu'ont fait les Russes, en effet, depuis trois siècles ? Ils ont répandu abondamment leur sang pour créer une Grèce chétive, pâle fleur sans couleur, sans éclat ; une Bulgarie qui, à peine affranchie du joug ottoman, n'a eu rien de plus pressé que de témoigner à sa bienfaitrice la plus noire ingratitude ; une Serbie livrée aux désordres de l'anarchie ; une Roumanie qu'ils ont vue en 1877 s'armer contre eux. Ils ont été ainsi amenés à entreprendre une série d'opérations qui ne leur ont donné que des déboires.

On en doit conclure que les guerres de religion ne sont profitables à personne, elles ont fait le malheur des empires islamiques et le monde sait qu'elles ont échoué piteusement après huit croisades successives.

Le traité de Belgrade (1739) ne donna à la Turquie que des satisfactions d'amour propre. Ses conséquences politiques furent presque nulles attendu qu'il pesait sur l'Autriche du poids d'une défaite à laquelle elle ne pouvait se résigner, et que la Russie ne l'avait accepté qu'avec répugnance. Il ne sauva, au surplus, ni la Pologne, ni la Crimée.

La diplomatie russe après avoir tenu simplement pour la forme les engagements qu'elle avait contractés envers la France en signant le traité, s'en affranchit presque aussitôt. Elle ne tarda pas à reprendre les choses au point où elle les avait laissées et grâce à la remarquable ténacité qu'elle apportait à tous ses actes elle arriva à réaliser, par les voies les plus sûres, sinon les plus rapides, le programme qu'elle s'était tracé. Il consistait, comme on le sait, à exercer une suzeraineté effective sur la Valachie et la Moldavie, à s'emparer de la Crimée et à jouir pleinement de la liberté de la navigation sur la Mer Noire et sur le Bosphore.

Malgré ces restrictions, le traité de Belgrade illumina d'un rayon de gloire les dernières années du règne de Mahmoud Ier. La Turquie pouvait se montrer justement fière de ce résultat. Elle le devait à l'un de ses vaillants enfants Yengen Mohammed, grand vizir et généralissime. Il avait organisé la victoire et déployé dans ces circonstances difficiles les qualités d'un véritable homme de guerre. On a vu comment il en fut récompensé par son maître ? Celui-ci lui retira le sceau peu de temps après ses brillantes victoires. C'est que les sultans ne reconnaissent aucun mérite à un subordonné. S'il obtient quelque succès, il le doit moins à son courage ou à son habileté qu'à la vertu qui se dégage de leurs augustes personnes.

De nouvelles conventions furent conclues avec la Suède, sous les auspices de Villeneuve. La diplomatie française était décidément en bonne voie. En même temps qu'elle fortifiait la situation de la Turquie en Europe, elle s'efforçait de contenir les ambitions débordantes de la Russie par l'accession des autres pays à sa politique.

Les formalités relatives à la signature du traité étaient à peine achevées que déjà le cabinet de St-Pétersbourg excitait Nadir Schah à reprendre les hostilités. Elisabeth Pétrowna, fille de Pierre le Grand et de Catherine avait écarté du trône Ivan et régnait en maîtresse absolue, sur la Russie. Elle ne démentit pas son sang et par son habileté autant que par ses séductions, elle amena le schah de Perse à épouser ses vues politiques.

Celui-ci demanda au sultan de reconnaître la secte schiite, chose reconnue impossible. Nadirschah n'en maintint pas moins ses exigences et se livra sur la frontière à des démonstrations belliqueuses qui amenèrent la chute du grand vizir, homme sage et conciliant, que le chef des eunuques jugea être trop timide pour entreprendre une guerre contre la Perse. Ali Hékimzadé fut appelé pour la seconde fois au pouvoir. On connaissait son énergie, ainsi que son expérience des choses de la guerre. Comme il était au courant des agissements de la Russie par les confidences de l'ambassadeur français, il prit ses mesures afin de contrecarrer les projets de la czarine.

Une autre femme, douée d'un grand bon sens, à la fois douce et d'une admirable énergie, une de ces femmes qui honorent son sexe et l'humanité avait ceint la couronne d'Autriche : Marie-Thérèse venait de succéder à l'empereur Charles VI. Les hommes d'état ottomans ne prêtèrent d'abord aucune attention à cet événement. Ce qui les préoccupait davantage, c'étaient les intrigues de la Russie en Asie et surtout ses agissements en Pologne. Or, il paraissait y avoir entre la czarine, Marie-Thérèse et le roi de Prusse entente au sujet du partage de ce pays qui, coupé déjà en deux tronçons, s'agitait en un mouvement fébrile. Parmi les Polonais, les uns étaient pour un roi partisan de la politique française, les autres pour un roi obéissant aux impulsions de la politique austro-russe et allemande. Le pape qui, à raison même de la ferveur religieuse du peuple, devait être le plus écouté, n'avait guère d'influence sur des hommes aveuglés par leurs passions politiques et marchant fatalement à leur perte. Les malheureux Polonais en étaient venus à solliciter la protection des Turcs qu'ils avaient tant de fois combattus et ils autorisaient, par cette démarche, le grand vizir à leur tenir ce sévère langage : « Que peut-on entreprendre, leur disait-il, dans un pays où il faudrait réunir trente mille têtes sous un même bonnet avant de prendre une détermination. » L'union, voilà ce qui a manqué aux Polonais. Enfants insoumis, presque inconscients de ce Nord qui forme tant de solides jugements, ils étaient dénués de cette faculté qui fait les nations fortes, la réflexion.

La Turquie pouvait d'autant moins se déclarer pour Stanislas Leczinski, ou pour Auguste III, que la guerre en Perse continuait.

La fortune favorisa, encore une fois, les armes de Nadir. Ce conquérant s'était assagi et convaincu, maintenant, que l'habileté d'un grand capitaine ne consistait pas seulement à remporter des victoires, mais aussi à les faire servir à ses desseins politiques, il avait envoyé un ambassadeur à Constantinople porteur de propositions plus modérées. Le roi de Perse renonçait à demander au sultan la reconnaissance officielle de la secte schiite et dès lors, tout pouvait s'arranger. Les ulémas réunis en grand conseil décidèrent que, en raison de cette concession, où l'on pouvait voir une sorte de déférence envers le califat sunnite, on devait conclure la paix et abandonner à Nadir les territoires qu'il réclamait.

Tranquille de ce côté, heureux des résultats obtenus en Europe par le traité de Belgrade, Mahmoud allait pouvoir se livrer librement à sa passion favorite, la construction. De nombreux kiosques émergèrent du sol, véritables palais féeriques où les fêtes succédaient aux fêtes, les orgies aux orgies. Instruit de ces excès, Nadir faisait demander un jour à son ambassadeur si le cerveau du sultan était sain et lucide.

Ce règne, si favorisé au point de vue des relations extérieures, ne différait point, quant à l'administration intérieure, des règnes désastreux qui l'avaient précédé. Un vieil eunuque gouverna l'empire, il exerça un grand ascendant sur son maître, choisit les généraux et les vizirs et laissa le sultan se livrer aux débauches en compagnie de ses favoris. Au milieu des folles réjouissances que Mahmoud donnait en ses palais, on revit la main mystérieuse qui traça jadis sur les murs de la salle du festin baltazaresque les trois mots sinistres de *mane, thecel, pharès*: une première émeute éclata dans Stamboul, elle fut vite réprimée; c'était un avertissement donné au sultan. La populace était surexcitée, l'hiver avait été rigoureux et l'armée, étant rentrée dans la capitale, les vivres étaient devenus très chers. Une seconde émeute éclata, Mahmoud, vivement affecté par ces événements et craignant pour sa sécurité, adressa un rescrit à l'armée invitant les troupes à coopérer avec le grand vizir au rétablissement de l'ordre. Hammer fait justement observer que ce rescrit n'était envoyé ni au grand vizir, ni au serasker, ni aux gouverneurs de province, ni aux ulémas, mais à l'armée ; reconnaissant par là la prépondérance absolue de l'élément militaire et il ajoute que « désormais les souverains de la Turquie n'auraient plus de rapports qu'avec leurs satellites ». Il ne se trompait pas ; cette innovation, car c'en était une, tout à fait contraire à l'esprit de l'islamisme et à la constitution de l'empire, fut mal acueillie par le peuple qui redoutait l'ingérence de l'armée dans les questions politiques.

C'est ainsi que le despotisme finit toujours par s'égarer : après avoir cherché son point d'appui dans les lois, il glisse dans l'arbitraire qui le conduit infailliblement à l'emploi de la force brutale.

Quoi qu'il en soit, Mahmoud échappa cette fois encore

au sort de ses prédécesseurs et mourut peu de temps après de mort naturelle, au retour de la mosquée où, quoique malade, il s'était rendu pour y faire ses dévotions habituelles (1). A la vérité sa disparition de la scène pouvait être considérée comme un bienfait pour l'empire. Et pourtant, son règne fut marqué par d'heureux événements auxquels il ne fut pas complètement étranger bien que, parfois, il fût insouciant jusqu'à l'oubli de ses devoirs les plus élémentaires.

Il n'est pas le seul de sa famille qui ait montré ces défaillances : Un monarque adulé et vivant dans l'abondance de toutes choses, est nécessairement porté à considérer que tout ici-bas a été créé pour lui et qu'il incarne en sa personne la véritable sagesse. Il ignore la misère et les souffrances de ses peuples. Peut-on espérer quelque bonté d'un être qui ne connaît pas la souffrance ? Les anciens califes arabes étaient bien inspirés lorsqu'ils se déguisaient pour se mêler à leurs sujets. Leurs aventures si touchantes, si instructives, décelaient chez eux des sentiments paternels qu'on chercherait vainement dans les sultans de la dernière période, dans ceux qui se sont retirés dans leur palais, se mirant dans les bassins de leurs jardins ou dans les miroirs qui tapissent les murs de leurs appartements, peu soucieux de ce qui se passe au dehors, considérant la vie comme un amusement et l'exercice du pouvoir souverain comme un passe-temps, n'ayant enfin aucune notion des obligations qui leur incombent. Ils vivent pour ainsi dire, en dehors de l'humanité : Mahmoud construisant des kiosques, quand ses armées perdaient des batailles et des sièges, ne montra-t-il pas l'inconscience et l'incurie des sultans ottomans ?

(1) Il est de tradition que le sultan ne doit point s'abstenir de l'obligation de la prière chaque vendredi et jour de fête. Cette coutume causa la mort de plus d'un souverain en Turquie.

CHAPITRE V

OSMAN III

Nouveau traité avec la France (1740). — Récapitulation des anciennes capitulations. — Origines des capitulations. — Essais de colonisation en Orient. — Privilèges accordés à la France sous différents règnes. — Maintien des capitulations. — Vices du régime turc. — Réformes difficiles. — Fanatisme du sultan. — Ses manies, ses premiers édits. — Choix d'un grand vizir, sa destitution. — Sorties nocturnes du souverain. — Révolte en Arabie, les Wéhabites. — Psychologie de l'Arabe nomade. — Biographie d'Aboulwéhab. — Supériorité politique des Turcs.

La France venait de rendre à la Turquie un signalé service dans la conduite des négociations relatives au traité de Belgrade. Villeneuve, l'ambassadeur du roi, avait déployé dans ces pourparlers une extraordinaire activité et une science diplomatique très remarquable résultant de sa longue pratique des affaires extérieures. Une récompense était due à tant d'efforts, il la réclama du divan pour son pays. Il obtint ainsi de la Sublime Porte la confirmation et la ratification de toutes les anciennes capitulations réunies en un seul traité qui régit jusqu'à ce jour les relations diplomatiques de la France et celles de toute l'Europe avec l'Empire ottoman.

Ce traité est un monument que la diplomatie française éleva à sa propre gloire et au profit de son négoce ainsi que du commerce de l'Occident, mais, hâtons-nous de le dire, au grand détriment de la Turquie, la généreuse donatrice qui ne marchanda pas ses faveurs aux étrangers.

Il convient de jeter ici un regard rétrospectif sur le passé et, sans prétendre faire l'historique des capitulations, il est nécessaire d'en déterminer, dans un aperçu général, le caractère unilatéral, qui en fait des traités à part ayant, outre leur valeur propre, une exceptionnelle répercussion sur les événements.

Les capitulations (1) remontent, comme on le sait, à une haute antiquité.

Les rapports de la France avec la Turquie, au Moyen-Age, les ont fait revivre en des formules à peu près semblables que le nouveau traité ne fit que codifier, en leur donnant une forme définitive.

Quand l'empire romain se fut écroulé sous les invasions successives des nations barbares qui l'assaillaient tour à tour, les Francs, ou les Français, commencèrent avec l'Orient des relations commerciales qui prirent, en peu de temps, un grand développement. Des accords verbaux et des conventions écrites leur facilitèrent bientôt l'accès de tous les ports de l'Adriatique, de la Méditerranée et de la mer Rouge. Les rapports que Haroun-al-Rachid entretenait avec Charlemagne n'avaient d'autre objet que de donner de l'extension au commerce extérieur et « d'assurer sûreté et protection aux pèlerins visitant le Saint-Sépulcre ». Toutefois, la France ne put profiter longtemps des avantages que lui

(1) La véritable signification du mot capitulation différait sensiblement au Moyen-Age du sens qu'on lui attribue aujourd'hui : il faut comprendre par les « capitulations » les actes diplomatiques, quels qu'ils soient, faisant mention de privilèges obtenus en Orient, soit par la France, soit par les autres Etats chrétiens.

Les Italiens les désignaient sous le nom de pacto, *patto*, ou *pactum* ou *capitali*, qui existait déjà dans la jurisprudence française. Les Arabes les appelaient *ahd* et les Ottomans *ahd-namé* ou engagement souscrit par l'une des parties en faveur de l'autre. Enfin les Bysantins entendaient par capitulation un traité d'amitié ou d'alliance offensive et défensive (Belin, *Des capitulations et des traités de la France en Orient*).

assurèrent ses relations avec les califes arabes. Occupée à repousser l'invasion des Normands, elle laissa le champ libre aux petits Etats, avides et rapaces, établis au Nord de la Méditerranée et qui s'abattirent sur l'Orient comme des oiseaux de proie. C'est de cette époque que date la prospérité des républiques de Venise, de Raguse, de Gênes et de Pise. Mais après les premières croisades, la France ne tarda pas à reprendre la place qu'elle leur avait abandonnée. La conquête de Constantinople par les chevaliers, conquête bientôt suivie de l'occupation de l'Arménie, de la Mésopotamie, de la Syrie et de la Palestine, fit passer par leurs mains la plus grande partie des transactions de l'Europe avec le Lévant.

Ces événements, qui ont précédé l'arrivée des Turcs en Asie-Mineure, jettent là lumière sur une des phases les plus brillantes et les plus glorieuses de l'histoire de l'Occident, phase durant laquelle on vit la civilisation européenne — il y en avait une au Moyen-Age, si rudimentaire qu'elle fût — en contact avec la civilisation arabe qui, bien que déjà à son déclin, éclairait de ses rayons les hautes cimes du Taurus et les sommets neigeux du Liban.

Entre l'extinction de la puissance des Arabes et l'établissement de la domination turque en Asie-Mineure, se place une période transitoire pendant laquelle les Etats chrétiens s'efforcèrent de fonder, à l'ombre des anciennes capitulations, des gouvernements indépendants. Ce fut durant cette période que les Véniticns et les Gênois obtinrent des empereurs de Bysance (1) des sultans d'Egypte et des rois de Chypre (2) des privilèges qui leur assurèrent une situation prépondérante dans la Méditerranée.

(1) Belin.
(2) En 1306.

Stimulé par cet exemple et se souvenant des traditions de sa maison, Philippe IV, roi de France, envoya une mission spéciale en Egypte (1). Alexandrie était alors le rendez-vous des pèlerins et des commerçants venus de tous les points de l'Occident. Les navires s'y ravitaillaient et un consulat français, établi dans cette ville, accordait aux pèlerins et aux commerçants européens aide et protection.

Cette prérogative n'était pas seulement dévolue aux agents du roi, mais aussi aux représentants des grandes villes de France, telles que Narbonne, Montpellier et Marseille qui tenaient le premier rang. Leur influence s'était accrue au point qu'elles firent acte de souveraineté en nommant des Consuls à Alexandrie, à Rhodes, à Chypre et à Damas. Un marchand français, Jacques Cœur, y commença sa brillante fortune (2). Après un voyage en Syrie, il revint à Montpellier où il fonda une de ces puissantes maisons qui faisaient, autrefois, la gloire de la France et qui tendent à devenir de plus en plus rares. Il possédait une flotte et ses vaisseaux couvraient la mer. Ce grand citoyen avait construit à Montpellier une bourse qui lui servait de comptoir et d'où il voyait arriver dans le port ses navires chargés des marchandises de l'Orient.

Quand Sélim fit la conquête de l'Egypte, il confirma les prérogatives que les Français avaient obtenues des gouverneurs de ce pays.

Un point est à noter, dans l'histoire des capitulations, c'est que, en fait, elles n'eurent jamais qu'un caractère temporaire. Il fallait à chaque règne en obtenir le renouvellement, sans compter que la mise à exécution

(1) En 1332.

(2) En 1432, Bertrand de la Brocquières qui visita Damas y trouva Jacques Cœur. Belin, *Des capitulations*, p. 50.

de ces chartes soulevait bien des difficultés. Il suffisait du mauvais vouloir d'un fonctionnaire pour remettre tout en question. Il y eut même une période où la Porte avait complètement renoncé à les respecter et où les ambassadeurs étaient publiquement insultés. Quant aux consuls et aux drogmans, on leur donnait la bastonnade comme à de vulgaires malfaiteurs.

Malgré ces précédents, la France obtenait du divan sous le règne de Henri III, par l'intermédiaire de M. de Germigny, les plus belles capitulations qui aient été octroyées à une puissance chrétienne. On y lisait notamment cet article : « Les Vénitiens, Gênois, Anglais, Portugais, Catalans, Ragusins pourront cheminer comme par le passé sur les mers sous bannière de France ». Magnifique formule qui doit remplir les cœurs français d'un légitime orgueil. Dans ces mêmes capitulations, la préséance accordée à l'ambassadeur de France, sur les représentants des cours étrangères ayant même rang et accrédités auprès de la Porte, fait l'objet d'un article spécial.

C'est que des nécessités impérieuses poussaient alors la France à rechercher l'alliance de la Turquie et réciproquement. Il fallait trouver un contre-poids à la prédominance de la Maison d'Autriche. Des négociations secrètes engagées par la reine-mère, régente de France, et conduites avec une rare habileté par Rinçon et par Jehan de Laforêt, eurent les plus heureux résultats. Grâce à l'appui que les Turcs prêtèrent à la France, dans cette circonstance critique, la puissance de Charles-Quint fut contenue dans de justes limites. Deux traités signés avec Soliman Ier assurèrent aux Français des immunités et des privilèges qui ne furent concédés que longtemps après aux puissances de l'Europe.

Les actes originaux qui nous ont été transmis consacraient d'une manière formelle la sûreté personnelle des

Français, la liberté de leur commerce, la surveillance sur les douanes, une juridiction spéciale appelée juridiction consulaire, la protection de la religion, le respect absolu de toutes choses importées par le consul, l'inviolabilité de sa personne et une foule d'autres prérogatives.

Tels sont les principes primordiaux sur lesquels sont basées les capitulations. A partir du règne de Soliman Ier, elles commencèrent à se rapprocher, par leur rédaction aussi bien que par la forme qui leur fut donnée, des véritables traités internationaux mais sans réciprocité dans les droits concédés. Elles ne perdirent leur caractère unilatéral que dans les temps modernes et dans une mesure très restreinte, attendu qu'il n'y eut réciprocité que pour certains avantages d'ordre secondaire.

Après la bataille de Lépante, les bonnes relations qui avaient existé jusque-là entre la Porte et la France, commencèrent à s'altérer : l'immixtion des rois de France dans les affaires de Pologne, la rivalité des Anglais, dont la présence à Constantinople nous est signalée en 1586 par une lettre de M. de Germigny, ambassadeur du roi, et les vues du cabinet de Paris sur l'Algérie, qui se dessinaient déjà sous le règne de Charles IX, mais qui, sous Louis XIV, prirent un caractère très accentué, portèrent une grave atteinte au prestige du gouvernement français. Les ministres du sultan violèrent ouvertement les engagements que la Porte avait contractés vis-à-vis de la France et en contestèrent la légalité. Les capitulations, disait en 1577 Kuprulu en s'adressant à l'ambassadeur du roi, avaient été faites pour les marchands et n'étaient qu'un « commandement favorable et volontaire et non « traicté de prince à prince, n'y confirmé d'un costé et « d'autre pour estre réciproquement obligatoire ». En effet, pour les califes qui se considéraient au-dessus des princes chrétiens, c'étaient des privilèges qu'ils leur plaisaient de leur accorder et qu'ils pouvaient leur retirer suivant leur bon plaisir. Pour les princes chrétiens, au contraire, ces privilèges représentaient des droits acquis dont ils n'étaient nullement disposés à se dessaisir et qu'ils étaient même prêts à défendre, avec la plus grande énergie, contre les empiétements de la Porte. Telle était du moins, l'opinion de Louis XIV qui, plus d'une fois, menaça la Turquie de sa colère pour avoir violé les capitulations.

Ce grand roi ne fut point heureux dans ses négociations avec le divan. En dépit de l'éclat de son règne et des efforts que fit M. de Nointel, pour représenter au sultan que son maître était l'arbitre de l'Europe, il ne réussit pas à intimider la Porte, Ahmed Kuprulu fit à l'ambassadeur du roi cette fière réponse, à savoir « qu'il était bien aise que le plus ancien ami de la Porte fût doué de si belles qualités, mais qu'il aurait plus de joie si toute cette grande puissance ne s'était pas opposée aux armes du padischah et si, dans tous les endroits où il les avait portées, il n'avait pas trouvé des Français qui lui tenaient tête ». Cependant M. de Nointel appuyé par le chevalier d'Avrieux, envoyé extraordinaire, finit par obtenir le renouvellement des anciens privilèges et un article additionnel fut introduit dans les capitulations par lequel la Porte accordait aux drogmans auxiliaires employés, soit par les ambassadeurs, soit par les consuls, les mêmes privilèges qu'aux Français.

Ce succès diplomatique ne rétablit pas entièrement le crédit de la France à Constantinople ; mais sous Louis XV la Turquie, étant aux prises comme on l'a vu avec la Russie et l'Autriche, accepta les bons offices du cabinet de Paris. Villeneuve, qui avait remplacé M. de Nointel, fut autorisé à se rendre près du czar qui se trouvait, sur le Danube, à la tête de son armée et s'interposa en faveur de la paix. Villeneuve obtint de la Russie et de l'Autriche pour la Turquie des conditions avantageuses, et un nouveau traité, préparé par ses soins, fut signé à Belgrade. Dès ce moment, notre ambassadeur fut, suivant le témoignage de M. Belin « l'âme, le conseiller et le guide des négociations engagées, à cette époque, entre la Porte et les divers cabinets européens ». Il se préoccupa, avant tout, des intérêts de son pays. Une ambassade ottomane partit pour la France chargée de riches présents. Elle remit à Louis XV un traité en quatre-vingt-cinq articles, auquel nous faisions allusion au commencement de ce chapitre, traité résumant les anciennes capitulations et confirmant les privilèges antérieurs qui avaient été accordés aux Français. Depuis le règne de François Ier, ils n'avaient pas obtenu un plus beau succès. Toutes les conventions qui ont été faites après cette époque, celles même qui régissent actuellement les relations diplomatiques et le commerce français avec la Turquie sont, en grande partie, la reproduction exacte des capitulations de 1740. Ce fut, sans contredit, un des legs les plus beaux et les plus précieux que l'ancienne monarchie ait fait à la France nouvelle.

On est trop porté maintenant à dénigrer les capitulations, à y voir un régime odieux et tyrannique imposé aux Turcs par les hommes du Moyen Age, par les diplomates de la vieille école. Etaient-ils assez injustes ces hommes d'état qui forcèrent les Turcs à recevoir les étrangers chez eux avec leurs coutumes et leurs lois ? Les Turcs, après tout, n'étaient-ils pas les maîtres dans leur pays ? La vérité est que le régime des capitulations fut librement consenti par la Porte qui voulut bien l'octroyer dans le but de garder intactes sa législation et ses coutumes. Si elle avait consenti à modifier ces dernières dans le sens de la modération et de l'égalité, ce régime, qui prête aux plus sévères critiques, ne se serait pas imposé. Quant à l'indépendance de la Turquie, personne ne la conteste, encore que, sur ce point, on puisse émettre quelques réserves. En effet, nul n'est maître chez lui s'il veut mal agir, commettre des dénis de justice, organiser des complots, des massacres ou préconiser des théories subversives. On est obligé dans tous les pays du monde, sous quelque latitude que l'on soit, de se conformer aux lois générales qui régissent les nations civilisées et aucun gouvernement n'a le droit de perpétrer des crimes de lèse-humanité. Le jour où la Turquie s'organisera comme tous les Etats civilisés, le jour où, renonçant à son despotisme abject, elle aura un parlement et des tribunaux d'une incontestable moralité, dans lesquels siégeront de véritables magistrats, non des juges vendus ou complaisants, ce jour-là, elle sera fondée à demander la suppression des capitulations qui n'auront plus, du reste, leur raison d'être.

En attendant, il est nécessaire de les maintenir. Soit qu'on veuille, en effet, considérer les capitulations comme des traités synallagmatiques liant les deux parties contractantes, soit qu'on les envisage comme des actes unilatéraux accordant aux Européens seuls des privilèges, il n'en est pas moins vrai que ce sont des stipulations internationales qui, consacrées par un long usage et sanctionnées par les sultans eux-mêmes, ont une valeur juridique qu'on ne peut leur contester. Pour les supprimer, il faudrait que les causes qui les ont fait naître aient cessé d'exister. Or, ce qui se passe tous les jours en Turquie démontre clairement hélas ! que ce pays est loin d'avoir atteint ce degré de civilisation qui doit permettre à l'Europe de renoncer aux garanties qu'elle tient des capitulations. Son organisation est défectueuse, ses souverains sont des despotes, ses tribunaux ne se distinguent que par des dénis de justice et par des abus invétérés, et quant à la sécurité publique, sans parler des agressions quotidiennes auxquelles, partout en Turquie, on est exposé, il suffira de dire qu'en moins de cinquante années l'Empire ottoman a été six fois le théâtre de scènes sanglantes qui rappellent, par leurs horreurs, les temps les plus reculés de la barbarie. Les massacres de Djeddah, du Liban, de Damas, de Batak, de Salonique et d'Arménie constituent le plus formidable réquisitoire que l'opinion publique puisse formuler contre un gouvernement.

Il est sans doute monstrueux de voir les étrangers jouir en Turquie de droits particuliers que les Ottomans ne possèdent pas en Europe ; mais nous croyons avoir démontré que la réciprocité et l'égalité des droits ne pouvaient être obtenues que par une refonte complète des institutions de l'empire et de sa législation.

Le règne d'Osman III ne fut point favorable aux réformes. On vit rarement monarque plus fanatique. Il était occupé constamment à renforcer les anciennes coutumes et à donner à son despotisme un caractère violent. Son frère lui avait légué un empire pacifié au dehors, non un pouvoir raffermi au dedans. Aussi s'empressa-t-il de recourir aux moyens propres à assurer la sécurité du trône. Il crut les trouver dans une recrudescence du fanatisme. Laissant à ses ministres le soin d'annoncer son avènement aux puissances étrangères, il commença par rendre une série d'édits relatifs à l'organisation intérieure du gouvernement.

Le premier de ces édits touchait aux prérogatives de l'aga des janissaires dont il étendit les attributions, espérant par là échapper aux révoltes qui avaient entraîné la déposition ou la mort de ses prédécesseurs. Le second interdisait le luxe dont les grands de l'empire faisaient un usage scandaleux ; enfin le troisième concernait les femmes de Stamboul auxquelles il était défendu de sortir dans la rue trois jours par semaine réservés aux promenades du sultan.

Il remit en vigueur les anciennes lois somptuaires, interdisant le port des voiles légers et des robes brodées.

Il poussa enfin la sévérité jusqu'à décréter que les femmes qui contreviendraient à cet édit seraient jetées dans le Bosphore, ordre d'autant plus cruel qu'il fut suivi d'exécution. Les chroniques du temps racontent, en effet, avec un cynisme révoltant, que « les malheureuses étaient jetées à l'eau n'ayant pour tout vêtement que le bleu tissu des ondes ». Ces mesures avaient un caractère tyrannique qui les rendirent odieuses aux musulmans eux-mêmes.

L'horreur que le beau sexe inspirait à Osman III n'était point feinte, ce qui ne l'empêcha pas, du reste, d'entretenir cinq à six cents femmes au sérail, par respect pour la tradition, mais il avait imaginé un moyen ingénieux pour ne pas les rencontrer sur son passage.

Il marchait sur les dalles de son palais avec des semelles à clous d'argent qui rendaient son pas sonore. Les femmes en l'entendant disparaissaient comme des ombres, caprice de despote qui serait l'indice d'un trouble cérébral s'il n'y avait des motifs à cette répulsion. Osman III était difforme et laid : sa longue réclusion lui avait donné un tel embonpoint qu'il n'était plus qu'une masse de chair, son cou disparaissait entre deux épaules épaisses dont l'une était plus haute que l'autre et son ventre débordait au point qu'il lui rendait la marche très pénible.

Son caractère se ressentait de cette difformité et ses serviteurs éprouvèrent, plus d'une fois, les terribles effets de sa colère. Son médecin fut banni du palais et condamné à l'exil pour lui avoir donné un médicament régénérateur qui ne produisit pas son effet et son grand écuyer fut exécuté parce que le cheval sur lequel il était parvenu à se hisser avait failli le désarçonner.

La cour regorgeait de danseurs, de chanteurs et de pages entretenus par son frère, il les en chassa, acte louable, à tous égards, et qui eût donné une haute idée de la vertu de ce monarque s'il n'était tombé plus tard dans les mêmes errements.

La publication des édits relatifs aux femmes et un froid rigoureux donnèrent aux fêtes du couronnement, un air de tristesse qu'elles n'avaient jamais présenté jusque-là. Le peuple y vit un mauvais présage et la nomination, au premier poste de l'empire, de Hékimzadé, homme sage et libéral, ne détruisit pas cette impression pénible. Hékimzadé appartenait à cette vieille souche d'hommes d'état ottomans dont le dernier représentant fut, au siècle passé, Réchid Pacha. Il réunit autour de lui une pléïade d'hommes remarquables par leur savoir et rappela de l'exil ceux que leur zèle pour le bien public avait éloignés de la capitale.

Sa maison hospitalière, ouverte à tous les hauts fonctionnaires de l'empire et aux étrangers de distinction, contrastait avec l'aspect triste et morne du palais impérial d'où Osman avait banni le luxe et les amusements frivoles, n'y laissant subsister que le vice caché entretenu par ses favoris.

Mais le grand vizir avait beaucoup d'envieux et, le cinquante-troisième jour après sa promotion, il fut destitué. Ce n'était pas la peine assurément de rappeler du fond de la province cet illustre vieillard qui avait naguère porté si dignement le poids du pouvoir et qui, dans des circonstances critiques, avait sauvé l'empire pour lui retirer le sceau si brusquement.

Cette destitution due à une intrigue du palais fut accueillie avec quelques murmures. D'abord sourd aux mauvais conseils de son entourage, le sultan froissé lui-même de voir le vieil homme d'état ne pas conformer sa conduite au sens des édits impériaux, qui proscrivait le luxe, avait fini par prêter l'oreille aux insinuations perfides de ses confidents. La goutte de fiel de la délation, qui comme la goutte d'eau creuse le roc le plus dur, venait de produire son effet.

On vit généralement dans la chute du grand vizir un mauvais augure. Connaissant la répulsion d'Osman pour les femmes, le public soupçonna la présence d'un favori au palais, en quoi il ne se trompait pas.

L'historiographe de la cour chercha à masquer le véritable motif de cet acte irréfléchi du souverain et l'attribua à l'influence des astres. Le jour de la nomination de Hakimzadé, écrit-il, on avait tiré son horoscope et l'on avait constaté qu'il se trouvait sous l'influence du signe du Cancer !

Naïli lui succéda et ce choix fut ratifié par l'opinion ; car l'homme qui avait collaboré au traité de Belgrade et qui en avait rédigé les protocoles passait pour un diplomate avisé. Il ne resta, malgré cela, que trois mois au pouvoir, un des favoris du sultan étant parvenu à prendre sa place. Vouloir gouverner l'Etat sans le concours d'un favori ou d'une favorite c'était méconnaître les mœurs et les traditions de l'époque. Naïli se crut indispensable parce qu'il était apte à rédiger une pièce diplomatique et qu'il entretenait d'excellentes relations avec les ambassadeurs ; mais eût-il été un homme de génie qu'il n'en devait pas moins étudier les passions du monarque et les favoriser au besoin. Un véritable homme d'état ne recule jamais devant cette besogne et l'on en a vu d'illustres qui se sont occupés des plaisirs de leur maître. Naïli avait des principes dont il ne voulut point se départir. Pour un diplomate c'était se montrer un peu trop rigide : on est d'ordinaire plus souple dans la carrière.

Le favori du sultan qui avait succédé à Naïli tomba bientôt en disgrâce et eut la tête tranchée; Mohammed Saïd, fils de l'ancien ambassadeur de Turquie en France, sous le règne de Mohammed, reçut le sceau. Lui du moins échappait au danger d'une mort violente, le sultan n'accordant cet honneur qu'à ses favoris, dont la dernière heure sonnait en même temps que s'évanouissait son caprice.

Osman avait l'habitude de se promener la nuit dans les rues de sa capitale. C'était des parties organisées et préparées à l'avance par son entourage, on s'arrangeait en sorte que lorsqu'on avait une faveur à lui demander, il rencontrât le solliciteur à un endroit convenu, là se jouait la comédie de la présentation. Les paroles, les gestes étaient combinés de façon à rendre infaillible le succès de la démarche. On a de ces ruses au palais des sultans et bien d'autres encore.

On pourrait en remplir plusieurs volumes d'anecdotes. Ces facéties font partie de la collection dont un homme de cour doit se munir et ces récits fantaisistes sont un des charmes de la vie dans un milieu où les hommes, attachés à la personne du monarque, mourraient d'ennui s'ils ne passaient une partie de leur temps à se raconter des historiettes.

Le cordon légendaire et la lame tranchante du bourreau fournissent à ceux qui en sont menacés, à chaque instant, des anecdotes désopilantes, ou bien ce sont des contes grivois qui parviennent jusqu'aux oreilles du souverain, font la fortune des plus obscurs et deviennent ainsi le point de départ d'une brillante carrière.

Dans les premières années du règne d'Osman, les ambassadeurs accrédités auprès de la Sublime Porte, furent très malheureux. Ils durent entretenir des rapports peu cordiaux avec un singulier ministre des affaires étrangères, Abdi, qui laissa dans les annales turques la réputation d'un grossier personnage ; mais à cause de ses grossièretés mêmes, il était devenu populaire jusque dans le palais où l'on se plaisait à raconter des faits étranges sur son compte, ayant pour thème les inconvenances commises envers les membres du corps diplomatique. Un jour, il avait fait retirer un tabouret au moment où un ambassadeur allait s'y asseoir et voilà le malheureux diplomate par terre. Un autre jour, c'était l'ambassadeur anglais, M. Porter, qui était grossièrement insulté par ce malappris. Ce dernier avait poussé l'inconvenance jusqu'à forcer l'agent diplomatique de la Grande-Bretagne, venu pour féliciter le sultan, à l'occasion de son avènement, à baiser, malgré lui, un décret impérial qu'il était chargé de lui remettre. Comme il s'y refusait obstinément, deux domestiques lui serrèrent la tête entre les mains pendant que le grotesque Abdi lui faisait passer le document officiel sur la figure.

Cependant les incendies se multiplièrent dans la capitale. Ils furent si nombreux qu'on s'était habitué à dire qu'il y avait autant d'incendies que de changements de grands vizirs ; mais comme on redoutait le sens critique de ces paroles, on avait hâte d'ajouter que « pareils aux jardiniers qui font pousser les fleurs, les grands vizirs faisaient surgir de leurs cendres, les maisons brûlées ». Et, de fait, la rapidité avec laquelle on répare à Constantinople les désastres du feu tient du prodige. Les ressources dont dispose un peuple, réputé pauvre et misérable, sont à la fois incalculables et mystérieuses.

Mohammed Saïd céda la place à Moustapha Pacha qui la céda, à son tour, à Raghib lequel ne se serait peut-être pas maintenu trois mois à ce poste éminent si la mort n'était venue délivrer la Turquie du plus incapable et du plus brouillon des sultans.

Durant tout le règne d'Osman III, une tranquillité relative n'avait cessé de régner à l'intérieur, comme à l'extérieur, à peine troublée par quelques légères rébellions dans l'armée ou par des démêlés sans importance avec les Etats voisins, quand, tout d'un coup, l'empire ressentit une violente secousse en Arabie.

Tout le monde en Europe a entendu parler des Wéhabites et de leur chef vénéré Aboulwehab, un hardi réformateur tel que l'Islam n'en verra jamais de pareil.

On connaît l'attachement de l'Arabe nomade à la liberté, il surpasse de beaucoup son attachement à la religion. Brave et généreux, il gâte ses qualités par ses habitudes de pillage. En vertu de ce principe que pour donner aux autres, il faut commencer par prendre à autrui le bien qu'on ne possède pas, il passe sa vie à combiner des razzias. Il n'a rien qui lui appartienne en propre, sauf ses armes et son coursier. Les étrangers et les gens des autres tribus, qui visitent sa tente, y reçoivent une noble hospitalité. On vient s'asseoir à son *sofra* (table) dressée à la porte du mobile abri pour partager avec lui sa nourriture. On peut s'abreuver du lait de ses brebis ou de ses chamelles ; car ce que Dieu lui a donné ou ce qu'il a volé ne lui appartient pas à lui seul. Il n'en est que le dépositaire. Sa cavale est toujours là devant sa hutte et sa lance plantée dans le sable y monte la garde. Que l'alerte vienne, à quelque moment que le veilleur donne l'alarme, il est toujours prêt à partir en guerre. Avide de butin, comme le sable du désert est avide d'eau, brûlé par le désir comme la terre qui le porte est brûlée par le soleil, il est jaloux comme un tigre et malheur, trois fois malheur, à qui touchera à l'objet de son amour, à qui l'effleurera d'un regard de convoitise. Il devient alors féroce et sanguinaire. Dans les livres de voyages et en général dans tous les dictionnaires, encyclopédies et autres recueils, on le qualifie de voleur et de menteur. Voleur lui ? oui sans doute, mais le pillage est pour ce vagabond une nécessité de la vie ; menteur lui ? oui, sans doute, mais pour donner de fausses indications sur les chemins ardus et les routes mystérieuses qu'il parcourt. Qui donc pourrait songer à lui en faire un crime ? Pour le reste, il n'est pas d'être plus loyal, plus sûr, sur la parole duquel on puisse mieux compter. Ces vertus, personne ne les lui conteste dans les pays où il a coutume de fréquenter. Sur la lisière du désert, où il est connu, son caractère est unanimement apprécié. La parole d'un bedouin vaut la parole d'un roi, et quand il vous donne sa foi, vous pouvez dormir tranquille sous sa tente ou voyager sous son égide. Il ne va presque jamais dans les cités populeuses et dans les centres commerçants, comment sait-on qu'il est voleur ? Où l'a-t-on vu se livrer à des transactions louches, à quelle Bourse d'Europe l'a-t-on vu jouer, dans quelle ville d'Orient s'est-il établi comme agioteur ou comme marchand ? Est-ce à Bagdad, ou à Bosra, ou à Damas, ou au Caire ? Franchement, on commet une injustice criante en accordant un crédit illimité aux rapports des rares voyageurs qui ont parcouru le désert. Soit qu'ils n'aient pas eu le temps nécessaire pour étudier à fond les mœurs des tribus, soit qu'ils aient fait quelque mauvaise rencontre sur leur chemin, soit encore qu'ils aient été pillés par des guides suspects, ils ont tenu à décerner à l'Arabe nomade ce double qualificatif, de voleur et de menteur, que les générations se transmettent à travers les siècles.

Que si on veut considérer l'Arabe dans sa profession de condottieri, on trouvera chez lui plus de qualités natives et plus de loyauté que n'en avaient les brigands du Moyen-Age qui, pourtant, donnaient des leçons de chevalerie aux nobles seigneurs. Les nomades sont fidèles à leurs engagements, fidèles à leur parole. Deux fois par an, abandonnant leur domaine, ils viennent vivre pendant quelques semaines sur la marge du désert. Ils profitent de ce séjour pour acheter du blé, des vêtements le plus souvent à crédit, sans un mot d'écrit et sans que jamais ils aient failli à leurs promesses. La preuve qu'ils offrent toute sécurité, en matière de transactions commerciales, c'est qu'ils sont les clients des Juifs, c'est à croire, vraiment, que ces derniers leur ont fait cette réputation imméritée d'être voleurs, menteurs et artificieux pour qu'on ne leur enlève pas une si précieuse clientèle.

Quand le Prophète Mahomet apparut en Arabie, il entraîna à sa suite beaucoup de tribus qui devinrent sédentaires, mais le désert exerce de telles séductions sur ceux qui l'habitent que plusieurs d'entre elles ont préféré, à la nouvelle civilisation, créée par Mahomet, la vie primitive qu'elles avaient menée jusque-là. De vastes solitudes sont parcourues par ces cavaliers errants qui y dessinent le mouvement par leurs évolutions incessantes. Sans leurs pérégrinations continuelles à travers ces sables arides, le désert resterait morne et silencieux. Ils y mettent la vie par le pittoresque de ces tentes qui poussent comme des champignons, de ces longues files de chameaux que dore le soleil, de ces caravanes imposantes qui sont comme la représentation figurée de l'histoire des empires et comme le symbole de la vie, de ces superbes coursiers, sentinelles vigilantes, dont le hennissement donne le signal des combats. Mais il y a une ombre à ce tableau, l'Européen n'y retrouve pas les habitudes de sa vie symétriquement arrangée, ni aucun des signes extérieurs de sa civilisation et alors, il en veut au nomade de vivre ainsi indépendant et heureux. Qu'a-t-on à lui reprocher ? Il n'occupe pas les terres fertiles, sauf quelques oasis perdus dans les solitudes, il n'incommode en rien cette civilisation qui va le chercher dans les profondeurs du désert pour lui imposer un genre de vie dont il ne veut à aucun prix.

Aux yeux des puissances économiques qui régissent le monde, c'est un barbare et un révolté puisqu'il refuse obstinément de se laisser tondre. Or, pour les gouvernements qui sont arrivés à doser à leurs peuples jusqu'à l'air, c'est un crime impardonnable. Le nomade est bien coupable de respirer à pleins poumons un air qui ne lui coûte rien, l'air salubre de la liberté. Un modeste abri lui suffit, le ciel étoilé lui indique les heures de la nuit quand il chemine dans le désert, et le soleil celles du jour, il lit dans la nature, comme dans un livre ouvert, son coursier est le train qui le transporte d'un lieu à un autre. Veut-il aller plus vite? Son dromadaire le portera rapidement au point qu'il veut atteindre. Il n'a rien à envier à la civilisation et l'ignorance où il vit le préserve des maux qu'une science exagérée engendre. Cette ignorance est elle-même très mitigée chez les nomades. La contemplation de la nature donne aux hommes une intelligence des choses, une perception très nette des mystères de la création. La pratique de la liberté et l'extrême mobilité où ils vivent aiguisent leur esprit. De plus, le désert a la propriété d'affiner les êtres et d'en faire des êtres de choix, des races aristocratiques. Enfin la sobriété entretient chez eux un état physique sain et plein de vigueur. Heureuses tribus qui ignorent la tyrannie des gouvernements et les intolérables vexations du fisc lequel transforme en serfs des millions d'individus qui se croient libres.

Aboulwehab était le chef de l'une de ces tribus, insoumises, indisciplinées, non barbares, car elles ont une organisation civile et politique plus complète qu'on ne se l'imagine. Le cheik, ou l'émir, est le chef de la tribu, celui qui préside à ses destinées et règle ses affaires extérieures avec le concours des anciens; l'akid est le commandant militaire, le kadi, ou juge, tranche les différends qui pourraient surgir au sein de la tribu, enfin le vassi veille aux intérêts et à l'éducation des mineurs. C'est une organisation rudimentaire, donnez à ces institutions de l'ampleur, étendez en les limites et vous aurez toute la civilisation. Aboulwehab appartenait aux Temim dont l'origine se perd dans la nuit des temps. Les relations depuis longtemps établies entre sa tribu et les villes musulmanes de l'empire l'amenèrent à suivre les cours de l'université de Bagdad où il acquit la science juridique qui raffermit le caractère et donne du poids au jugement. Il en vint à formuler une doctrine qui, sans être contraire à l'islamisme, en corrigeait les abus. Il élagua de la forêt broussailleuse des lois tout ce qui lui parut inutile ou en opposition avec l'esprit islamique qui est simpliste, comme on le sait, mais dont les théologiens arabes avaient fait une machine compliquée par les fausses interprétations qu'ils en ont données.

Le réformateur trouva un appui précieux dans l'acquiescement de Mohammed-ben-Séoud de la tribu de Wouldi Ali et de celle des Anèzes. Ben-Séoud devint le bras droit d'Aboulwehab. Cette réforme fut à l'islamisme ce que le protestantisme fut à la religion catholique.

Aboulwehab, nous l'avons déjà dit, n'enseignait rien de contraire au Coran, il voulait que ses doctrines fussent appliquées dans toute leur rigueur, sans atténuation. Il défendit les jouissances dont quelques interprètes du Coran avaient fait un codicile à l'usage de ceux qui se délectent dans la pornographie. Il défendit également le sadisme, le simonisme et rétablit la pureté de la doctrine du Prophète en ce qui concerne le mariage, conformément à l'interprétation rationnelle de l'imam Iben-Malek.

On chercherait vainement dans son enseignement un seul point qui fût en contradiction avec le Coran. Toutefois, le caractère révolutionnaire de la nouvelle réforme apparaissait en deux choses. Aboulwehab trouvait exagéré le respect qu'on témoignait au Prophète. Il combattit énergiquement la tendance qui se manifestait déjà chez ses adeptes de le déifier. Il voulut ensuite que la Mecque fût la véritable capitale religieuse et politique de l'islamisme et c'est, dans cette intention d'ailleurs, qu'il en fit la conquête.

En réalité, les sultans en avaient moins à la doctrine qu'au chef du mouvement, car, pas plus qu'Aboulwehab, les Turcs ne reconnaissent dans le Prophète un Dieu.

Disons qu'en opposant leurs prérogatives aux revendications, d'Aboulwehab et de ses descendants, les souverains ottomans ne faisaient que remplir une obligation stricte de leur charge, celle de préserver leur domaine politique et religieux de toute atteinte.

On peut alléguer, il est vrai, en se fondant sur le texte même des Livres Saints de l'islamisme, que les sultans ne sont pas les vrais califes — ceux-ci doivent descendre, en effet, en ligne directe, du Prophète et par conséquent appartenir à la tribu de Koreisch — ; mais les intérêts politiques se défendent toujours par des moyens politiques.

Les droits que confère la conquête sont aussi valables, après tout, que ceux qui sont étayés sur des prescriptions périmées ou sur un passé glorieux, mais dont il ne reste guère de traces tangibles dans le domaine des faits. Le jour où les Arabes ont remis leur sabre au fourreau, abdiquant ainsi toute indépendance, ils ont perdu leur droit d'aînesse au califat. Aboulwehab voulut ressusciter ce droit, il échoua dans sa tentative et ses successeurs ne furent pas plus heureux que lui. C'est que les Turcs sont, sans contredit, les plus forts. Leur supériorité sur les Arabes, qui n'ont jamais pu s'entendre sur un programme, est incontestable. Par leur union, ils sont capables de déjouer les plans de leurs ennemis et leur discipline en fait un bloc compact qu'il est difficile d'entamer. De plus, ils possèdent une merveilleuse capitale. Ni la Mecque, ni Bagdad, ni Damas, ni le Caire aucune de ces villes célèbres n'est comparable à cette grande cité, dont la position seule vaut un empire.

Les Turcs en sont justement fiers et les Arabes, chez lesquels le sentiment religieux est le sentiment dominant, voient dans cette possession de Constantinople par les descendants d'Osman un motif suffisant pour leur obéir, malgré leur ostracisme et toutes les avanies qu'ils subissent du fait de leur mauvaise administration.

CHAPITRE VI

MOUSTAPHA III

Gestion de Raghib (1757). — Intrigues du palais. — Complications en Extrême-Orient. — Traité de Madras. — Disgrâce de Raghib. — Gouvernement personnel du Sultan. — Grand-vizirat de Bahir. Désordres intérieurs. — Menaces contre la Pologne. — Intervention du divan. — Relations avec la Prusse. — Intrigues diplomatiques autour de la Pologne. — Occupation de Varsovie par les Russes. — Opposition du Sultan. — Projet de guerre. — Causes de cette guerre. — Politique des puissances. — Coopération des troupes tartares. — Premières opérations de la campagne. — Exécution du grand-vizir. — Molovandji nommé généralissime. — Prise de Chocim par les Russes. — Révolte en Morée. — Désastre de Tcheschmé. — Nouvelles victoires russes. — Désordres dans l'armée turque. — Offre de médiation. — Moustapha accepte celle de la Prusse et de l'Autriche. — Mort du Sultan (1777). — Jugement sur Moustapha III. — Influence des devins et des astrologues.

A l'avènement de Moustapha III, Raghib est maintenu au pouvoir. Ce fut une heureuse inspiration du nouveau monarque ; mais ces bonnes dispositions ne devaient pas avoir de durée. Raghib était partisan des réformes, il attirait, par conséquent, sur lui la haine et l'animosité de ceux qui voulaient conserver les anciens abus précisément parce qu'ils en vivaient.

La gestion de Raghib fut irréprochable ; il était peut-être le seul honnête homme de l'Etat, aussi sa vertu faisait-elle ombrage au sultan. Dans un milieu aussi délétère que le palais et dans un gouvernement corrompu, les hommes probes font tache ; ils ressemblent à des étrangers nouvellement débarqués dans un pays dont ils ne connaissent ni la langue ni les usages. Cette situation s'aggrava lorsque les prévaricateurs surent quelles intentions on nourrissait à leur égard. Alors ce fut un débordement d'antipathies et de colères ; par suite, leurs intrigues se multiplièrent contre le ministre réformateur ; il fallait absolument qu'il cédât la place à quelqu'un de leur clan. Quel sultan pourrait résister à cette poussée? Les braves gens ne savent d'ordinaire ni se défendre, ni prendre l'offensive contre leurs ennemis. Tel était Raghib qui n'avait que du mépris pour ses adversaires et un peu de cette morgue hautaine qui caractérise tous les fonctionnaires turcs à quelque degré de la hiérarchie qu'ils soient placés.

Avant d'arriver à changer les dispositions du nouveau sultan à l'égard du grand-vizir, il fallut aux ennemis de Raghib Pacha un certain temps que celui-ci mit à profit pour restaurer les finances de l'empire et acheminer le pays vers les réformes.

La politique extérieure occupa surtout ses loisirs, la situation était extrêmement difficile et délicate, plus difficile et plus délicate qu'elle ne l'avait jamais été.

Raghib fut le premier grand-vizir qui inaugura en Turquie cette politique d'équilibre qui consiste à balancer les influences des gouvernements étrangers en les opposant les uns aux autres, politique habile, mais qui, d'un autre côté, avait l'inconvénient de ne contenter personne et de valoir aux Turcs la réputation, d'ailleurs imméritée, de connaître à fond les doctrines de Machiavel.

Ce n'est pas que Raghib fût trop complaisant envers les puissances. La Turquie n'était pas encore descendue à ce degré d'avilissement où ses représentants pouvaient oublier qu'ils parlaient au nom d'un grand pays, ayant conscience de sa force. Un des actes politiques par lesquels il se distingua fut précisément de restreindre le nombre des *béraet* ou certificats de protection délivrés aux interprètes des ambassadeurs et dont ceux-ci faisaient un trafic abusif en les vendant aux rayas. Il défendit également aux étrangers d'acheter des immeubles en Turquie. Il s'appliqua, néanmoins, à éviter les occasions de conflit avec les gouvernements européens moins pour assurer son repos personnel que parce qu'il était convaincu qu'une nouvelle guerre serait nuisible aux intérêts de l'Etat obéré par tant de luttes et qui avait besoin de reconstituer ses forces.

Il s'attacha dès lors à introduire l'ordre dans ses finances et à réorganiser l'administration ; il se vit bientôt débordé par la grandeur de la tâche qu'il avait assumée et par les tendances de son maître qui voulait exercer seul le pouvoir. Moustapha était très actif et il fallut de toute nécessité fournir un aliment à cette activité.

Raghib crut agir sagement en lui abandonnant la direction des affaires intérieures se réservant pour lui les questions étrangères plus ardues et qui exigeaient, par conséquent, une connaissance parfaite de la politique européenne.

Les événements extérieurs étaient à ce moment-là très intéressants. La France et l'Angleterre s'étant établies simultanément aux Indes, s'en disputaient la possession exclusive. La Bourdonnais et Dupleix avaient tenté l'un et l'autre de chasser les Anglais de ces lointains parages. Ceylan, Pondichéry et Madras étaient tombés aux mains de Dupleix. Or, l'élément mahométan était puissant dans ces contrées et la diplomatie française dut regretter, plus d'une fois, que Villeneuve n'ait pu conclure un traité d'alliance effective avec la Turquie à l'époque où son crédit était prépondérant à Constantinople. Une telle alliance eut été d'un grand secours pour la France dans ses démêlés avec l'Angleterre. Porter, le représentant de la Grande-Bretagne, l'avait bien compris et tous ses efforts tendirent dès lors à se rapprocher de plus en plus du divan.

Louis XV, dont la politique changeante fut souvent préjudiciable aux intérêts de la France, préféra signer avec les Anglais le traité de Madras.

Sur ces entrefaites, Raghib désirant fortifier sa position épousait la propre sœur de Moustapha. Il fut, à cette occasion, comblé de tant de faveurs que chacun se disait qu'il serait le seul grand-vizir du règne. C'était méconnaître complètement le caractère soupçonneux des sultans et l'impossibilité où ils se trouvent de fermer l'oreille à toutes les dénonciations, à toutes les délations, dont ils sont pour ainsi dire accablés.

Nous avons dit que Moustapha s'était emparé de la direction des affaires intérieures. Autoritaire, mais en même temps sournois, il voulut empiéter sur le domaine de son grand vizir et désigna comme *reis effendi*, secrétaire d'Etat au ministère des affaires étrangères, l'un de ses favoris Nouri Bey. Raghib, connaissant l'incapacité du titulaire de ce poste important, fit de respectueuses représentations à son maître au sujet de ce choix. Le sultan, de son côté, sans rompre ouvertement avec son grand-vizir écarta le candidat qu'il lui avait proposé. Finalement, ce fut un troisième personnage qui occupa le poste convoité. Moustapha en garda rancune à son premier ministre qui ne tarda pas à perdre ses bonnes grâces.

Après avoir restauré les finances de l'empire, détruit le brigandage en Asie-Mineure, pacifié l'Arabie, réprimé les troubles qui avaient surgi en Crimée, assuré les approvisionnements en blé des deux villes saintes de l'islamisme Médine et la Mecque, rétabli partout le prestige de l'Etat, exercé l'armée, la préparant ainsi à la victoire, après avoir rédigé sur les affaires extérieures de longs rapports qu'il présenta à son maître et avoir commencé l'exécution d'un vaste plan de réformes, Raghib fut précipité du pouvoir. Et lui qui avait fait des relations avec les puissances étrangères le pivot de sa politique, il se vit remplacer par un homme ignorant et pervers qui démolit, en peu de temps, toute l'œuvre de son illustre prédécesseur. Voilà le despotisme !

A partir de ce moment l'humeur de Moustapha changea complètement. Il devint volontaire et fantasque. Il se mit à faire choir les têtes pour être craint de son peuple. Navait-il pas entendu dire que Raghib était le vrai sultan et qu'il disposait de tout au palais. Il voulut montrer à ses sujets qu'il détenait seul la puissance souveraine.

Affecté par sa disgrâce imméritée, Raghib ne tarda pas à mourir et Moustapha, délivré de la présence de ce sévère censeur, n'eut plus autour de lui que des courtisans. Il se livra dès lors à des abus monstrueux au point que chacun à Stamboul se disait à part soi que le sultan était fou. On ne se trompait pas. Moustapha avait la manie de rendre des édits à tout propos et pour un rien, édits pour régler le costume des femmes, pour interdire l'usage des boissons enivrantes, pour faire défense à ses sujets de porter des fourrures. Le pire était qu'il tenait rigoureusement à l'exécution de ces édits. Le nouveau grand vizir faillit perdre ses bonnes grâces pour n'avoir pas mis de l'empressement à bannir les fourrures de sa maison. Cet édit équivalait à la ruine pour cette corporation intéressante réputée très riche, celle des foureurs. A la vérité, Moustapha ne le rendit qu'afin de leur extorquer de l'argent. Il prit goût ensuite aux confiscations. Comme il lui fallait des sommes considérables pour entretenir son sérail et enrichir ses favoris, il n'avait guère que ce moyen de s'en procurer à bon compte. A cette époque l'institution des banquiers était peu répandue à Constantinople et le sultan trouvait plus simple de prélever sur ses sujets les sommes dont il avait besoin, moyen pratique et qui fait honneur à l'intelligence de ce souverain. Pour faciliter ces opérations illicites, les ministres de Moustapha s'étaient transformés en bourreaux. Il ne leur suffisait plus de dépouiller les riches de leur avoir, ils les faisaient assassiner, ou rendaient contre eux des sentences de mort sous le faux prétexte qu'ils complotaient contre la sécurité de l'Etat. C'était une manière de se débarrasser de certains rivaux qu'on redoutait.

Le but poursuivi était toujours le même, confisquer le bien d'autrui pour enrichir le monarque.

C'est ainsi que, pendant dix-huit mois consécutifs, le sultan et ses complices jetèrent la terreur et la consternation dans la capitale et dans tous les pays environnants ; car les opérations de la bande criminelle s'étaient étendues au dehors.

Pour donner un semblant de raison à tant d'exécutions sommaires, le grand vizir Bahir faisait traquer par ses sbires en Asie et en Roumélie des brigands infiniment moins dangereux que ceux qui se trouvaient à la tête du gouvernement et c'était un spectacle peu banal de voir les bandits officiels poursuivre les voleurs de grands chemins.

Concussions, brigandages, exactions, assassinats, l'empire était en proie à tous ces fléaux ; mais l'attachement à la personne du padischah et la fidélité au trône n'avaient pas faibli chez le peuple.

Bahir couvert de sang et de crimes fut enfin destitué sur les instances des ulémas qui menacèrent le sultan de la colère de la foule.

Bahir avait mis le comble à ses infamies en incitant le souverain à faire périr son jeune frère qui mourut empoisonné. La preuve d'un tel crime était difficile à établir attendu qu'il n'existait pas pour les princes d'examen légal après la mort, ni d'autopsie.

Ces désordres intérieurs devaient avoir nécessairement leur répercussion au dehors et la politique extérieure ne pouvait que s'en ressentir.

Raghib d'abord, puis son secrétaire Hamza et en dernier lieu Resmi, chargé de porter à Frédéric II les présents de son maître, n'avaient pas peu contribué à placer la Prusse au premier rang des puissances qui entretenaient alors des relations amicales avec la Turquie.

L'esprit sagace de Raghib avait deviné l'avenir réservé aux rois de Prusse et ce ministre n'avait point hésité dès lors à conclure un traité avec Frédéric II qui, de son côté, il faut le reconnaître, recherchait depuis longtemps l'amitié du divan. Ce que Raghib n'avait point prévu, c'était le partage de la Pologne qui s'élaborait dans le mystère, partage dont la Turquie allait être exclue. Comment, en effet, les puissances occidentales qui s'étaient déjà entendues pour circonscrire le domaine de la Turquie en Europe auraient-elles pu consentir à la laisser prendre pied en Pologne ?

Les succès militaires de Frédéric II dans la guerre de sept ans avaient décidé le sultan à observer religieusement les termes du traité ; mais le moment était venu pour le roi de Prusse de réclamer l'appui du divan contre l'Autriche. Il voulut en conséquence transformer les conventions précédemment conclues en une alliance effective. Les négociations qu'il engagea échouèrent, le divan étant tenu depuis déjà un certain temps au courant des agissements des puissances du nord qui ne visaient à rien moins qu'à la possession de la Pologne. Mis en méfiance par ces révélations, le divan repoussa donc les propositions de Rexin, l'envoyé prussien, qui fut contrecarré dans ses projets par Vergennes le ministre de France.

Le sultan était décidé, d'ailleurs, à risquer une guerre plutôt que de laisser la Prusse et la Russie s'emparer de la Pologne. De cette manière la situation se dessinait clairement. La Russie et la Prusse convoitaient la conquête de ce royaume, à ce moment-là l'Autriche n'avait pas encore été admise au partage quoique des négociations secrètes avaient eu lieu dans ce but. De son côté, la Turquie, tout en étant animée de bons sentiments à l'égard des Polonais, ne désirait au fond qu'une chose, mettre la main sur leur pays comme elle avait fait pour la Transylvanie et la Hongrie. On jouait conséquemment de part et d'autre au plus fin.

L'Autriche, que ses derniers démêlés avec Frédéric II avait rendue méfiante, voulant se ménager une entente avec la Turquie, avait laissé croire au divan que l'on pourrait bien conclure un accord verbal pour le partage éventuel de la Pologne.

Les choses en étaient là, quand on apprit l'entrée des troupes russes à Varsovie. La Turquie protesta vivement contre cette occupation ; la Russie et la Prusse s'empressèrent de la rassurer sur leurs intentions et l'invitèrent même, ô comble de l'hypocrisie ! à se joindre à elles pour pacifier la Pologne. Après la mort du czar Pierre III auquel succéda, la plus astucieuse et la plus redoutable des femmes, la grande Catherine II, la situation resta la même, plutôt aggravée par la duplicité de la czarine et les artifices de Frédéric II. Raghib aurait pu lutter, peut-être, contre des adversaires aussi avisés ; mais Bahir Moustapha se trouvait complètement désarmé. La nature lui avait refusé l'intelligence et le vice avait achevé d'obscurcir son esprit. D'ailleurs, le sultan affichait, depuis la mort de Raghib, la prétention de diriger la politique extérieure de son empire. C'était son droit ; était-ce son intérêt ? Si Moustapha avait maintenant en son grand vizir un bourreau émérite et un collecteur d'argent inimitable, il possédait en Békir le chef de ses eunuques, le plus funeste des conseillers. Ce dernier était parvenu à lui faire croire que seul, entre tous les souverains, il était inspiré et que, par conséquent, ses directions étaient infaillibles. Moustapha en arriva même à penser qu'il lui suffisait d'envoyer un simple avis à Catherine II d'avoir à retirer ses troupes de la Pologne pour être obéi. Pourquoi demandait-il, un jour, à ses ministres les soldats russes sont-ils encore en Pologne ? Sire, lui répondit Mohsinzadé, qui occupait le pouvoir dans ces circonstances critiques, j'ai exigé maintes fois du résident russe l'éloignement des troupes du czar de Varsovie ; il m'a déclaré que son gouvernement n'était intervenu que pour soutenir les libertés polonaises. Cette explication ne satisfit pas le sultan qui voulut agir seul. Depuis que l'Autriche paraissait s'être éloignée de la Russie et de la Prusse, Moustapha projetait une guerre contre la Russie et s'y préparait fièvreusement. Ghabis son médecin, un Allemand, était son confident et ce n'est point calomnier ce savant praticien que de supposer qu'il n'a pas tardé à informer Frédéric de ce qui passait au palais. Cependant la Russie et la Prusse ne cessaient de protester de la pureté de leurs intentions à l'égard de la Pologne. Le ministre russe faisait particulièrement valoir que la czarine avait à cœur d'observer scrupuleusement les derniers traités. Sur ces entrefaites, un incident vint mettre le feu aux poudres. Des Moldaves chrétiens s'étant refugiés sur le territoire russe, le divan réclama leur expulsion et l'impératrice lui fit aussitôt tenir cette réponse que les fugitifs étaient au nombre de ces milliers de malheureux qui, non seulement en Moldavie, mais aussi sur tous les points de l'empire ottoman, aspiraient à se soustraire à la tyrannie du gouvernement turc. Ce langage hautain irrita le sultan et finalement les hostilités éclatèrent. La guerre fut officiellement déclarée par la Porte sur un fetwa du cheik-ul-islam (1768).

Jamais guerre ne fut, en apparence, mieux justifiée. Non seulement les griefs de la Turquie étaient réels ; mais ils avaient été encore aggravés par l'attitude insolente des agents russes qui prétendaient donner au gouvernement du padischah des leçons de moralité en se livrant à des critiques acerbes sur son administration (1).

Mohsinzadé fut destitué, ayant été jugé insuffisant pour la conduite des opérations. On lui rendait un réel service en le relevant de ses fonctions dans ce moment critique, où, d'ailleurs, il n'eût pu rien faire par lui-même, le sultan continuant à donner des ordres et veillant à leur stricte excécution. Mohsinzadé n'avait garde de contrecarrer ouvertement les vues de son maître, mais dans cette circonstance, tout en préconisant la nécessité de la guerre, il voulait qu'on en ajournât la déclaration jusqu'à ce qu'on fût prêt et cette seule observation avait entraîné sa disgrâce.

Comment se faisait-il que le sultan qui ne s'était jamais montré belliqueux l'était devenu tout d'un coup? *pourquoi était-il si impatient de se mesurer avec les Russes, d'où lui venait, enfin, ce grand amour pour la Pologne?* Autant de questions auxquelles il serait difficile de répondre d'une manière précise. On a prétendu qu'il était poussé à ce dessein par les députés polonais qui avaient promis de verser une forte somme d'argent au palais, à l'annonce de la déclaration de guerre, ce qui explique ce

(1) L'administration russe comptait dans son sein beaucoup de concussionnaires, s'il est vrai de dire qu'elle était mieux organisée et mieux pourvue en hommes que l'administration turque, elle était tout aussi corrompue et tout aussi tracassière.

fait que la déclaration n'a été rendue officielle que six semaines après la publication du fetwa. On aurait attendu, pour le faire, l'exécution de la promesse ci-dessus mentionnée. Cette supposition est-elle admissible ? Moustapha a pu, sans doute, faire pendre des fonctionnaires pour s'emparer de leurs richesses ; mais qu'il ait engagé l'empire dans une grande guerre pour un intérêt vénal, nous ne le croyons pas et nous nous rangeons du côté de ceux qui pensent que c'est un sentiment plus élevé qui a lancé le monarque ottoman dans cette politique, d'ailleurs mal conçue et mal réglée.

Krim Ghiraï, khan des Tartares, que les Russes étaient parvenus à déplacer de la Crimée, fut aussitôt réintégré dans ses anciennes fonctions et revêtu de nouveau des insignes de sa charge ; il reçut, en outre, un présent de quarante mille ducats. De plus le sultan fit exposer en son honneur quarante têtes de Monténégrins qu'il venait de recevoir du gouvernement de la Bosnie, singulier cadeau, reste de cet antique usage qui voulait que les trophées de la victoire fussent des têtes humaines.

Mohammed Emin, fils d'un marchand de mouchoirs qui avait fait fortune dans le commerce, nommé grand vizir, éloigna de l'administration tous ceux qui étaient accusés d'avoir favorisé, depuis quelques années, les menées russes et poussa activement les préparatifs de la guerre. Deux cents firmans, lancés dans tout l'empire, convoquèrent les milices et les chefs des clans mahométans. Les troupes disponibles furent dirigées sur les frontières de Pologne avec un grand nombre de canons. L'armée turque en Moldavie comptait plus de quarante mille hommes. Sept mille sept cents mulets, embarqués pour le service des pièces, rendirent l'artillerie turque redoutable. La flotte appareilla avec de nouvelles unités de combat et la plus grande activité régna dans les arsenaux.

On remit aux ambassadeurs le manifeste de la Porte exposant les motifs de la guerre et, pour la première fois peut-être, le divan se préoccupa de la question de savoir quelle serait l'attitude des puissances avec lesquelles il entretenait des relations suivies, en ce sens qu'il exigea de chacune d'elles des déclarations écrites. En même temps la Porte recevait des chefs de la confédération polonaise et du Sénat, des lettres de soumission avec une demande relative à l'envoi d'un ambassadeur polonais accrédité auprès d'elle. Le grand vizir n'y consentit point et fit dire à Varsovie que rien n'empêchait le représentant de la confédération de se rendre à Bender ou à Chocim pour être en communication constante avec le haut commandement.

Aux instances de la Turquie pour connaître les dispositions des puissances, l'Autriche répondit par une déclaration de neutralité tout en refusant le dangereux présent que la Porte lui offrait de lui céder la Silésie qui appartenait au roi de Prusse et dont elle comptait faire la conquête. Par cette promesse fallacieuse les ministres du sultan espéraient entraîner l'Autriche à coopérer avec les armées impériales. Venise répondit également qu'elle garderait vis-à-vis de la Turquie une attitude amicale. La France, la Hollande donnèrent les mêmes assurances. Seule la Suède éluda la question ne voulant pas, sans doute, s'attirer la colère de la Russie. Quant à l'Angleterre, elle proposa tout de suite sa médiation ainsi que la Prusse qui était déjà intervenue pour empêcher une rupture qu'elle considérait comme nuisible aux intérêts des deux empires. Le roi de Prusse demandait par la même occasion la liberté de l'ambassadeur de Russie enfermé aux Sept Tours avec toute sa suite.

Ces déclarations auraient dû ouvrir les yeux au sultan ; mais aussitôt après eut lieu la cérémonie des corporations, préliminaires de l'ouverture de la campagne. La populace, ayant reconnu l'internonce d'Autriche qui venait assister avec sa suite à cette cérémonie, faillit lui faire un mauvais parti, tant le sentiment religieux était surexcité contre les infidèles. Les boutiques et les maisons des chrétiens furent pillées ce jour-là. Le sultan en fut très affecté, d'autant qu'il travaillait secrètement avec l'internonce à la préparation d'un traité qui devait lui assurer le concours de l'Autriche. Il s'agissait, comme toujours, d'une paix éternelle, le mot avait été trouvé par les diplomates russes et avait fait fortune à cause de l'opposition qu'il faisait naître dans l'esprit en songeant que tous les traités de paix de cette époque, si tourmentée, furent éphémères et fragiles.

L'internonce ne réclama ni réparation pour l'outrage subi, ni indemnité, ce qui parut d'un fort bon augure à Moustapha ainsi qu'à ses ministres.

Entreprise en apparence au profit des Polonais, cette guerre leur fut plus nuisible qu'utile. Les Tartares, habitués au pillage, ne pouvaient vivre en paix avec leurs voisins et la Pologne était le pays où ils opéraient de préférence leurs razzias, or, cette fois, ils étaient désignés pour le protéger. Etranges protecteurs, en vérité, aussi funestes à leurs alliés qu'à leurs ennemis à cause des déprédations qu'ils commettaient. Ils étaient, toutefois, pour l'armée turque des auxiliaires précieux, éclairant sa marche ; mais là où ces pillards avaient passé on ne trouvait plus rien et les troupes ne pouvaient plus s'y ravitailler.

En quelques semaines le Khan avait réuni cent mille Tartares divisés en trois corps. Le premier corps marcha sur Doneck, le second après avoir longé la rive gauche du Dniéper dévasta le pays jusqu'à Orel, le troisième, commandé par le Khan lui-même, se dirigea sur la Nouvelle-Servie. Les exploits accomplis par ces terribles guerriers consistèrent, au début de la campagne, en pillages, massacres et autres actes de sauvagerie tels que la plume se refuse à les décrire.

Une armée russe forte de soixante mille hommes commandés par Galitzin se forma en Padolie, une seconde armée de trente mille hommes, de dix mille cosaques et de vingt mille kalmouks sous les ordres de Romanzof occupa le pays entre le Dniéper et la mer d'Azoff, une troisième forte seulement de onze mille hommes tint en respect les Polonais. En Asie, les généraux Nedem et Totleben marchèrent, l'un sur la Kabouata et le Kouban, l'autre sur Tiflis Erzeroum et Trébizonde. Ils devaient être secondés par les princes de Georgie et de Mignélie qui dépendaient de la Russie.

D'autre part, la czarine avait envoyé au prince de Monténégro des armes, des munitions, des officiers et de l'argent pour tenir campagne. Ces préparatifs de la Russie démontrent qu'elle se disposait, depuis longtemps, à soutenir cette guerre et dès lors on peut affirmer qu'elle avait tout mis en œuvre pour amener le sultan à la lui déclarer. Ghabis le confident de Moustapha n'était-il pas son agent secret? Il est permis de le supposer.

Le grand-vizir s'était à peine mis en marche pour aller sur le Danube que déjà le prince Galitzin passait le Dniester près de Kalus et assiégeait Chocim défendue par vingt mille hommes sous le commandement de Kaherman qui avait gagné à sa cause la garnison. Galitzin échoua dans sa tentative contre Chocim et revint à ses anciens campements, après avoir repassé le Dniester. Cet échec valait bien une victoire, surtout aux débuts de la campagne, alors qu'un premier succès en présage beaucoup d'autres. Le sultan prit aussitôt le titre de ghazi, titre qu'il n'avait nullement mérité puisqu'il était resté à Constantinople au milieu de son harem.

L'armée commandée par le grand vizir passa bientôt le Danube sur un pont provisoire construit en face d'Isakji et campa à Kartal, puis à Kantepé, sur le Pruth, au-dessus de Gassi, à quinze lieues de Chocim. Après quelques hésitations, les Turcs marchèrent sur Bender. Les vivres manquaient, les moucherons et les taons faisaient une guerre incessante aux hommes et aux bêtes, le grand vizir ne possédait aucune science militaire, de plus, les généraux, qui voyaient en lui un intrus et un incapable, le détestaient. Était-il parti de Constantinople avec des instructions secrètes pour occuper la Pologne? avait-il lui-même conçu le projet de se conduire à l'égard de cette nation amie comme si la paix n'existait pas entre elle et la Turquie ? Le fait est qu'il la traita en peuple conquis, lui demandant des vivres et des subsides et la menaçant d'une occupation permanente.

Mais les Russes étaient revenus sous les murs de Chocim et les Ottomans durent rétrograder pour marcher de nouveau au secours de la ville. Une action générale allait s'engager entre les deux armées quand Galitzin exécuta un second mouvement de retraite et repassa le Dniester.

Le sultan destitua le grand-vizir Emin Mohammed qui fut décapité, à son arrivée à Andrinople, sans motif sérieux, car il n'avait pas encore essuyé de défaite. On lui avait néanmoins, en cherchant bien, découvert ce crime de laisser l'ennemi opérer des mouvements qui obligeaient l'armée turque à s'épuiser en marches et en contre-marches. Deux autres exécutions, celle du voïvode de Moldavie Callimachi, accusé de trahison et de l'interprète Draca, soupçonné d'entretenir des intelligences avec l'ennemi, achevèrent de calmer l'opinion surexcitée contre les chefs de l'armée.

Ali Molodovandji succéda à Emin Mohammed. De simple bostandji, il s'était élevé aux plus hautes dignités. Le sultan ayant reproché à son prédécesseur son inaction, le nouveau grand-vizir conçut le projet de porter la guerre en Padolie et s'éloigna de Chocim, position stratégique de premier ordre. Il passa le Dniester avec son armée qui s'était accrue considérablement pour attaquer les Russes par cinq côtés différents avec une extraordinaire vigueur; le combat fut meurtrier, mais non décisif. Derrière lui le général Bruce par une habile manœuvre avait, pendant ce temps-là, exécuté un mouvement offensif contre Chocim que le grand-vizir venait d'abandonner et s'en était emparé. Molodovandji éprouva une suite d'autres revers qui le forcèrent de battre en retraite jusqu'à Isakdji.

En même temps Romanzof qui avait remplacé Galitzin faisait son entrée à Yassi où il recevait les hommages des habitants. De leur côté, Tottelben et Medem se signalaient par d'éclatants exploits en Arménie, en Tchercassie et en Géorgie.

Le grand-vizir cependant ne perdit pas courage et Abdi, un de ses lieutenants, répara en partie ces insuccès en remportant une brillante victoire. Il marcha ensuite sur Bucharest y devançant les Russes; mais il rencontra sur son chemin Stoffeln qui le battit à plate couture et fit dans Bucharest une entrée triomphale. Il est à remarquer que Valaques et Moldaves sympathisaient avec les Russes et qu'en fait la tâche de l'armée moscovite se trouvait singulièrement simplifiée par la trahison des habitants de ces deux provinces dépendantes de la Turquie. Le mufti Pirzadé Osman qui accompagnait l'armée dut rendre un fetwa autorisant des représailles contre les Roumains. La question s'était même posée de savoir s'il ne fallait pas les exterminer tous sans pitié y compris les femmes et les enfants. Ce moyen extrême fut heureusement écarté; mais la répression n'en fut pas moins sanglante ni moins terrible.

On était peu fondé, d'autre part, à reprocher aux Russes de profiter des sympathies que leur assurait l'identité de leur religion avec celle des Moldo-Valaques ; ils étaient jusqu'à un certain point autorisés par les lois de la guerre à soulever d'autres pays contre la Turquie pour augmenter ses embarras et l'obliger à disperser ses forces. C'était leur droit strict. Les Russes en usèrent largement, car ils poussèrent les Grecs à se révolter contre la domination ottomane et le comte Orloff, commandant des troupes destinées à la Morée, parvint aisément à armer contre le sultan les populations chrétiennes du littoral. Il était appuyé par une flotte qui, après avoir quitté Arvustadt en 1769 sous les ordres de l'amiral Spiritoff, cingla vers l'Archipel. La Turquie, à vrai dire, ne s'attendait pas à cette attaque par mer, elle se croyait d'autant plus protégée contre une flotte ennemie que c'était la première fois que des vaisseaux russes passaient de la Baltique dans l'Adriatique, puis dans la Méditerranée. Venise violait ainsi la neutralité à laquelle elle s'était engagée. On recruta des troupes à la hâte pour la protection de la Morée où les Grecs se signalèrent par des faits sanglants en massacrant sans le moindre scrupule des Turcs inoffensifs. Orloff y avait débarqué avec quelques soldats, comptant sur la coopération des Grecs auxquels il avait apporté des munitions, des armes et quantités de sacs d'écus. Il mit le siège devant Koron, mais il ne put s'en emparer.

Un autre Orloff, Alexis, appartenant au service de la marine vint à Navarin avec son escadre et mit à terre ses équipages qui furent également battus par les Musulmans de Dulaquo accourus sur les lieux. En somme la campagne des Russes en Grèce aurait complètement échoué sans le concours de la flotte qui remporta une victoire éclatante sur les galères ottomanes à Tscheschmé.

Le capitan Pacha Hassan commit l'insigne imprudence d'attaquer la flotte russe et quoiqu'il parvint à faire sauter le vaisseau amiral, il dut se réfugier avec ses bâtiments dans le port de Tscheschmé où Orloff le poursuivit le lendemain et brûla toute la flotte turque, forte de deux corvettes, de quinze gallions et de cinq schebeks. Ces unités de combat attestent qu'elle n'était pas en force pour se mesurer avec la flotte moscovite. Néanmoins, cette victoire eut un grand retentissement et répara les échecs que les Russes avaient subis dans l'Hellade. On a cherché à établir un parallèle entre cette victoire et celle de Lépante. La vérité est qu'il n'y avait aucune comparaison à établir entre ces deux faits d'inégale valeur.

Lépante avait été le premier sourire de la fortune pour les puissances européennes, Tscheschmé constituait une succès purement matériel sans aucune portée morale, sauf peut-être pour les Russes qui s'affirmaient comme les protecteurs des chrétiens sujets de la Porte. Ce qui décida le divan à faire la paix c'est moins la perte de la flotte à Tscheschmé que les revers de ses armées sur le Dniester, le Danube et en Asie-Mineure. Romanzoff ayant devant lui le grand vizir appuyé par cent mille Tartares, attaqua le camp ottoman à Kartal aidé de ses lieutenants Bauer, Plemjanikoff et Bruce et s'en empara. Toute l'artillerie tomba en ses mains. Une partie des troupes turques avait été rejetée sur Ismaïl que le Khan s'était engagé à défendre contre les Russes. Ceux-ci mirent le siège devant la ville et laissant là quinze mille hommes, ils marchèrent contre Kilia qu'ils enlevèrent aux Turcs. Il fallait maintenant couvrir Ozakow et Akermann également menacées par le vainqueur. Plus les soldats étaient battus et plus le sultan leur distribuait des récompenses pour relever leur courage. En réalité, il craignait une émeute qui eut changé ces défaites successives en un immense désastre. Les irréguliers, comme les kurdes et les milices venues de Diarbékir, prenaient l'argent et se débandaient. D'ailleurs aucun ordre, aucune discipline, une cohue où les éléments de l'armée régulière étaient noyés dans un amas d'hommes désordonnés accourus de tous les points.

Le grand vizir eut beau recommander de laisser le produit du pillage pour marcher à l'ennemi ; chacun voulait garder le sien. Parmi les troupes tartares c'était pire encore. Tott raconte que chaque guerrier avait son lot de bétail qu'il poussait devant lui sur les grandes routes. Quelques-uns avaient leur butin pendu à l'arçon de leur selle, il se composait d'ustensiles de ménage. Un certain nombre de ces combattants avaient amené avec eux jusqu'à leurs femmes et leurs enfants. La mère montée sur un cheval de main, avait un enfant devant elle sur la selle et un autre derrière, tandis qu'une tête de bébé émergeait d'une besace où l'on avait placé le pauvre petit être.

De ces cohues humaines, la stratégie russe, basée sur la science militaire acquise en Allemagne, devait faire, tôt ou tard, une bouillie sanglante. Aussi bien l'armée turque dont nous avons décrit la formation dans nos premières études avait perdu son organisation et ses qualités natives. Le corps des artilleurs seul était en progrès. Formé par des officiers français il fut à la hauteur de sa tâche. Ce qui caractérisait surtout la faiblesse de l'armée ottomane, c'était l'incapacité de ses officiers toujours braves et prodiguant leur vie, mais généralement ignorants de leur métier. Le soldat régulier parfait de tous points ne pouvait couvrir les défauts de la milice irrégulière et l'incapacité notoire des chefs. Au premier heurt elle se dispersait. Aussi Cicala, ce général improvisé, avait-il raison de dire que cette milice devait être renvoyée dans ses foyers.

Nous n'indiquons pas ici toutes les causes qui depuis deux siècles avaient concouru à la décadence des armées ottomanes, Resmi dans un opuscule sur les motifs qui ont entraîné la débâcle des Turcs sur le Dniester et le Danube sous le règne de Moustapha III, en donne une nomenclature complète.

C'est avec de tels éléments que le sultan attendait la victoire. Couché sur des coussins moelleux, il faisait rédiger par ses scribes des manifestes belliqueux où il incitait ses soldats « à précipiter les infidèles dans les flammes de l'enfer tandis que les vrais croyants s'abreuveraient aux sources du paradis. » Cette phraséologie creuse n'empêcha pas les Russes de remporter coup sur coup deux victoires éclatantes, l'une à Bender illustrée par les exploits de Panin, l'autre à Braïla dont la possession mit entre les mains des généraux moscovites les trois plus grandes forteresses du Danube. Les Russes firent alors à la Turquie des ouvertures de paix sous la condition expresse qu'il n'y eût pas de médiation. La Sublime Porte devait en régler directement les conditions avec la Russie. La nouvelle de quelques légers succès remportés en Crimée retarda les pourparlers. Le sultan espérait toujours; quoi? Une victoire sans doute? Non, autre chose. Il avait trouvé que le moment était opportun pour engager de nouvelles négociations avec l'Autriche à l'effet de se l'attacher par les liens d'une alliance offensive et défensive qui eût mis à sa disposition toutes les forces de l'empire germanique. Il offrait pour cela des subsides à l'Autriche, laquelle fit mine de négocier les conditions d'un accord qu'elle était bien décidée à ne pas conclure.

Abandonnant la première idée de lui livrer la Silésie, Moustapha lui proposa le partage de la Pologne. Or, l'Autriche avait déjà signé un traité secret avec ses deux voisins, mais elle n'eut garde de refuser les subsides de neuf millions de florins que le sultan lui promettait.

Pendant que ces négociations avaient lieu, les propositions de médiation pleuvaient sur le divan. La Prusse, l'Angleterre, la Hollande, la France offraient leurs bons offices au sultan. Il n'avait que l'embarras du choix.

L'Angleterre s'efforçait de persuader au divan par l'intermédiaire de son ministre Muray qu'il ne devait accepter que sa médiation, étant connue, comme chacun sait, pour son parfait désintéressement, tandis que ces Allemands gloutons et ces avides Français devaient être pour la Turquie de véritables sangsues.

La vérité est que l'intervention de la France eût été la plus avantageuse pour les Turcs qui ne pouvaient avoir oublié les services que leur avait rendu la diplomatie française dans la préparation et la conclusion du traité de Belgrade ; Moustapha, toujours bien inspiré, opta néanmoins, qui le croirait ? pour l'Autriche et la Prusse. C'était introduire les loups dans la bergerie. Le prince de Kaunitz pour la Prusse et le baron Thugut pour l'Autriche furent chargés de mener les négociations que les Russes faisaient semblant de repousser, en invitant le divan à traiter directement avec Saint-Pétersbourg.

A ce moment la Porte renouvelait en ces termes l'étonnante proposition du partage de la Pologne, faite à l'Autriche : « Il dépendra entièrement du bon plaisir de la cour impériale, ou de placer un roi à son choix sur le trône de Pologne, ou de partager avec la Porte le territoire de ce royaume ». Hammer fait remarquer que c'est Moustapha, qui conçut le premier le projet du démembrement de la Pologne avant que l'idée n'en vînt à l'esprit de l'impératrice Catherine, de Frédéric II, de Marie-Thérèse et de Joseph II. Peut-on écrire ainsi l'histoire ?

Cependant la France n'était pas restée inactive. Elle cherchait à se concilier le divan et s'attachait particulièrement à lui signaler les dangers qui ne pouvaient manquer de résulter pour lui d'un accord avec l'Autriche relativement à la Pologne, la cour de Vienne ayant arrêté son plan préalablement avec la Prusse et la Russie. Il coûtait si peu à Moustapha de nouer des négociations à droite, à gauche, de tous les côtés, qu'il discuta avec le ministre de France les conditions d'un traité secret. Après le désastre maritime de Tscheschmé, la France avait proposé à la porte de mettre à sa disposition quinze vaisseaux de guerre ; mais elle demandait des subsides. La Porte en offrit à M. le duc de Choiseul et à Saint-Priest et le ministre du roi promit d'user de son crédit à la Cour pour faire aboutir les négociations.

Mais le Reïs-effendi s'empressa de les divulguer au gouvernement autrichien qui, de son côté, fit la même proposition à la Porte, mais non avec la sincérité qu'y mettait la France. Le but de l'Autriche était évidemment de faire échouer ces pourparlers qui traînèrent en longueur et furent finalement abandonnés. En 1771 l'Autriche signait une convention avec la Porte en vertu de laquelle, la Turquie s'engageait à lui verser neuf millions de florins et à lui céder la petite Valachie contre la promesse illusoire de l'Autriche de rendre à la Turquie toutes les possessions tombées aux mains des Russes victorieux. On ne sait ce qu'on doit admirer le plus de l'astuce de l'Autriche ou de la candeur des Turcs que leurs défaites mêmes n'étaient pas parvenues à éclairer sur la gravité de la situation où la duplicité des trois puissances du Nord les avait jetés.

Les villes fortifiées de Pérékop, de Taman, de Kaffa, de Keresseh et de Genikala ouvrirent leurs portes aux armées moscovites définitivement maîtresses des pays tartares. La Russie reconnaissait à ces derniers un simulacre d'autonomie ; car le prince Dolgouroucki eut l'adresse de leur laisser croire que rien ne serait changé pour eux désormais si ce n'est que leurs chefs recevraient leur investiture de Saint-Pétersbourg au lieu de la recevoir du sultan. La différence était pourtant appréciable pour les mahométans qui considèrent le calife comme le chef suprême de la religion.

Mohsinzadé rappelé au grand vizirat au milieu de ce désarroi général s'était employé à réparer les ruines accumulées par son maître et à conduire les négociations engagées avec les deux cours médiatrices. Tandis qu'il se consacrait à cette tâche ardue, l'Autriche mettait le comble à ses perfides manœuvres en proposant à la Porte la réunion d'un congrès.

De son côté la Russie complètement ralliée faisait savoir à l'empereur qu'elle accepterait ses bons offices pour la conclusion de la paix. Un armistice fut signé dont la durée n'était point subordonnée aux travaux du congrès. La Turquie, complètement épuisée en hommes et en argent, avait conservé dans le malheur, sa dignité et sa fierté ; mais l'effet en était médiocre.

De ses grandeurs passées, elle n'avait gardé que la forme, la substance s'en était échappée par ses blessures béantes. Vaincue maintenant, elle ne cachait pas à Thugut qu'elle ne tenait plus à s'intéresser au sort de la Pologne, qu'il lui importait peu que ce pays restât indépendant ou qu'il fût la proie de ses voisins. Pour le traité conclu avec l'Autriche relativement aux subsides, elle ne demandait que la restitution de trois millions déjà versés. Elle voulait même y renoncer si on pouvait lui rendre la Valachie, la Moldavie et la Crimée.

Le congrès tint ses séances à Roustchouk. La Russie formula ses prétentions en une sorte d'ultimatum dans lequel elle demandait au divan : 1° de traiter avec doucœur les habitants de la Valachie et de la Moldavie révoltée contre son autorité et de leur accorder une amnistie pleine et entière ; 2° que les forteresses de la Georgie soient rendues à la Porte ; mais à la condition d'être démantelées et que le commerce d'esclaves soit interdit dans tout le pays ; 3° que les ambassadeurs russes soient traités à Constantinople avec plus de déférence que par le passé et que le personnel de l'ambassade et sa domesticité soient exemptés à l'avenir du paiement de l'impôt de capitation et de toute espèce de taxes ; 4° que la grande et petite Kasabata soient cédées à la Russie et que le Khan de Crimée soit désormais choisi par les Tartares eux-mêmes ; 5° que les forteresses de Kertseh et de Yenikala appartiendront à l'empire moscovite, que la Russie soit reconnue garante de l'indépendance des Tartares, que toutes les forteresses de Crimée leur soient rendues, etc.

Ces conditions étaient dures, mais on laissa entendre à la Porte qui si elle accordait aux Russes Kertch et Yenikala ainsi que la libre navigation sur la mer et dans les détroits, les Russes renonçaient à tous les autres avantages. C'était une simple tactique pour amener la Porte à composition. La vérité est que la Russie n'avait pas abandonné l'idée d'écarter la médiation des puissances et de traiter avec le divan de gré à gré.

Elle crut en avoir trouvé l'occasion et voici comment : Les armées ottomanes venaient de remporter quelques succès partiels, elle mit à profit cette circonstance pour faire au divan de nouvelles propositions, quand sur ces entrefaites, Moustapha III vint à mourir.

Ce fut pour la Turquie un événement des plus favorables. Dans les moments de crise, lorsque celui qui préside aux destinées de la nation a donné la mesure de son incapacité, sa disparition de la scène ne peut qu'être utile à la chose publique, attendu qu'elle est susceptible de résoudre bien des problèmes. Moustapha III attira sur l'empire de grandes calamités ; mais on ne peut lui refuser une certaine ténacité qui lui tenait lieu de caractère. Quand il avait pris une résolution, il s'obstinait dans le dessein de l'exécuter promptement, en brisant tous les obstacles. On affirme que cette énergie lui venait de sa foi dans les forces occultes. Il affectionnait particulièrement les devins, les magiciens et ne consultait pas les sages qui pouvaient lire dans l'avenir beaucoup mieux que les saltimbanques dont il avait rempli son palais. Il n'écoutait pas ceux qui, ayant une connaissance approfondie des affaires, lui prédisaient les événements futurs et il s'en rapportait, pour régler sa conduite, aux élucubrations de ces énergumènes qui prétendaient découvrir dans le sable et le feu le secret de l'avenir. Venus du Maroc, de l'Egypte, de l'Arabie et de l'Inde, ils encombraient la cour du Grand Seigneur. Moustapha ne s'avisa-t-il pas, un jour, d'en demander un à Frédéric II qui lui fit cette réponse que ses astrologues étaient ses généraux et que la seule magie à laquelle il voulait croire était celle de faire manœuvrer les régiments.

Ce qui préoccupait surtout Moustapha, c'était la connaissance des heures propices. Voulait-il remplir une obligation quelconque ? il lui fallait connaître le jour et l'heure favorables où il pourrait le faire utilement. S'agissait-il de prendre une décision ? il consultait auparavant les astrologues qui lui indiquaient le moment auquel il convenait de la révéler à ses ministres. Connaître le temps, c'était pour lui connaître le bonheur ; mais d'où vient alors que ces mêmes astrologues ne l'avaient pas instruit des dangers qu'il allait courir en déclarant la guerre à la Russie ?

Ses historiens font mention des constructions qu'il fit élever pendant son règne : des kiosques, une mosquée, une fontaine publique, des cuisines pour les pauvres, tout ce qui, pour le musulman, constitue des œuvres pies. Tout cela était méritoire, sans doute, mais n'eut-il pas été mieux inspiré en travaillant à la prospérité de ses Etats ? Le plus étrange, c'est que les Turcs ne jugent pas leurs sultans aussi sévèrement qu'ils mériteraient de l'être et il est rare qu'ils les condamnent en leurs écrits. Ils ont à leurs yeux un caractère sacré qui leur confère une sorte de *bill* d'innocence, quelque forfait qu'ils aient commis, de quelque délit qu'ils se soient rendus coupables. Ce sont pour eux des êtres privilégiés. Les éloges pompeux qu'ils décernent indistinctement à tous leurs monarques, aux bons comme aux plus mauvais d'entre eux, ne sont pas de vains mots, ils répondent à leurs convictions. Et de même qu'ils placent leurs sultans au-dessus de tous les souverains, ils se considèrent, eux, comme étant supérieurs à tous les autres peuples. Et s'il en est ainsi, si telle est leur croyance, comment adopteraient-ils une civilisation créée par des races inférieures ? A la réflexion ils devraient pourtant reconnaître que la civilisation appartient à l'humanité toute entière et que chaque peuple est tenu de lui apporter sa cote-part. Or, qu'est-ce que les Turcs lui ont donné jusqu'ici ? Rien.

Ont-ils donné à l'humanité un Descartes, un Pascal, un Diderot, un Montesquieu, un Lavoisier, un Ampère, un Arago, un Laplace, un Lamarck, un Pichat, un Guifat, un Thiers, un Byron, un Walter-Scott, un Shakespeare, un Pitt, un Disraëli, un Gladstone, un Gœthe, un Leibniz, un Kant, un Bismarck, un Cavour, un Avéroès, un Eben-Khaldoun, ont-ils produit des artistes comme l'Italie, des philosophes comme l'Allemagne, des historiens, vraiment dignes de ce nom, comme en compte la France ? On vit rarement dans un pays une telle pénurie d'hommes. Certes les Turcs ne sont pas moins doués que les autres peuples ; mais ils n'ont pu développer leur intelligence sous le régime d'oppression et d'ignorance qui les régit et auquel ils demeurent attachés quand même.

S'ils ne veulent pas suivre l'exemple des gouvernements européens ni adopter leurs méthodes d'éducation, que n'imitent-ils donc les Arabes qui ont laissé une trace lumineuse dans l'Histoire ; que n'imitent-ils encore les Hongrois avec lesquels ils ont plus d'affinités, Turcs et Hongrois appartenant, assure-t-on, à une même souche et ayant une commune origine (1) ? La race hongroise n'est en rien inférieure aux races européennes. Elle n'a pas seulement produit d'illustres capitaines et d'innombrables héros, elle a donné naissance à des penseurs, à des hommes de science et à des artistes d'un incomparable talent. Les Turcs ont cette heureuse fortune d'avoir des liens de parenté avec les Hongrois et d'être les coréligionnaires des Arabes, de tenir en un mot, à la fois, de l'Orient et de l'Occident. Se peut-il que, par la seule faute des sultans, victimes eux-mêmes d'un régime odieux, ils aient déjà perdu

(1) « Nous autres Hongrois, m'écrit à ce propos un savant éminent, M. l'abbé Dr E. Kavacsoul, vice-archidiacre du district de Györ-Péer (Raab), orientaliste distingué, « nous autres Hongrois nous avons fait beaucoup de recherches sur l'origine de notre nation et il n'y a pas de fantaisie, mais la vérité historique dans l'assertion que les Hongrois et les Turcs descendent de la même souche altaïque. Cette assertion est prouvée par la linguistique et l'ethnographie. Nos ancêtres, en venant en Europe, avaient une telle ressemblance avec les hordes turques tatares que les historiens bysantins les appelaient Turcs »...

J'avais émis cette opinion que les Turcs, venus de l'Altaï, appartenaient non à la race jaune, mais à la civilisation chinoise et je les avais comparés aux Pavillons Noirs ou à l'une de ces tribus tatares qui confinaient à la Chine. Je me range volontiers à l'opinion du savant orientaliste qui m'a adressé cette rectification, encore que le fait qu'après huit siècles de séjour en Asie centrale et en Europe les Turcs ressemblent par tant de côtés aux Chinois soit à retenir.

(*L'auteur.*)

quelques siècles en atermoiements, en tergiversations, menant ainsi une existence précaire au milieu des nations civilisées et traînant le boulet du despotisme, comme s'ils eussent été de vrais galériens, eux, les glorieux soldats dont le monde entier admire le courage et le désintéressement ?

CHAPITRE VII

ABDUL HAMID Ier

Agissements du comte Orloff en Syrie. Relations de la Syrie et de l'Egypte. Caractère des habitants. Influence du peuple syrien sur la civilisation de l'Occident et sur les mœurs de ses peuples. — Rapports cordiaux entre Musulmans et Chrétiens. — Ecoles syriennes, progrès des sciences, de l'art et de l'industrie. — Défaite d'Alibey. — Succès de cheik Daher. — Sa mort. — Revers des armes turques en Asie et en Europe. — Traité de Kaïnatdjé (1774). — Prépondérance de la politique russe. Les czars maîtres de la Tartarie, de la Georgie et de l'Arménie. — Les Arméniens. — Partage de la Pologne. — Dangers de ce partage pour la Turquie. — Dénoûment fatal. — Succès de la diplomatie russe. — Opposition du divan. — Desseins secrets de la Porte. — Entente de la Russie, de la Prusse et de l'Autriche au sujet de la Pologne. — Catherine II et les philosophes français. — Jugement sur Catherine. — Le traité de Kaïnatdjé et les puissances étrangères. — Liberté accordée à la navigation russe. — Mort d'Abdul Hamid Ier. — Patriotisme de ce monarque.

Poursuivant la série de ses exploits, le comte Orloff s'était enhardi jusqu'à vouloir soulever contre la Porte les populations de l'Asie et celles de l'Afrique. Ayant gagné à la cause russe, Alibey, le plus puissant des cheik-el-Beled de l'Egypte et du Soudan, celui-ci avait lancé aussitôt un manifeste invitant tous les habitants de la Palestine et de la Syrie à secouer le joug ottoman. Cheik Daher qui s'était rendu maître de St-Jean-d'Acre entretenait depuis longtemps d'excellentes relations avec Alibey, il répondit à cet appel et les deux chefs ayant réuni leurs forces attaquèrent les soldats du gouverneur turc de Damas sur lesquels ils remportèrent un premier succès. Cette diversion tentée par le comte Orloff fut très habile ; car elle devait nécessairement inquiéter le divan et lui créer de nouveaux embarras. De la Syrie la rébellion pouvait s'étendre à la Mésopotamie et gagner l'Arménie, mettant à feu et à sang toute l'Asie Mineure.

De temps immémorial la Syrie gravite autour de l'Egypte à laquelle l'attachent des traditions séculaires. La nature, au surplus, semble ne les avoir tant rapprochées l'une de l'autre que pour les inviter à s'unir intimement, à se pénétrer, à conclure enfin, sinon un mariage d'amour, tout au moins un mariage de raison. Le tempérament des deux peuples diffère, en effet, essentiellement. Si l'Egyptien est sédentaire, le Syrien est nomade ; comme Arabe, le désert l'attire et comme Phénicien, la mer le sollicite constamment à sortir de chez lui, à se répandre au dehors. L'Egyptien est laboureur, le Syrien est commerçant et industrieux. L'un aime la servitude, l'autre la liberté. Le premier est indolent et paresseux, le second est remuant et actif. Ni l'un ni l'autre n'aime les Turcs ; mais l'Egyptien leur est resté dévoué à cause de leur passé, alors qu'il trouvait auprès d'eux une protection contre la tyrannie des mamelucks, tandis que le Syrien ne leur est attaché, pour ainsi dire, que par la communauté de religion et s'affranchirait volontiers de leur joug, s'il le pouvait.

L'Egypte fécondée par le Nil, réchauffée par le soleil africain, jouit d'un sol productif d'une richesse inouïe ; la Syrie entourée de déserts et de sites escarpés est moins fertile, encore qu'elle soit sillonnée de nombreux cours d'eau du nord au sud et traversée par deux chaînes de montagnes qui tempèrent les ardeurs de son beau ciel. C'est une contrée poétique qui nourrit ses enfants sans les enrichir, où l'atmosphère est pure, l'air extrêmement léger et où l'esprit a pour ainsi dire des ailes, voltigeant sur les hauts sommets, sur les plaines au-dessus des vagues. La modération de la Méditerranée donne à ses habitants cette élégance et cette distinction qui sont l'apanage de la race arabe. L'intelligence du Syrien s'y développe avec une prodigieuse fécondité. Elle est vive et pénétrante, si vive même, qu'elle nuit souvent à son jugement. La réflexion n'est pas, en effet, chez lui, une qualité dominante. Il possède plutôt un caractère primesautier plein de fantaisies et de caprices et pétri d'amabilité. Sa politesse, sa courtoisie égalent celles des peuples les plus policés de l'univers. Son langage est expressif, sans être outré ou emphatique, comme celui des Persans ; l'hospitalité qu'il exerce envers les étrangers est restée proverbiale.

Son sang, mélange de plusieurs sangs, composé hétérogène de toutes les races qui ont vécu dans la vallée centrale de l'Euphrate ainsi que des résidus ataviques dont il a hérité des ascendants, forme une singulière mixture. A tous ces éléments il ajoute l'acquit moderne. En résumé, le Syrien emprunte à l'Arabe nomade son humeur vagabonde, au Phénicien sa vie aventureuse, au Juif son caractère impérieux et son amour pour le lucre, à l'Assyrien ses aptitudes pour les sciences et le calcul, au Grec son goût pour la littérature et les arts, au Persan son amour pour la poésie, au Turc son courage, mais, par contre, il ne possède, au même degré, aucune des qualités qui distinguent les races nordiques, la fermeté et la constance lui font défaut.

Grecs, Phéniciens, Syriens et Arabes ont navigué tour à tour poussés vers cette grande cuvette de la Méditerranée, jusqu'à ce qu'ils aient débarqué en Europe, les Egyptiens, eux, sont restés confinés dans leur vallée. Les premiers ont fécondé les races latines et il est hors de doute que la civilisation européenne est fille de la Grèce, de la Phénicie, de la Syrie, de l'Arabie plus que de Rome et de Bysance. Un écrivain français a porté ce jugement sur l'antiquité : « Trois génies se partagent l'antiquité : le génie de l'Orient fait de contemplation et de symbolisme, le génie grec qui fut pardessus tout celui de la spéculation philosophique, enfin le génie latin qui fut celui de l'action et du droit ». Or la Syrie est après la Grèce, de toutes les contrées de l'Orient, celle qui eut les relations les plus suivies avec le monde latin. La domination turque elle-même ne suspendit pas ces relations et, après les croisades, on les vit se multiplier, malgré l'opposition des sultans.

La France, dans les temps les plus reculés, Venise et Gênes, au Moyen Age, entretenaient avec le Levant et notamment avec l'Egypte et la Syrie un commerce des plus actifs. Le voisinage de la Palestine, la conquête de la Syrie par les Croisés qui y séjournèrent pendant plus d'un demi-siècle avaient fait de cette contrée un lieu d'attraction pour les voyageurs de distinction.

Après la disparition des Francs chassés par Saladin, les relations de l'Occident avec la Syrie ne furent pas interrompues et contribuèrent dans une large mesure au développement de la civilisation en Europe.

L'intimité dans laquelle les Français vécurent avec les Syriens, tant chrétiens que musulmans, avait fait subir au costume et à l'armement des Croisés, bien des modifications : le vêtement acquit plus d'ampleur, le casque fut surmonté du *coffié*, le sabre recourbé remplaça l'épée et la lance fine et élégante la hache d'arme. Le harnachement des chevaux devint plus luxueux. Les seigneurs francs ne dédaignaient pas de se vêtir quelquefois du costume arabe. Ils trouvaient que l'habit de Saladin seyait à leurs tailles ! « Vous savez, écrivait le comte Henry de Champagne au prince mahométan qui lui avait envoyé en cadeau un de ses magnifiques costumes, que la tunique et le turban sont loin d'être en opprobre chez nous, et je me servirai certainement de vos présents ». Les meilleures relations, nous le répétons, existaient entre les princes chrétiens et les émirs. C'était le temps des véritables fraternités chevaleresques. La foi jurée était gardée scrupuleusement de part et d'autre. Des armistices, voire même des traités de paix, étaient conclus sur parole et chacun restait fidèle à ses engagements. Les fêtes succédaient alors aux combats. Les barons recevaient une large hospitalité chez les princes musulmans qui, à leur tour, étaient accueillis dans les forteresses et les demeures seigneuriales avec le même luxe et le même apparat.

On se livrait dans ces réunions où régnait la plus parfaite cordialité à des exercices militaires et particulièrement au jeu préféré des Arabes, le *Jérid*, dans lequel on voyait déjà se dessiner la forme des tournois. Ah ! les belles chevauchées et les superbes cavalcades que celles qui avaient lieu, au Moyen Age, sous le ciel de la Syrie et dans lesquelles figuraient les Saladin, les Noureddin, les Guy de Lusignan, les Omfroy, les comtes d'Antioche, de Tripoli, d'Edesse, de Champagne, de Châtillon ainsi que les plus célèbres guerriers ! Un souffle de tolérance avait passé, pour ainsi dire, sur cette époque désolée par les guerres de religion. La Syrie fut toujours, du reste, la terre classique de l'Orient. Elle avait ses écoles et ses académies où se sont illustrés tour à tour tant de savants connus dans les annales de l'Histoire. Nous ne citerons que quelques noms :

Aboul-Faradj l'éminent syrien jacobite et son maître, le nestorien Jacob, Kémal-Eddin, El-Batani, surnommé le Ptolémée des Arabes, Aboulwafa, Eben-Younès, Malek Mouzaffer, prince de Hama, Aboul-Hassan, Eben Khardabeh, Maçoudi et tant d'autres hommes remarquables par leur savoir, parmi lesquels on compte des géographes, des historiens, des astronomes, des médecins et des philosophes.

Tripoli, Acre, Antioche, Damas, Mossoul, Bagdad étaient autant de foyers de science. L'école d'Edesse est demeurée célèbre dans l'histoire comme celles d'Antioche, de Harran et de Beyrouth. Ni la noblesse française, ni le clergé latin ne restèrent indifférents au mouvement intellectuel et scientifique des Arabes. Plusieurs prélats parlaient couramment la langue du Coran et lisaient dans le texte les ouvrages des auteurs syriens. Beaucoup d'entre eux se distinguèrent par leur érudition, notamment Guillaume de Tyr. Les Sagette, les Balian, les Geoffroy, les Coron et les Baudoin furent les premiers orientalistes de l'Europe. Les vieilles forteresses et les anciens monastères, dont on aperçoit encore les ruines, attestent, enfin, le goût des Croisés pour la belle architecture orientale.

La citation suivante de M. Rey (1) donne au surplus une idée exacte des progrès de l'industrie arabe au Moyen Age. « L'intérieur des maisons, écrit-il, était orné de riches tentures en soie de Tripoli, d'Antioche, de Tarse et de Damas. Les poteries émaillées aux riches couleurs, les porcelaines de Chine ainsi que ces belles verreries arabes de Syrie et d'Egypte, dont les mosquées du Caire et de Damas conservent encore de si précieux échantillons, abondaient aussi dans les somptueuses demeures arabes. Partout sur les dossiers étincelaient des cuivres damasquinés, sortis des ateliers de Mossoul et de Damas qui produisaient alors ces admirables vases, ces lampes et ces aiguières, existant encore en grand nombre et parmi lesquels nous trouvons fréquemment des pièces exécutées par les artisans arabes pour des princes francs et

(1) *Les colonies franques en Syrie aux* XIe, XIIe *et* XIIIe *siècles*, par E. Rey.

portant des symboles chrétiens ou des inscriptions islamiques.

Tant de choses précieuses furent transportées de la Syrie en Europe, que l'art et l'industrie des Arabes ne tardèrent pas à s'y répandre. Il y eut vers cette époque comme un transbordement et, si j'ose le dire, comme un sauvetage des richesses scientifiques et artistiques de la Syrie et de l'Egypte qui furent versés en Occident. Au moment où les Mogols et les Tartares allaient couvrir ces pays d'épaisses ténèbres, c'était le plus heureux résultat que l'on pût espérer pour la civilisation.

Le Syrien a donc raison d'être fier de son pays, de son origine, de son histoire. Il sent palpiter en lui le souvenir d'un passé glorieux, ce qui ne laisse pas, quelquefois, d'inquiéter les Turcs ses maîtres ; mais en même temps il est trop perspicace et trop avisé pour ne pas comprendre que son intérêt lui commande de rester fidèle au gouvernement qui détient Constantinople ; car là est la garantie de l'amélioration de son sort et de sa libération future. L'empire ottoman ne saurait se refuser plus longtemps à toute réforme, il suivra forcément la marche du progrès général, entraîné par l'exemple de ses voisins et par les nécessités ambiantes. Alors seulement l'Egypte et la Syrie recevront la récompense due à leur attachement aux califes. Egyptiens et Syriens sont aujourd'hui pénétrés de cette vérité que la perte de Constantinople aurait pour conséquence fatale leur asservissement définitif par l'étranger qui ferait peser sur eux un joug plus intolérable que celui des Ottomans.

Il faut croire que c'était aussi l'opinion de la majorité des habitants de ces deux contrées quand Orloff y fit débarquer ses troupes pour soutenir les rebelles contre l'autorité légitime du sultan. Une telle tentative était vouée à un avortement certain.

Trahi par un de ses parents, Alibey subit des revers et

se retira auprès de Cheik Daher. Ils reprirent ensemble l'offensive et marchèrent à la délivrance de Saïda assiégée par Osman Pacha aidé des Druzes devenus ses auxiliaires. Daher ne disposait que de six mille cavaliers, de huit cents mamelucks appartenant à Alibey et de deux milles fantassins. Secondé par la flotte russe, il attaqua l'armée d'Osman Pacha forte de trente mille hommes dont dix mille cavaliers et gagna la bataille.

La flotte russe bombarda ensuite Beyrouth en 1773 et Cheik Daher vint mettre le siège devant Jaffa qui résista à ses assauts. Alibey se séparant à ce moment-là de Cheik Daher, reprit seul l'offensive contre son beau frère Abouzeheb, il n'était pas cette fois en force et fut battu devant Salhié, malgré la présence dans son camp de quelques compagnies russes que le commandant de la flotte avait mises à sa disposition. Il combattit en héros défendant sa vie jusqu'à ce que, blessé de deux balles, il tombât aux mains de ses ennemis. Il fut conduit au Caire où il mourut, quelques jours après, des suites de ses blessures.

Cependant Cheik Daher soutint avec succès la lutte qu'il avait engagée contre les Turcs. C'était un paladin d'une haute envergure, un homme d'action, réputé pour son courage et sa modération après la victoire. Il eut après pour successeur le fameux Djezzar Pacha, surnommé le boucher à cause de ses cruautés.

La Porte accueillit avec joie la nouvelle de la déroute d'Alibey et celle de la disparition de Cheik Daher. C'etait une bien faible compensation aux sanglantes défaites que ses armées avaient subies sur le Danube et en Crimée.

La révolte qui venait de se terminer si heureusement en Egypte et en Syrie n'était, d'ailleurs, qu'un épisode de cette longue guerre à laquelle il devenait difficile d'assigner un terme. Les ulémas, notamment, se montraient opposés à la conclusion de la paix et ni les nouveaux revers subis par l'armée ottomane en Crimée, ni la prise des forteresses du Danube n'ébranlèrent la résolution de ce corps savant.

Mohsinzadé, sur lequel le parti des ulémas faisait fond paraissait certain lui-même de gagner la bataille qu'il allait engager, le contraire eut lieu. Ses troupes s'étant débandées après le premier choc, il s'était replié sur Choumna qu'il dut abandonner. Il sollicita une suspension d'armes qui lui fut refusée et pressé par les généraux russes, il réunit un divan à Kaïnardjé et négocia directement avec le vainqueur. La paix fut signée avec le grand vizir le jour même de l'anniversaire du traité de Pruth dont il effaçait la honte.

Indépendamment des conditions onéreuses qu'il imposait à la Turquie, ce traité forçait la Porte à payer à la Russie une indemnité de quatre millions de roubles. En revanche la czarine voulut bien adoucir les clauses concernant les Tartares et consentit au maintien des droits du sultan, comme chef religieux des Musulmans. C'était une concession toute platonique quoiqu'elle impliquât l'obligation pour le nouveau khan de demander l'investiture au divan. La Russie n'en restait pas moins la protectrice des Tartares sur lesquels elle allait exercer dorénavant un sévère contrôle.

En d'autres termes, ils cessaient d'être pour la Turquie des vassaux, comme par le passé, et devenaient simples tributaires de la Russie. Ce ne fut pas le seul avantage que cette puissance retira jusque-là de sa politique persévérante. La Géorgie était entrée dans la sphère de son influence et elle avait conquis une partie de l'Arménie majeure, laissant la partie orientale de cet antique royaume à la Perse, tandis que la Turquie s'était depuis longtemps appropriée l'Arménie Mineure dont elle avait détruit l'indépendance. Cette pauvre Arménie, n'est-elle pas l'image de la Pologne. Partagée en trois tronçons, ne subit-elle pas le même sort que sa sœur occidentale, avec cette aggravation que les Turcs ses maîtres paraissent loin de se douter qu'ils lui doivent quelque justice ou tout au moins quelque pitié. Les Arméniens, en effet, sont beaucoup mieux traités en Russie et en Perse que dans l'empire ottoman où ils sont livrés sans défense aux déprédations des Kurdes, à la rapacité des fonctionnaires et au fanatisme de la populace. Leur pays sur lequel ils ont longtemps régné, qu'ils ont illustré par des hauts faits d'armes et par des manifestations scientifiques, artistiques et littéraires est devenu leur tombeau. A la vérité, leur vie comme peuple, glorieuse de tous points, ne fut point favorisée par la fortune. Il est de ces nations dont la destinée est de souffrir.

Placés sur la route des invasions, les Arméniens furent tour à tour écrasés et foulés aux pieds des chevaux par les Assyriens, les Mèdes, les Romains, les Mongols, les Persans, les Turcs et les Russes.

Quant aux malheureux Polonais, pas un seul mot d'eux dans le traité de Kaïnardjé et dès ce moment on pouvait les considérer comme perdus. Le partage de ce royaume se fit en trois fois dans l'espace de vingt années comme si on eût voulu prolonger le martyre de la victime.

L'attachement des Polonais à leur religion, la situation de leur pays placé entre deux Etats chrétiens, l'un orthodoxe, l'autre protestant, la duplicité de l'Autriche catholique furent les causes déterminantes de leur perte. La Turquie eut à son tour grandement à souffrir de la disparition de ce royaume qui lui servait de rempart contre la Russie. Il valait certes la peine que le divan s'armât pour assurer son indépendance menacée par les ambitions de ses voisins. Si des intérêts divergents avaient divisé les deux gouvernements, de réelles sympathies existaient entre leurs peuples. Les Polonais, au surplus, avaient de grandes affinités avec les Turcs tout comme les Hongrois. Ils étaient braves les uns et les autres, soumis, tous les deux, à une oligarchie avide et rapace. Ils étaient partagés également en trois castes : la noblesse, le clergé et le peuple. Polonais et Turcs avaient enfin des chefs vaillants, mais une administration détestable.

Pas plus qu'en Turquie, la noblesse en Pologne n'était héréditaire. Il en était de même des distinctions honorifiques et de tous les privilèges.

Le roi comme le sultan les donnait à qui il lui plaisait avec cette différence, toutefois, qu'il ne pouvait les reprendre, tandis que tout était permis au Sultan. Souverain absolu, il ne reconnaissait aucune limite à son pouvoir. Tout portait donc les Polonais et les Turcs à s'unir, ce qui ne les empêcha pas de se battre avec acharnement, les Polonais, pour obéir aux ordres de Rome, les Turcs, parce qu'ils étaient forcés de lutter contre l'Autriche et ses alliés. Or, la Pologne formait l'arrière-garde de l'armée chrétienne, une arrière-garde héroïque que l'on rencontrait souvent aux postes périlleux. Si la Pologne avait été mieux conseillée, elle aurait recherché ainsi que la Hongrie l'alliance de la Turquie et celle de la France. Cette coalition lui aurait plus profité (les événements l'ont assez démontré) que l'amitié de l'Autriche.

A la distance d'un siècle révolu, il est aisé d'émettre des critiques judicieuses sur la conduite des gouvernements ; mais les hommes d'état de cette époque si tourmentée pouvaient-ils prévoir tout ce qui est arrivé et n'y a-t-il pas quelque injustice à venir leur reprocher leur imprévoyance cent ans après ?

En tout cas, on ne saurait rendre Mohsinzadé et le

sultan responsables des conséquences du traité de Kaïnardjé. La partie engagée était dejà bien compromise, quand Abdul Hamid Ier et son ministre furent appelés à dénouer cette terrible situation. Que pouvait la Turquie après ses défaites sinon se hâter de conclure la paix. Du moins essaya-t-elle d'exploiter contre les Russes la jalousie de l'Europe en les comblant de ses faveurs et en accordant aux ambassadeurs du czar des prérogatives spéciales. Les effets de cette habile politique ne se firent pas longtemps attendre. Les symptômes d'un antagonisme entre les divers cabinets européens et la Russie commencèrent à se manifester et, dans plus d'une chancellerie, l'on opinait déjà pour la nécessité d'un rapprochement avec la Turquie. L'évolution ne fut point rapide ; car la jeune diplomatie russe qui avait fait des progrès surprenants veillait sur ses intérêts avec une vigilance qu'on ne saurait assez admirer. Depuis Richelieu et Mazarin, elle s'était distinguée en Europe, tant par son activité que par son tact et sa grande finesse. Elle avait attiré l'Autriche dans sa sphère d'action, elle exerçait une sorte de fascination sur l'Allemagne et sur l'Angleterre en particulier, se faisant de son amitié avec les Etats protestants un levier, un point d'appui contre l'Autriche.

Lorsque celle-ci fut mieux instruite des desseins de la Russie, elle n'osa rompre ouvertement avec elle, car, d'une part, elle redoutait les effets meurtriers d'une alliance de l'empire moscovite avec la Prusse et d'autre part elle ne pouvait se fier sur la France qui, tant de fois, ourdit contre elle des complots. Louis XV lui-même avant qu'il eût modifié sa politique ne lui cherchait-il pas querelle en soutenant par les armes contre Marie-Thérèse les prétendus droits de son rival le duc de Bavière. Que pouvait, d'ailleurs, valoir une protection accordée par Louis XV à la malheureuse Pologne ?

Cette protection aurait été probablement platonique. D'autre part, les quelques encouragements donnés par la Turquie ne suffisaient pas à enrayer le mouvement hostile qui s'était dessiné contre cet infortuné pays.

La situation étant telle que nous la dépeignons, il est même surprenant que la Turquie ait pris à cœur les intérêts des Polonais et l'on ne peut se l'expliquer que par cette raison secrète que nous avons révélée à savoir que la Turquie était également désireuse de participer au démembrement de la Pologne. C'était son droit et toute autre puissance en eût fait autant, elle était aussi fondée que les Etats voisins à revendiquer une partie de la Pologne, elle garda les mains nettes mais ses intentions ne furent pas aussi pures ni aussi désintéressées qu'on s'était plu à le proclamer. Il y eut impuissance et par conséquent renonciation. Doit-on le regretter ? Nullement. Au contraire, on doit féliciter les Turcs de n'avoir pu réaliser leur projet. Leurs défaites eurent cette heureuse conséquence de les empêcher de commettre un grand forfait.

Cruelle ironie du sort ! Les Polonais avaient abondamment versé leur sang pour conserver à l'Allemagne son autonomie, à l'Autriche sa prépondérance, au sud de l'Europe, et voici qu'après la victoire, ce sont ces deux pays qui s'entendent avec la Russie pour ravir sa liberté à un peuple qui avait rendu les plus éclatants services à la chrétienté. Les nations prodigues de leur sang ressemblent par certains côtés aux individus qui dépensent follement leur avoir. Tombés dans une profonde détresse, ils se voient délaissés par ceux qui se disaient leurs amis.

Deux femmes — le beau sexe est redoutable quand il marche dans la voie du crime — et un homme, Frédéric II, qui fut leur complice, accomplirent cette mauvaise action. La moins coupable fut sans contredit Catherine II qui, après tout, ne devait rien à la Pologne, la plus criminelle fut cette Marie-Thérèse qui eut les instincts d'une bourgeoise et les ambitions d'un conquérant. Elle viola impudemment ce qu'il y a de plus sacré au monde, les obligations supérieures de sa foi, en s'alliant aux protestants et aux Russes pour le démembrement d'une monarchie catholique qui avait été pour l'Autriche un solide rempart.

Quant à Frédéric II, il fut le plus cynique, il procéda à ce partage avec une conscience tranquille comme un opérateur qui ampute un membre, ne cachant pas du reste, la satisfaction personnelle qu'il en éprouvait, cependant que la France, voyant l'inutilité de ses efforts pour sauver ce pays auquel elle s'était grandement intéressée dans le passé, s'emparait du duché de Lorraine, faible compensation dont Louis XV dut se contenter faute de mieux.

Voltaire donna son approbation à cette politique spoliatrice. Voir le protestantisme s'allier à l'orthodoxie russe pour abattre l'une des plus anciennes citadelles de l'Eglise romaine, quelle joie pour l'ami de Frédéric II ! Voltaire considérait, en outre, les Turcs et les Musulmans comme les ennemis de la civilisation, il voyait leurs mosquées par terre, leurs forteresses démantelées, leurs villes détruites. Il se réjouissait lui, le philosophe humanitaire, de ce que le favori de la czarine avait noyé la Crimée dans le sang, il espérait même que Catherine II planterait bientôt ses étendards victorieux sur Sainte-Sophie, régnant ainsi sur les détroits et faisant triompher en Orient le schisme grec. Quel admirable français que Voltaire ! Il était, on le sait, un des fervents admirateurs de Catherine II comme il fut un des adulateurs de Frédéric. Les Diderot et les autres philosophes étaient de cette force. Si, au moins, ils avaient assuré la grandeur de leur patrie !

Un historien moderne (1) parlant du voyage de l'impératrice de Russie en Crimée s'exprimait en ces termes : « Le fils de Marie-Thérèse figurait parmi les plus assidus courtisans de Catherine dans son fameux voyage en Crimée où son favori Potemkin faisait surgir comme par enchantement sur le passage de sa souveraine, des fermes, des châteaux, des villages et des populations improvisées. C'était une vie de gala, une cour en voyage, une prise de possession fantastique avec cortège de philosophes, de poëtes et d'adulateurs ; une farce d'opéra ou plutôt comme le dit Byron, c'était la mise en scène du boudoir d'une sexagénaire avec les boucheries d'Ochaskow et de Braïla pour intermèdes ».

En dépit de ce jugement, la femme hautaine et impudique qui traînait derrière son char de triomphe les empereurs, les philosophes et les poëtes, était incontestablement une femme de génie. Elle avait découvert le principe des nationalités. C'est elle qui alluma les torches des brûlots qui, dans les mers helléniques, incendièrent la flotte turque, montrant aux Grecs qu'à la lueur de ces brûlots, ils pouvaient recouvrer leur indépendance. C'est elle qui incita les Moldo-Valaques à se révolter pour revendiquer leurs libertés à l'ombre du drapeau moscovite et, chose plus étonnante encore, c'est elle qui obtint de la Porte l'émancipation des Tartares, émancipation qui devait tourner entièrement à son avantage.

De telles femmes peuvent soulever l'indignation d'un lord Byron, elles n'en restent pas moins parmi les grandes figures de l'Histoire. Catherine II fut puissante, comme la nature, et, comme la nature, elle fut insatiable. Elle enfanta dans le sang et dans les désordres de sa vie de grandes œuvres qu'elle n'eût peut-être pas accom-

(1) *Papes et sultans*, par Félix Julien.

plies si elle était restée une vierge pure et candide. La tzigane livonienne nous voulons parler de la première Catherine fut son initiatrice, mais elle la dépassa par ses conceptions hardies. L'une avait trouvé dans son cœur l'inspiration qui devait assurer le salut de son auguste époux et l'autre dans sa raison le moyen de venger le fondateur de la puissance moscovite et d'asseoir solidement son empire sur la Mer Noire et la Mer Caspienne, entreprise colossale accomplie par une femme qui sut faire passer dans l'âme de ses généraux une étincelle de son génie et le fulgurant éclair de sa volonté souveraine.

Le dix-huitième siècle qui fut fécond en événements plus extraordinaires les uns que les autres, enfanta des êtres exceptionnels : Pierre le Grand, Catherine Ire, Charles XII, Frédéric II, Marie-Thérèse, Catherine II, Louis XIV, les hommes de la grande révolution et enfin Bonaparte.

Le traité de Kaïnardjé fut considéré à juste titre par les cours étrangères comme étant de nature à porter la plus grave atteinte aux droits des autres puissances. Par la liberté accordée à la navigation russe, il laissait la capitale de l'empire ottoman exposée à un coup de main de la part d'une armée moscovite. De plus la crainte si justifiée d'une invasion, agissant fortement sur le divan, devait donner à l'influence russe à Constantinople une extension considérable. L'Autriche elle-même en comprenait jusqu'à un certain point tous les dangers et Thugut écrivait à l'empereur dans l'année où fut signé le traité. « L'affreux désordre qui depuis le commencement de la guerre n'avait jamais atteint le degré où l'administration insensée de Mohsinzadé a conduit cet empire, l'imbécillité et la faiblesse du gouvernement tout à fait incapable de choisir les moyens convenables pour réparer ses malheurs, la nature des futures négociations dont la direction est confiée au pusillanime grand-vizir subjugué d'avance par la terreur que lui inspirent les armes russes, tout cela et d'autres causes encore n'admettent presqu'aucun doute que l'habileté bien connue des Russes saura cette fois pousser leurs exigences plus loin que jamais ». Et il ajoutait en propres termes : « C'est avec douleur que je prévois les tristes conséquences qui résulteront pour la religion catholique de la supériorité de la religion schismatique ». Pour les Turcs, la différence n'était guère appréciable. Grecs schismatiques, catholiques ou protestants, que leur importait ! Les schismatiques russes leur étaient, au contraire, moins odieux que les autres chrétiens, soit à cause du grand nombre de Grecs qui vivaient sous leur domination, soit parce que, nés d'hier, ils n'avaient point été mêlés aux guerres des croisades, soit parce que le despotisme des Russes s'accordait parfaitement avec la tyrannie qu'ils pratiquaient eux-mêmes. Les despotes arrivent toujours à s'entendre. Mais tandis que chacun compatissait au sort des Turcs pour avoir signé le traité de Kaïnardjé, eux du moins ne trouvaient pas qu'ils fussent à plaindre. Ce n'était pas le premier traité désastreux qu'ils subissaient : ne pouvaient-ils en dicter un autre à la faveur de quelque victoire ?

Abdul Hamid Ier fut un prince malheureux. Appelé à recueillir un lourd héritage, celui que lui avait légué son prédécesseur, il eut le courage de tenter une dernière fois la fortune des armes et cet autre courage, non moins méritoire d'accepter la défaite et de ratifier le traité de Kaïnardjé.

Cinq ans après, il essaya de nouveau, mais en vain, de prendre sa revanche, ses armées furent battues et la perte d'Ozakow acheva de rendre tout à fait précaire la situation de son empire. L'Histoire impartiale dira de lui qu'il est mort des chagrins éprouvés par les défaites de ses armées. Il ne fut pas inhumain et montra même une grande sollicitude à son neveu, l'héritier du trône, exemple rare dans la famille d'Osman. Ses relations avec les puissances étrangères furent cordiales en temps de paix, et si cela eût été possible, il aurait certainement conclu avec Louis XV un traité d'alliance qui eût profité aux deux pays. Il mourut à l'aurore de la Révolution française. A ce moment-là, moment grave, la Turquie avait abdiqué renonçant à intervenir dans les affaires européennes. Hypnotisée en quelque sorte par la Russie, elle allait profiter de ce répit pour faire un retour sur elle-même et tenter quelques réformes.

Abdul Hamid Ier en avait senti la nécessité ; mais, occupé des événements de la guerre, vivant d'ailleurs avec les ulémas et les chefs du parti fanatique, il n'y arrêta qu'un instant sa pensée. Comment pourrait-on lui en vouloir ? S'il commit des erreurs en était-il seul responsable ? Il avait vécu pendant quarante-trois ans dans un complet isolement, en un état d'hébétude et de somnolence facile à comprendre, ne recevant aucune nouvelle du dehors, ne sachant rien de ce qui passait par de là les murailles de sa prison, ignorant tout même les événements d'importance secondaire, même les faits quotidiens, craignant enfin d'être empoisonné ou étranglé. De quoi un tel prince peut-il être capable en montant sur le trône ? Aussi n'est-on autorisé à faire aucun reproche à Abdul Hamid Ier et l'on doit reconnaître que, s'il administra mal les affaires intérieures de son empire, il fit, en revanche, les plus louables efforts pour réparer ses revers à l'extérieur. Il eut, malheureusement contre lui des adversaires redoutables. Combattre Catherine II et le grand Frédéric n'était point chose aisée et de tels ennemis donnent assez de besogne et assez d'honneur à un monarque pour qu'on ne lui en demande pas davantage.

CHAPITRE VIII

SÉLIM III

Révolution française. — Causes de cette révolution. — Effets produits sur la Turquie par les excès de la Révolution. — Education de Sélim. — Reprises des hostilités. — Victoires russes. — Négociations en vue de la paix. — Traité. — Coalition contre la France. — Expédition de Bonaparte en Egypte (1798). — Critique de cette expédition. — Alliance de l'Angleterre et de la Russie avec la Porte. — Fin de l'expédition d'Egypte (1801), ses inconvénients, ses dangers. — Lutte inutile contre l'Islamisme. — Rapports entre Sélim III et Napoléon. — Ambassade de Sébastiani. — Guerre avec l'Angleterre. — Méhémet-Ali. — Situation troublée à l'intérieur, mécontentement des Janissaires. — Révoltes et sédition. — Déposition et mort de Sélim (1808). — Moustapha IV proclamé sultan. — Réformes militaires de Baïrakdar. — Mort de Moustapha. — Politique changeante de Napoléon. — Considérations générales sur les réformes en Turquie.

Avant d'aborder l'étude de ce règne fertile en événements politiques, il est nécessaire de s'arrêter quelques instants à ce tournant de l'Histoire où la France vit surgir de son sein la grande Révolution ruisselante de sang et de lumière, cette Révolution qui fut si justement décriée pour ses crimes ; mais qui changea, à cause de sa violence même, le tempérament, les idées et jusqu'aux plus secrètes tendances des peuples de l'Occident.

Redoutable à ceux qui en ont subi le premier choc, elle fut bienfaisante dans son principe. La semence répandue par elle fut bonne, semence de liberté et de progrès. Elle émancipa l'esprit humain et rendit la vertu plus méritoire en la rendant plus indépendante.

Ces événements eurent leur répercussion en Orient. Le rôle de la France dans le monde fut toujours prépondérant. N'est-elle pas l'initiatrice des peuples et si, à toutes les étapes de sa vie glorieuse, elle ne trace pas, d'un main ferme, les grandes lignes de sa politique humanitaire, son esprit et son cœur se répandent à la fois dans l'univers pour le vivifier et lui faire connaître les sublimes beautés de l'idéal et les inestimables bienfaits de la liberté.

La Révolution française éclata à son heure, au déclin d'un siècle qui avait assisté au triomphe insolent du despotisme. Richelieu montra d'abord à la France que l'on pouvait brider les rois, faire monter les nobles sur l'échafaud, exiler les reines, proscrire les grands du royaume. Le règne de Louis XIV fut, en réalité, une réaction violente contre l'omnipotence des ministres d'Etat et l'autorité du Parlement.

Louis XV, par les intempérances de sa vie plus encore que par les fautes politiques qu'il commit, fit déborder la coupe et le peuple français, las de souffrir, se leva tout entier contre les classes privilégiées qu'il chassa de leurs positions et dont il confisqua les biens, révolte sauvage et sanguinaire, mais qui ne fut point dépourvue de grandeur.

Les Turcs, qui le croirait ? ne virent pas d'un mauvais œil la Révolution française, ils en suivirent avec intérêt les diverses phases et elle leur parut comme naturelle et légitime malgré ses excès. Les troubles sanglants, les désordres dans la rue? ils y étaient habitués. La mort de Louis XVI? ils avaient vu, maintes fois, leurs sultans tomber sous le poignard des mutins. Les exécutions sommaires? ils en étaient chaque jour témoins, n'apercevaient-ils pas les hautes murailles du palais impérial couronnées de centaines de têtes coupées? Rien ne pouvait les étonner et les hécatombes de 1789 leur paraissaient bien anodines. Enfin pour un pays égalitaire comme la Turquie les revendications des Français ne semblaient pas du tout exagérées.

La Révolution permit à des boulangers, à des cordonniers, à des bouchers d'arriver aux hauts grades et aux fonctions élevées, c'était alors et c'est encore aujourd'hui de pratique courante en Turquie. Enfin les Ottomans, c'est une justice à leur rendre, ont toujours témoigné une vive sympathie aux Français et la Révolution comme l'Empire loin d'affaiblir ce sentiment ne firent que l'exalter.

Si forte était l'inclination que Sélim III ressentait pour la France qu'il ne changea point personnellement de sentiments à son égard même après l'occupation de l'Egypte par Bonaparte.

Elevé dans le sérail par les soins de son oncle, ce prince s'était formé un jugement juste sur les affaires publiques et les besoins de l'Etat. Les défaites successives des armées ottomanes, qui eurent un douloureux écho dans le palais, lui avaient montré l'insuffisance de l'organisation militaire. Aussi dès son avènement au trône s'empressa-t-il de s'entourer d'officiers, pour la plupart français, chargés d'instruire l'armée.

La Turquie ne tarda pas à reprendre la suite de la guerre avec un admirable élan pour échapper à certaines obligations du dernier traité.

Du Danube aux confins des Balkans tout était en feu et la situation paraissait bien sombre, presque désespérée, quand un fait heureux vint ranimer l'espérance éteinte au fond des cœurs. L'Autriche qui s'était alliée à la Russie et à la Prusse désirait maintenant se retirer de la lutte. L'empereur, vivement ému des événements tragiques dont la France était le théâtre, signa avec le divan le traité de Sistova (1790) qui contenait des conditions relativement avantageuses pour l'empire Ottoman. Cette défection des Autrichiens mettait en péril les armées russes qui opéraient sur le Danube. Le moindre signe de faiblesse de la part des généraux moscovites eût provoqué un grand désastre. Aussi réunirent-ils tous leurs efforts contre la ville d'Ismaïl, dernier rempart des Ottomans. Ce fut là que s'illustra tristement le plus célèbre héros de cette guerre sanglante, le général Souvaroff, qui n'épargna ni les habitants, ni la garnison. Plus de quarante mille musulmans furent mis à mort par ses ordres.

Lorsque la nouvelle de ce terrible désastre parvint à Stamboul, le peuple descendit dans la rue en criant : mort aux traîtres ; et le grand vizir paya de sa tête ce lamentable échec.

Cependant la Russie ne devait pas profiter de cette victoire à cause de l'état troublé de l'Europe En France les événements avaient marché avec une effrayante rapidité. La mort de Louis XV, survenue dans l'année de la signature du traité de Kaïnaidjé, n'avait pas désarmé les ennemis de la royauté qui s'acharnèrent contre son malheureux fils. On ne voulut point tenir compte à l'amant de la Pompadour, des quelques services qu'il rendit à la France, on ne se souvint ni de la conquête du Duché de Lorraine, ni de l'achat de la Corse, ni de la prise de Gênes, ni de l'heureux rapprochement qui s'était opéré sous son règne entre la France et l'Autriche. Les philosophes et les grands écrivains s'étaient donné le mot pour faire ressortir à qui mieux mieux les désordres de sa vie privée. Ils l'accusaient notamment d'avoir laissé un déficit de 200 millions ! Aujourd'hui encore n'est-il pas surprenant de lire dans quelques livres d'histoire des tirades enflammées écrites par les petits-fils de ceux qui, en moins d'un siècle, ont porté la dette publique à 35 milliards ?

Il fallait néanmoins une victime à l'hydre révolutionnaire et la tête de l'infortuné Louis XVI roula au pied de l'échafaud donnant une terrible leçon à tous les monarques, prétendent les révolutionnaires qui ne voient pas qu'un tel crime rend précaires les conquêtes de la liberté. Quoi qu'il en soit, cette exécution que rien ne justifiait souleva la conscience universelle et l'Europe se ligua contre la France. La Russie se joignit à cette coalition ; sur les instances de l'Angleterre et de la Prusse, elle signa avec la Turquie après la défaite qu'elle subit à Matchin le traité de Jassi (1792) (1) qui donna à l'empire turc une longue période de paix à peine troublée par les événements d'Egypte et lui permit de réorganiser ses forces militaires, tâche à laquelle Sélim III s'était voué dès le début de son règne.

Cependant le sultan continuait à suivre passionnément les péripéties de la lutte héroïque que la France soutenait contre toute l'Europe. Les exploits de Dumouriez et de Kellermann arrêtant l'invasion l'enthousiasmaient. Les victoires de Custine qui venait de s'emparer de Spire, Worms, Mayence et Francfort accrurent le prestige de la France au dehors. Les succès de Bonaparte en Italie et le traité de Campo-Formio négocié par ce général achevèrent de gagner à la République tous les suffrages et tous les cœurs. Ce fut comme un immense feu d'artifice dont le rayonnement embrasa l'Europe et l'Asie.

Toutefois les lauriers recueillis par Bonaparte sur les champs de bataille inquiétaient le Directoire qui décida de le mettre à la tête d'une expédition ayant pour but la conquête de la vallée du Nil et de la Syrie (1798). En réalité, on voulait simplement occuper l'activité du jeune général sur lequel tous les regards se portaient déjà avec un sentiment d'admiration que les événements

(1) Ce traité assurait à la Russie la possession de la Crimée et de la presqu'île de Taman ainsi que les pays enclavés entre le Bug et le Dniester.

d'Egypte devaient changer en enthousiasme. Ce fut de la part du Directoire une inspiration malheureuse en ce que cet acte irréfléchi jeta une perturbation dans la politique extérieure et aliéna à la France les sympathies du peuple ottoman et de son gouvernement.

Sélim III avait confié le sceau à Kutchuk-Hussein, homme rempli d'intentions louables, aimant l'ordre et le progrès. Il appela auprès de lui un grand nombre d'officiers français, introduisit l'enseignement de la langue française dans les écoles de guerre et fit traduire en turc les meilleurs traités sur l'attaque et la défense des forteresses. Il avait accueilli avec bonté les ingénieurs chassés de leur pays par la Révolution et fait venir des artilleurs de Toulon. Il avait finalement organisé un corps de cavalerie moderne donnant en tout l'exemple de la plus parfaite déférence envers les représentants de la Révolution. Et ce sont les hommes de cette Révolution qui ont imaginé une expédition en réalité sans objet; car il fallait avoir vaincu et écrasé l'islamisme avant de prétendre à ses dépouilles. Il fallait aussi que la Turquie ne pût plus tenir tête à ses ennemis pour qu'elle se laissât enlever ce fleuron de sa couronne. Or, elle n'en était point encore là. Ni les intérêts politiques, ni les intérêts généraux ne commandaient cette expédition. La preuve que la France faisait fausse route, c'est que l'Angleterre trouva dans la Russie une auxiliaire et que leurs escadres réunies détruisirent la flotte française à Aboukir.

Maîtres de la mer, les vaisseaux alliés purent évoluer aisément coupant toutes les communications au corps expéditionnaire, multipliant les démonstrations navales sur les côtes de Syrie pour empêcher les Maronites du Liban d'accourir au secours du général victorieux et mettant en péril l'existence du commandant en chef de l'expédition qui sentait palpiter en lui une puissance mystérieuse l'appelant ailleurs.

Après la bataille des Pyramides et le mémorable siège de Saint-Jean-d'Acre, Bonaparte avait remis ses pouvoirs à Kléber qui engagea aussitôt des négociations avec les Anglais, mais ceux-ci lui firent des conditions tellement dures qu'il les repoussa, encore qu'il sût qu'une forte armée turque allait l'attaquer. Il préféra à une capitulation, l'honneur de combattre un ennemi plus puissant. Toutefois, la situation de Kléber était devenue intolérable et dès lors il n'eut d'autre ressource que de signer avec les Anglais une convention qui mit fin à cette expédition désastreuse (1801).

Si le vaisseau qui avait transporté quelques semaines auparavant Bonaparte à Fréjus avait péri dans une tempête, la France eût perdu, sans doute, l'un de ses plus grands capitaines, mais aussi quel soulagement c'eût été pour l'Europe à laquelle ce retour allait être fatal.

Cette Europe, il allait la transformer en un vaste charnier, ajoutant de nouveaux malheurs à ceux qui accablaient déjà l'humanité.

Au surplus, l'expédition d'Egypte a eu cet inconvénient d'attirer plus particulièrement l'attention de l'Angleterre sur la Méditerranée et de l'introduire plus intimement dans les conseils de la Porte où la France avait tenu jusque-là la première place. Désormais, la possession de la terre d'Egypte va devenir le point de mire des ambitions britanniques, le but vers lequel tendront les efforts des hommes d'Etat anglais.

Bonaparte avait-il eu réellement l'intention qu'on lui a prêtée de faire la conquête des Indes ou bien tenait-il simplement à s'emparer de l'Egypte et de la Syrie ? Il importe peu de le savoir. L'Egypte seule aurait pu suffire à son ambition. Jamais pays ne fut, en effet, plus convoité. Tous les conquérants voulurent y planter leur tente, vite balayée par le vent qui souffle des hauts plateaux abyssins ou par l'inondation silencieuse qui s'étend des sources du Nil jusqu'à la mer. Il est ici un fait digne de remarque, c'est qu'aucun conquérant ne put s'y maintenir longtemps. Le Nil semble être le dieu invulnérable et le maître incontesté de cette vaste contrée où tant de dynasties se sont succédé. Le califat arabe n'y trouva qu'un sol mouvant et un trône peu solide. Quant aux Turcs ils y séjournèrent un temps si court qu'il est permis d'affirmer qu'ils ne firent que le traverser comme des oiseaux de passage.

A la vérité la conquête de l'Egypte par les Califes fut peu profitable à l'islamisme et le christianisme lui-même qui s'y était établi au commencement de son apparition faillit voir se défigurer son éclatante beauté par l'éruption infectieuse de plusieurs hérésies qui manquèrent de l'étouffer au berceau. Il trouva en Europe un terrain plus propice à son développement au milieu de nations jeunes et barbares qu'il marqua de son empreinte. Son ascétisme s'adapta parfaitement aux goûts simples et rustiques des races gallo-germaniques. A mesure que le bien-être et la passion des plaisirs envahit ces races, on voit son influence diminuer et cette citadelle inexpugnable où il s'était retranché si fortement paraît aujourd'hui chancelante. Sans doute, les promesses éternelles sont là pour le préserver d'une disparition totale, mais le fait indéniable, le fait saillant, est qu'il perd du terrain en Europe tandis que l'islamisme en gagne en Asie et s'étend démesurément en Afrique et jusqu'en Extrême-Orient.

L'expédition de Bonaparte en Egypte semblait faire suite aux croisades. En réalité, elle ne fut pas préméditée et naquit spontanément des circonstances. Elle ne se rattache même pas au groupe des idées anti-islamiques nées des guerres religieuses, idées qui ont subi quelques transformations prenant tour à tour un caractère politique, industriel ou commercial. Or, l'islamisme a supporté ces assauts successifs sans être ébranlé dans sa foi, bien qu'il ait subi plus de dommages matériels que ses agresseurs. Il a vu passer Bonaparte, comme il verra s'évanouir la puissance de l'Angleterre de l'Inde. Il demeure ce qu'il a toujours été, ce qu'il ne cessera jamais d'être, un peuple dédaigneux de certains progrès qui, dans sa pensée, sont de nature à affaiblir sa constitution physique et morale.

Dans les steppes de la Sibérie comme dans les plaines du Turkestan, sur les sommets de l'Altaï, comme dans les solitudes de l'Arabie il est l'élément dominant. Et voilà pourquoi il est inutile de lui livrer des assauts répétés, il faut l'acheminer doucement vers la civilisation et vivre avec lui en bonne intelligence. Bonaparte avait compris cette vérité en Egypte où il avait cherché à se concilier les peuples mahométans. S'il y avait consacré tous ses efforts et s'il avait persisté dans son dessein d'identifier, en quelque sorte, ses intérêts avec ceux de l'islamisme sans renier pour cela ses convictions religieuses nul doute qu'il n'eût accompli de grandes choses. Il eût certainement fasciné le monde musulman par la puissance de son génie. Il ne fit que lui apparaître et s'évanouit comme un météore laissant sur le ciel d'Orient sa trace lumineuse.

L'expédition d'Egypte fut néanmoins profitable à la Turquie en ce qu'elle la fit entrer d'emblée dans le cycle des alliances européennes où elle eût pu jouer un rôle prépondérant si elle avait été gouvernée par de véritables hommes d'état.

L'Angleterre, la Russie et la Turquie devaient avoir facilement raison de Bonaparte enfermé dans la vallée du Nil, mais l'échec du général corse ne diminua pas l'admiration de Sélim pour lui. Cette admiration ne fit, au contraire qu'augmenter à la suite des victoires de Napoléon.

Après le traité d'Amiens les relations amicales de la Porte avec la France s'étaient renouées comme par enchantement. Le succès opère de ces miracles. Pendant que Bonaparte combattait en Espagne, en Italie et sur le Rhin, il entretenait avec le sultan, par l'intermédiaire du général Sébastiani, des rapports empreints d'une grande cordialité. Napoléon engageait Sélim III à persévérer dans la voie des réformes militaires dans la prévision qu'il pourrait le soutenir un jour dans sa lutte contre le colosse russe. Il préparait le terrain pour une alliance offensive et défensive avec la Turquie alliance que François Ier n'avait point osé faire, que Louis XIV ne conclut pas et que Napoléon lui-même n'arrivera pas à réaliser.

N'est-il pas surprenant qu'une alliance qui était tout indiquée n'ait jamais pu passer dans le domaine des faits. Les efforts de Sébastiani avortèrent devant la résistance de l'Angleterre qui à ce moment exerça une forte pression sur la Porte la menaçant de l'occupation des Dardanelles et de l'Egypte si elle ne consentait immédiatement à lui livrer sa flotte et à céder la Moldavie et la Valachie à la Russie. Il s'agissait surtout d'intimider le sultan pour l'empêcher de suivre les conseils de Sébastiani qui avait pris un grand ascendant sur son esprit.

Sur ces entrefaites, la flotte anglaise ayant pénétré dans les détroits une grande panique s'en suivit à Constantinople et Sébastiani fut invité à quitter la capitale. Le peuple prit aussitôt parti pour lui et le sultan rassuré par les promesses de l'envoyé de Bonaparte et par l'activité que ses officiers venaient de déployer pour élever des batteries et des redoutes reprit courage et parla avec hauteur à l'amiral britannique qui se retira mortifié par cet échec.

Il cingla vers l'Egypte où, grâce à la complicité de Khosrev Pacha, il espérait pouvoir prendre possession de la vallée du Nil, mais les mamelucks résistèrent à Khosrev. Un chef albanais qui n'était autre que le célèbre Méhémet-Ali ayant fait défection et passé aux mamelucks, Khosrev fut battu et embarqué de force à destination de Constantinople. Méhémet-Ali devenu très populaire se vit alors acclamé par les Egyptiens qui chassèrent Khourchid Pacha le gouverneur intérimaire. Méhémet-Ali força les Anglais à la retraite et la Porte satisfaite de ce résultat le reconnut en qualité de vassal lui imposant un tribut annuel de huit millions de piastres (1805).

Les Anglais reparurent de nouveau dans ces parages appelés, cette fois, par les mamelucks, jaloux de la prépondérance du chef albanais. Méhémet-Ali leur tint tête et bien qu'Alexandrie fût au pouvoir du général Fraser, il lui coupa les communications par terre et l'assiégea dans cette ville. Fraser dût se retirer devant cette résistance (1807).

Enhardi par les succès de son heureux vassal, Sélim déclara la guerre à la Grande-Bretagne et l'amiral turc Seid Ali osa attaquer la flotte ennemie qui bloquait les Dardanelles. Il fut repoussé. Toutefois l'Angleterre n'était pas restée inactive. Sachant par où le sultan était vulnérable, elle ameuta contre lui les janissaires.

L'Angleterre comptait de nombreux partisans dans la capitale, elle s'en servit pour ourdir un complot contre le malheureux Sélim avec la connivence du Cheik-ul-Islam et du Kaïmakam de la ville, un vulgaire ambitieux traître à son pays et à son souverain.

Le sultan avait organisé de nouveaux bataillons *nizam*. Il commit la grande imprudence de les faire venir à Constantinople.

Les janissaires jaloux des faveurs dont le sultan comblait cette milice se révoltèrent et exigèrent son éloignement. Sélim III fit marcher contre eux le serasker qui se fit battre, et se replia en bon ordre sur Constantinople, mais pas assez vite cependant pour que les janissaires ne l'y aient devancé. Se voyant à la merci des rebelles, le sultan confia le sceau au chef des révoltés, l'aga des janissaires, qui prononça la peine d'exil contre les ministres.

Les mutins après avoir fait place nette autour d'eux, s'emparèrent du gouvernement et rétablirent leurs anciennes coutumes. Ils s'étaient rapprochés des ulémas qui profondément hostiles aux réformes et travaillés par les émissaires anglais et russes, trouvaient que les innovations militaires étaient inutiles, dangereuses même et qu'il fallait maintenir les anciens usages. Ce rapprochement donna à l'aga des janissaires l'idée de proposer au Cheik-ul-Islam un moyen radical d'en finir avec les nouvelles réformes suspendues sur eux comme un épée de Damoclès en prononçant la déchéance du sultan. Le complot fut tenu secret jusqu'au jour où une émeute ayant éclaté au camp on en prit prétexte pour inviter le peuple à y participer. On publia en même temps une liste de proscriptions et la populace fut chargée de l'exécution de plusieurs sentences de mort rendues par le chef des janissaires contre de hauts dignitaires dont les têtes coupées furent alignées à l'entrée du camp.

Cependant un des condamnés s'étant réfugié au sérail, la foule réclama sa mort. Les serviteurs du palais lui jetèrent par la fenêtre sa tête dans l'espoir que cette concession calmerait sa fureur. Il n'en fut rien et d'autres victimes dévouées aux réformes durent être livrées aux mutins. Enfin le tour du sultan arriva. Sa déposition sanctionnée par le fetwa que le Cheik-ul-Islam rendit à cette occasion fut notifiée au malheureux Sélim par le chef des janissaires. Sélim n'y fit aucune opposition et Moustapha IV l'un des fils d'Abdul-Hamid Ier fut placé sur le trône.

Pendant que cette révolution s'accomplissait à Constantinople, le pacha de Roustchouck Baïrakdar d'une fidélité éprouvée, réunissait seize mille hommes de bonnes troupes et marchait à la délivrance de son maître. Il avait fait le serment de lui restituer son trône, mais quand il arriva au Séraï et qu'il s'en fit ouvrir les portes, quelle ne fût pas sa douleur de trouver l'infortuné Sélim noyé dans son sang. A cette vue Baïrakdar pénétra dans le harem. Moustapha fut arrêté et Mahmoud II proclamé sultan.

Dans un divan qu'il réunit à la hâte Baïrakdar affirma la nécessité de réformer le corps des janissaires et proposa à cet effet plusieurs réglements qui furent approuvés. Tout promettait l'apaisement et le rétablissement de l'ordre ne faisait plus de doute pour personne quand le feu de la sédition qui couvait sous les cendres se ralluma avec plus de violence que jamais. Le brave Baïrakdar s'était arrêté à mi-chemin, ce qui en matière de révolution est toujours dangereux. Au lieu de chercher à introduire des réformes dans l'organisation des janissaires il aurait dû dissoudre ce corps indiscipliné ou l'exterminer. Du moment qu'il laissait à ces ennemis de l'Etat la faculté de se mouvoir librement il devait craindre de leur part un retour offensif. Il ne prit au surplus aucune précaution contre eux, ni pour lui-même, ni pour l'auguste pupille placé sous sa protection. Les janissaires, marchèrent contre le palais. Baïrakdar leur opposa une résistance vigoureuse : s'étant retranché dans une des tours du sérail, il se défendit vaillamment contre ses agresseurs et périt les armes à la main (1808).

Sa mort apaisa l'émeute qui devait s'arrêter là. Moustapha IV étant mort assassiné dans son palais par les soldats de Baïrakdar, il ne restait plus qu'un faible enfant Mahmoud II seul rejeton d'une dynastie dont la puissance décroissait à vue d'œil dans la pénombre de la décadence.

Moustapha IV n'avait régné que trois mois vécus dans la tourmente. On n'a pas le courage de lui reprocher le meurtre de Sélim III qu'il détenait comme prisonnier dans son palais. Baraïkdar, venu de Roustchouck pour rétablir par la force Sélim sur le trône, rendit ce dénoûment inévitable. On ne peut pas dire, en vérité, que Moustapha IV ait régné. Jouet de ses partisans qui se disputaient les premiers postes à coup de couteau il fit plutôt acte de prétendant et n'exerça qu'une souveraineté fictive. Il présida à des massacres et à des exécutions dont on ne saurait non plus le rendre responsable. Un bandit nommé Kabatchi-Oglou fut le bourreau et doit porter seul le poids des crimes commis au nom de Moustapha IV par ce malfaiteur.

Quant à Sélim III, il mérite d'occuper une place à part dans l'histoire ottomane. Il paya de sa vie le sincère désir qu'il eût de relever l'empire de ses ruines. Il voulut porter remède à une situation devenue intolérable. L'empire était menacé dans son existence même par l'indiscipline des janissaires, il pensa qu'en organisant une nouvelle milice il parviendrait à les éliminer et à vaincre l'opposition des ulémas, mais les janissaires se voyant en danger arborèrent l'étendard de la révolte forts du concours du peuple et de l'assentiment du clergé mahométans.

Comment les ulémas, hommes instruits, juristes, légistes, magistrats en un mot, ont-ils pu faire cause commune avec la révolution et se joindre aux rebelles pour empêcher la réalisation d'une réforme dont dépendait le salut de l'Etat. Il faudrait avant de révéler les causes qui les ont portés à agir de la sorte, connaître le fond de leur âme, tâche assez complexe. L'esprit du clergé musulman diffère peu de celui du clergé des autres religions, il place au-dessus de tout l'intérêt de la foi. Ayant passé quinze ou vingt années de sa vie à étudier dans les livres sacrés l'interprétation des dogmes d'après certaines méthodes spéciales, le prêtre musulman ne tarda pas à tout subordonner aux intérêts de la religion qu'il fait généralement accorder avec ses passions. Il se dit que ce qui peut l'affaiblir doit nécessairement compromettre sa situation personnelle. Il devient féroce dès qu'il s'agit de modifier quelque chose dans les vieux rouages de l'Etat protecteur naturel de la foi. Mais en quoi, objectera-t-on, l'introduction de certaines améliorations dans l'organisme militaire pouvait-elle nuire à la religion mahométane ? Nous avons déjà dit que les ulémas ne considéraient l'Etat que comme une institution politique dépendante de la religion et par conséquent placée sous leur tutelle. Or, Sélim III en empruntant aux Européens des réformes qui pouvaient créer un esprit nouveau susceptible de porter atteinte à la loi du Coran passait aux yeux des ulémas sinon pour impie, du moins pour un souverain imbu d'idées contraires à la constitution politico-religieuse de l'empire d'où l'antipathie prononcée de ce grand corps pour lui et pour son entourage. Au surplus les janissaires créés par Orkhan, sacrés par Hadji Bektach avaient rendu d'éminents services à la religion musulmane en se battant contre les infidèles, avec tant de courage et un rare bonheur ce qui explique les sympathies des ulémas pour eux. Combien de victoires ne leur devait-on pas et que seraient devenus les sultans sans cette vaillante milice habituée à affronter la mort sur les champs de bataille avec la sérénité des héros ?

Une autre raison de l'opposition des ulémas aux projets du sultan, ce furent les relations amicales que Sélim III entretenait avec Bonaparte par l'intermédiaire de son ambassadeur Sébastiani et les témoignages d'admiration du calife de l'Islam pour le vainqueur des Pyramides. Ces démonstrations étaient mal vues dans les milieux religieux où les agents de l'Angleterre et de la Russie avaient quelques accointances. Nul doute que le mouvement révolutionnaire qui renversa Sélim III ne fût en partie l'œuvre de ces deux puissances qui craignaient que le prestige du grand empereur ne lui valût la coopération de la Turquie. Or l'Angleterre luttait alors contre son ennemi redoutable, Napoléon, qu'elle cherchait à enserrer dans ses griffes. Elle savait mieux que personne tout le parti que son adversaire pouvait tirer d'une alliance avec la Turquie. Napoléon reprenant avec le concours de l'empire ottoman et l'appui du calife la politique inaugurée précédemment en Egypte et en Syrie eût été invincible. Mais s'il inspirait quelque confiance à Sélim, il n'en était pas de même du peuple turc qui avait gardé de son agression contre l'Egypte une impression défavorable. Qui eût osé, du reste, se porter garant de la sincérité de Bonaparte. Ce Corse avait toutes les fourberies. Il ne conformait pas toujours sa conduite aux beaux principes dont il faisait grand étalage, ni aux jugements qu'il émettait, soit sur les événements, soit sur les personnes avec lesquelles il était en relation, soit sur les pays dont il convoitait l'amitié. Ainsi, il disait en parlant de la Turquie : « Calculer la durée des guerres, le nombre des campagnes qu'il faudrait un jour entreprendre pour réparer les malheurs résultant de la perte de l'empire Ottoman serait impossible ? » L'ambassade de Sébastiani ne démontre-t-elle pas qu'il tenait à sauvegarder l'indépendance de la Turquie et désirait son relèvement pour opposer un jour cette puissance à la Russie sur le Dniester, le Danube et la Mer Noire ; il était moins sincère lorsqu'il écrivait au czar Alexandre peu de temps après la chute de Sélim III : « Un coup du ciel vient de me dégager à l'égard de la Sublime Porte : Mon allié et ami le sultan Sélim, vient d'être précipité du trône dans les fers. J'avais cru qu'on pouvait faire quelque chose de ces Turcs, leur rendre quelque énergie, leur apprendre à se servir de leur courage naturel ; c'est une illusion. Il faut en finir avec un empire qui ne peut plus subsister et empêcher que ses dépouilles ne contribuent à augmenter la domination de l'Angleterre » (1).

Reconnaissants à l'Angleterre pour les services qu'elle avait rendus à la Turquie dans l'expédition d'Egypte, les ulémas étaient très hostiles à la France. Peut-être craignaient-ils pour l'islamisme la conquête de Constantinople par cet homme extraordinaire dont ils admiraient le génie, mais dont ils redoutaient également les desseins ténébreux et les entreprises hasardeuses. Sans doute l'agression des Anglais contre la capitale et contre l'Egypte aurait dû leur ouvrir les yeux s'ils avaient été plus clairvoyants, mais ils attribuèrent cette levée de boucliers à la nécessité pour l'Angleterre de vaincre la résistance du sultan.

Il était évident que dans les conflagrations européennes suscitées par Napoléon le meilleur parti à prendre pour la Turquie c'était de garder une stricte neutralité. Napoléon ne lui offrait rien en échange de sa coopération à l'œuvre extravagante qu'il avait élaborée et dont la réalisation était impossible, rêve de gloire échafaudé sur des combinaisons qui n'avaient aucune base solide ! Sélim III (2) n'avait rien à faire dans cette

(1) Napoléon offrait au Czar l'empire d'Orient s'il consentait à se séparer de l'Angleterre. C'était sa dernière carte qu'il jouait dans cette émouvante partie qu'il perdit, d'ailleurs, entraînant dans sa ruine la France.

(2) Ici apparaît la faute commise par Sélim qui, en abondonnant l'Angleterre pour s'attacher à la fortune chancelante de Napoléon, s'exposait aux plus graves périls.

galère et pour s'y être embarqué imprudemment, il s'est vu assailli et détrôné par ses propres sujets.

Méritait-il le sort qu'on lui fit subir? En aucune façon; car au fond il était animé d'un grand zèle pour le bien public. L'espèce de fascination que Napoléon exerça sur lui ne saurait lui être imputée à crime, il avait séduit tant d'autres par le rayonnement de sa gloire et le prestige de ses armes. Si Sélim s'était maintenu sur le trône, il aurait certainement accompli quelques réformes utiles mais le projet qu'on lui a prêté de doter l'empire d'un régime constitutionnel n'a existé que dans l'imagination de quelques publicistes qui ont cru bénévolement que l'empire turc pouvait se transformer tout d'un coup en un État européen. Où Sélim aurait-il, d'ailleurs, puisé cette inspiration, est-ce dans ses rapports avec Napoléon ou dans ses relations avec le Czar? Le despotisme militaire sévissait à son époque sur toute l'Europe et l'éducation de Sélim III ne l'avait pas préparé à goûter les discours d'un Pitt ou de l'un de ses émules au parlement britannique.

CHAPITRE IX

MAHMOUD II

Les sultans et l'oligarchie turque. — Débuts d'un règne. — Paix avec l'Angleterre. — Guerre avec la Russie. — Traité de Bucharest (1812). — Avantages de ce traité. — Insurrections en Serbie. — Révoltes en Arabie. — Soulèvements en Epire. — Guerre de l'indépendance hellénique (1821), causes de cette guerre. — Intervention de l'Egypte. — Défaite des Grecs. — Intervention de l'Europe. — Désastre de Navarin (1828). — Destruction des janissaires. Inconvénients de cette mesure, contrepoids à l'absolutisme des sultans. — Guerre turco-russe. — Traité d'Andrinople 1829. — Reconnaissance de l'indépendance grecque (1830). Mécontentement des ulémas. — Opposition aux réformes. — Révolte de Méhémet-Ali. — Bataille de Nézib. — Traité d'Unkar Eskelessi. Succès de l'armée d'Ibrahim Pacha, fils de Méhémet-Ali. — Occupation de Brousse par les troupes égyptiennes. — Intervention de l'Europe.— Mort de Mahmoud II, son caractère. — Réformes militaires et réformes civiles. — Question d'Orient. — Attitude hostile de l'Europe. — Le régime turc et ses dangers. — Responsabilités du parti fanatique. — Progrès et réaction. — Faiblesse de Mahmoud II.

La crise qui venait de se dénouer par la mort de Moustapha IV et de Baïrakdar avait laissé le sceptre de l'Empire aux mains de Mahmoud, qui montrait déjà d'heureuses dispositions Il avait grandi dans la tempête et son jugement s'était mûri, pour ainsi dire, au feu de la guerre civile. Il ne dut la vie qu'à cette raison qu'il était le seul survivant de sa dynastie et comme on n'avait pas de compétiteur à lui opposer, on le laissa régner, assurant par là le salut de la monarchie. C'est que l'oligarchie ottomane, cause de tant de troubles et de tant de révolutions sanglantes, ne saurait se passer d'un sultan. Les fonctionnaires turcs sont comme ces oiseaux de proie qui ont besoin d'avoir à leur tête un entraîneur. Cet entraîneur, c'est le souverain. La disparition du dernier rejeton de la famille impériale pouvait, en effet, causer la perte de ces perturbateurs de l'ordre public, de ces exploiteurs, de ces oppresseurs du peuple qui n'auraient plus trouvé un chef pour les protéger et pour légitimer leurs crimes. Il leur fallait un régime despotique et une tête couronnée qui attirât sur elle les foudres populaires, tandis qu'ils se livreraient aux exactions et au pillage.

Il leur fallait un gouvernement peu stable qui favorisât les révoltes militaires et le désordre dans la rue, une administration d'une extrême mobilité qui permît aux titulaires des emplois de s'enrichir promptement et de laisser la place à d'autres. Que leur importait que le sultan s'appelât Moustapha, Ahmed ou Mahmoud ? L'essentiel était qu'il y en eût un qui revêtît un caractère religieux et politique afin que les desservants de la mosquée, aussi bien que les serviteurs, du trône pussent continuer de vivre d'abus et de vols.

En montant sur le trône en 1808, Mahmoud ne laissa pas deviner ses intentions, mais il poursuivit avec une égale énergie deux buts : la destruction des janissaires et l'humiliation des ulémas. Le premier fut atteint, il dut renoncer à réaliser le second qui, au point de vue du succès des réformes, était tout aussi important.

Pendant sa minorité, ce furent ses ministres qui gouvernèrent l'Empire. Ils n'eurent rien de plus pressé que de conclure la paix avec l'Angleterre. La Russie refusa, dans cette circonstance, de suivre son alliée (1) et continua la guerre.

La campagne de 1809 avait été funeste aux Ottomans,

(1) L'Angleterre et la Russie s'étaient unies contre Bonaparte.

celle de 1810 ne leur fut guère plus favorable et l'année suivante s'annonçait comme devant être désastreuse, quand les hostilités éclatèrent de nouveau entre le Czar et Napoléon. La Russie, malgré les succès remportés par ses généraux sur le Danube et en Asie, fit aussitôt des ouvertures de paix qui, bien accueillies du divan, amenèrent la signature du traité de Bucharest en 1812, la Turquie retrouva la situation qu'elle avait perdue en Moldavie, en Valachie et en Serbie. Cette paix fut pour elle un véritable soulagement.

En revanche, la situation en Europe, déjà précaire, s'était aggravée. La lutte épique engagée entre l'Angleterre unie à la Russie et Napoléon allait prendre des proportions gigantesques. Le sol européen était piétiné sous les pieds des chevaux, le commerce périclitait, la misère sévissait partout, chez les vainqueurs aussi bien que chez les vaincus, mais la gloire planait au-dessus de ces ruines et leur donnait des reflets d'une réelle beauté. Le courage, l'héroïsme, l'attirail des guerres, le bruit des canons, le roulement des tambours, le crépitement de la poudre, le cliquetis des sabres, les éclairs lumineux des baïonnettes, les peuples ne voyaient plus que cela, et l'on s'y était tellement habitué qn'on ne songeait guère à mettre fin à ces luttes aussi ruineuses que meurtrières.

On a dit de la paix de Bucharest qu'elle avait été funeste à la Turquie. On en cherche vainement les raisons. La Turquie était profondément troublée à l'intérieur, les dernières victoires des Russes avaient démoralisé l'armée et le trésor était vide. Le divan pouvait-il prévoir la victoire de Bordino remportée par Napoléon et quand bien même il l'aurait prévue, quel profit en eût-il retiré ? Ne valait-il pas mieux, dès lors, accepter les propositions du Czar qui, entre autres avantages, lui permettaient d'adopter certaines mesures que réclamait la situation intérieure de l'Empire.

L'insubordination dans les provinces était devenue la règle générale et l'attitude de Méhémet-Ali inquiétait particulièrement le divan. Le traité de Bucharest a peut-être empêché la Turquie de prendre part au remaniement de la carte de l'Europe, après la chute de Napoléon, mais à quoi aurait-elle pu prétendre, l'Europe étant résolue à tout lui refuser ? Le traité de Bucharest la laissait, au moins pour quelque temps, maîtresse de la Moldavie et de la Serbie. Il n'eût tenu qu'à elle de garder ces pays sous sa domination si, au lieu de se livrer à des représailles contre les habitants, elle s'était appliquée à les bien gouverner. Elle demeura malheureusement attachée à ses vieilles pratiques de despotisme et se crut tout permis : exactions, meurtres, viols. La révolte des Serbes devait fatalement entraîner celle des Grecs, pendant que Méhémet-Ali, profitant de ces complications, consolidait sa position en Egypte. Tout le mal venait de la condescendance du sultan envers les fonctionnaires, ou plutôt de son impuissance à les réformer. Il lui était loisible de les punir, de les destituer, voire même de les condamner à l'exil ou à la mort ; quant à les rendre justes et honnêtes, il devait y renoncer et toute son énergie ne lui permit pas de maintenir à son poste le seul homme qui eût peut-être conservé la Serbie à l'Empire.

Mahmoud avait, en effet, trouvé en Eben Bekri un sage administrateur qui avait su rétablir, pour un moment, l'ordre dans cette province. Bientôt, les janissaires y firent irruption, sous la conduite de leur chef, Paswan-Oghlou. Ils en chassèrent Eben Bekri et livrèrent le pays à feu et à sang. Les Serbes exaspérés se rangèrent sous la bannière de Kara Petrowitch qui battit les janissaires et les força de chercher un refuge dans la citadelle de Belgrade. La Porte lui suscita un compétiteur, Obernewitch qui, plus heureux que Milosch, obtint dans la suite pour son pays l'autonomie (1817) que les Serbes devaient échanger contre une complète indépendance.

Le sultan laissait le vaisseau de l'Etat aller à la dérive. Ce fut pour la Turquie la cause de bien des calamités : insurrections en Serbie et en Grèce, révoltes en Arabie où les Wéhabites venaient d'entrer à la Mecque et à Médine. La Porte dut même recourir à Méhémet-Ali pour vaincre cette dernière rébellion qui mettait en danger l'existence du califat. Méhémet-Ali était un prince trop avisé pour refuser une telle mission qui augmentait son prestige, il s'empressa de l'accepter. La lutte fut longue, mais elle se termina à l'avantage des troupes égyptiennes (1818). Méhémet-Ali rendit à la Turquie, dans cette circonstance, un signalé service. Il n'en fut pas de même d'Ali Pacha de Janina, célèbre, dans l'histoire ottomane, par l'insurrection qu'il fomenta en Epire.

Promu aux fonctions de gouverneur général de cette province, il avait été chargé tout d'abord de la répression des Souliotes, tribu albanaise qui toujours sut défendre énergiquement son indépendance. Depuis 1792 Ali guerroyait contre cette peuplade belliqueuse qu'il n'arrivait pas à soumettre. Il dut entreprendre finalement un siège en règle contre la montagne où ces guerriers s'étaient refugiés avec leurs familles. Il espérait, par ce moyen, les affamer. En effet, il leur fut impossible de se ravitailler ; ils eurent alors recours à la ruse : tandis que leurs femmes et leurs enfants exécutaient des danses guerrières sur le sommet de la montagne, ils s'évadèrent et se réfugièrent en Grèce.

Deux campagnes heureuses, entreprises en Thessalie et en Macédoine, rendirent le nom du pacha de Janina populaire dans tout l'Empire, mais souleva en même temps la méfiance de la Porte. Sur ces entrefaites, Ali ayant refusé de se rendre à l'invitation du grand vizir qui l'avait appelé à Constantinople, le sultan décréta sa déchéance. Ali n'en tint aucun compte. Il ameuta les Grecs contre la Porte ; les montagnards du Pinde épousèrent sa querelle et bientôt ceux de la Morée et de l'Attique se joignirent à lui. Combien dut-il regretter d'avoir chassé de leur pays les Souliotes, qui auraient été pour lui de précieux auxiliaires.

Le divan fit marcher contre le rebelle un corps d'armée qui remporta un premier succès au défilé de Crio-Néro. Enfermé dans Janina, Ali se vit abandonné de ses lieutenants. Trahi par ses fils, il s'enferma dans le château, laissant la ville à l'ennemi qui s'en rendit maître ; quelques sorties heureuses ayant ranimé le courage de ses soldats, ceux-ci parvinrent à chasser les assiégeants.

Ali appela à son aide les Albanais qui, mécontents des mauvais traitements que le grand vizir leur avait infligés, firent cause commune avec lui. Grâce à ce secours inespéré, il parvint à tenir en respect l'armée ottomane, tandis qu'il travaillait toujours à soulever la Grèce contre la Turquie. Les Hellènes lui doivent en partie leur émancipation, en ce sens qu'il sut leur rendre la foi en leur antique indépendance.

La Grèce était à cette époque plongée dans les ténèbres de l'ignorance, mais l'amour de la liberté enflammait tous les cœurs. Les abus commis par les gouverneurs turcs, les exactions des primats de la nation, devenus les agents de la Porte et les spoliateurs de leurs concitoyens, les excitations de la Russie et les appels de leurs popes enhardirent les Grecs qui se soulevèrent contre le joug ottoman en masses compactes.

La tentative était des plus audacieuses, l'exemple

d'Ali l'avait certainement provoquée, dans une large mesure, tant en Epire, qu'en Thessalie.

La liberté s'était réfugiée sur le Pinde, sur le Parnasse, en Laconie et en Mésénie sur les sublimes hauteurs.

Il semble d'ailleurs que, dans cet ordre de faits, ce soit la montagne qui assainisse toujours la plaine. Certes, les Kleptes et les Palikares n'étaient que des brigands qui vivaient de pillage et qui, au nom du Christ, dévalisaient les passants ou les assassinaient. Ils avaient pourtant conservé quelques étincelles de patriotisme qui rachetaient ce que leur conduite avait de criminel. Ils possédaient au plus haut degré l'amour de l'indépendance qui seule est capable de créer et d'entretenir dans les âmes l'amour de la patrie.

Le désir d'émanciper la Grèce couvait également ailleurs : l'Europe, à son tour, s'était passionnée pour l'hellénisme ; ses poètes, ses universitaires, ses savants, ses officiers, se liguèrent pour rendre à la Grèce son autonomie. C'était une sorte de croisade prêchée par des parnassiens, tels que Victor Hugo, Casimir Delavigne, Lord Byron qui, en célébrant les exploits des Canaris, des Botzaris et de tant d'autres héros, armèrent pour la délivrance de la Grèce les Fabvier, les Jourdain, les Toutier, les Santa-Rosa, les Balerte, les Washington, les Norman, les Edouard Church, les Hasting, les Stanhope, etc.

Les Turcs avaient toute l'Europe contre eux ; dès lors la lutte qu'ils soutenaient devenait sans objet. Ils se fussent sans doute arrêtés dans la voie de la répression s'ils avaient pu démêler les causes de cette sympathie profonde dont la manifestation les irritait, les exaspérait jusqu'à les pousser aux pires excès.

Cette sympathie s'expliquait jusqu'à un certain point et par la culture intellectuelle des Européens et par cette raison particulière que, à la suite de l'épopée napoléonienne qui s'était terminée d'une façon si tragique, l'Occident était retombé dans un calme plat, dans une sorte de torpeur dont il fut réveillé par les coups de canon de Patras et d'Hydra. Mais ce qui donnait aussi à cette guerre de l'indépendance un caractère héroïque, propre à exciter l'enthousiasme des peuples, c'était les rencontres sur mer, ces combats dans lesquels s'illustrèrent les Canaris, les Miaulis, les Tombazis, alors qu'on vit les Grecs

> ...Tels qu'un vol d'oiseaux carnassiers, dans l'aurore,
> De cent mille avirons battre le flot sonore.

Scènes émouvantes illuminées par les brûlots vengeurs que les barques grecques portaient en leurs flancs.

Pour vaincre l'insurrection, Mahmoud fut obligé d'avoir recours de nouveau à Méhémet-Ali, qui envoya au secours du sultan une flotte et un corps d'armée commandé par son fils Ibrahim. Celui-ci se couvrit de gloire, tant par les victoires qu'il remporta sur les ennemis de son pays, que par la modération dont il fit preuve pendant toute la durée de cette mémorable campagne et dont il ne se départit qu'une seule fois.

Son arrivée en Grèce permit au grand vizir, Rechid Pacha, d'entreprendre le siège de Missalonghi défendue par Botzaris, frère de Marco. Georges Canaris et Démetrius Echemelis se trouvaient dans les murs de la ville assiégée.

L'illustre marin Miaulis, célèbre par ses exploits, était chargé de ravitailler la place. Il réussit à y faire pénétrer des vivres et des munitions, tandis que plusieurs phalanges grecques passaient au travers des lignes ennemies et venaient renforcer les héroïques défenseurs de la cité.

Réchid livra, sans succès, plusieurs assauts à la ville

et finit par appeler à son secours Ibrahim. Celui-ci, conseillé par des officiers européens, investit complètement la place et devint ainsi maître de toutes les issues y conduisant. Missalonghi, ne pouvant plus recevoir du dehors ni vivres, ni effectifs devait fatalement succomber (1826).

Les assiégés firent une sortie générale avec femmes et enfants ; ils avaient mangé jusqu'aux chevaux et aux chiens, il ne leur restait plus que quelques munitions de guerre. Instruit par un espion de leur mouvement de retraite, Ibrahim les attaqua à la tête des Egyptiens et des Albanais qui en firent un horrible carnage.

Après la prise de Missalonghi, soit lassitude, soit pour éviter des conflits avec le grand vizir, Ibrahim s'était retiré à Modon laissant à Réchid l'honneur de mettre le siège devant Athènes qui capitula en 1827. Les Grecs affaiblis par leurs divisions, plus encore que par leur défaites, faillirent perdre le fruit de leurs efforts. Ils retournèrent à leurs dissertations habituelles dans les congrès. Ils étaient fatigués de combattre, mais ils pouvaient encore parler.

L'assemblée d'Epidaure ne mit pas fin à leurs discussions ; ils parvinrent toutefois à formuler leurs revendications qui furent repoussées par la Porte, attendu que, s'ils avaient été les vainqueurs, ils ne se seraient pas montrés plus exigeants.

Un autre congrès se réunit à Zaïmis et un troisième à Egine. C'était le prélude de la guerre civile à laquelle les primats poussaient de toutes leurs forces, assurés de pouvoir reprendre, avec la domination turque, leur ancienne situation dans le pays. Cette lutte fratricide allait éclater, quand l'intervention de Sir Ed Church et de Lord Cochrone amena une entente entre les dissidents.

Convoqués à Trézène, ils nommèrent Jean Capo

d'Istria président de la République hellénique. Capo d'Istria avait longtemps habité Corfou. Au congrès de Vienne en 1815, où il siégea en qualité de représentant de la Russie, il avait pris la défense des intérêts de la Grèce. Les vaincus ne pouvaient faire un meilleur choix. L'intervention de l'Europe fut sollicitée. La France, l'Angleterre et la Russie s'unirent pour adresser une sommation aux belligérants, leur demandant de cesser les hostilités. Il était facile pour les Grecs d'accepter une telle injonction, mais victorieuse sur toute la ligne, la Turquie pouvait-elle obéir? Un armistice fut néanmoins signé, l'observation n'en était guère aisée. La flotille qui opérait pour le compte de la Grèce, continua ses attaques et Ibrahim reçut l'ordre de reprendre les opérations, un moment suspendues, et de les pousser avec vigueur.

Le fils de Méhémet-Ali s'étant départi, cette fois, de la modération dont il avait fait preuve durant cette longue expédition, permit à ses troupes de se livrer à toutes sortes d'excès contre les Grecs et s'attira, par là, le mécontentement des puissances. Celles-ci se décidèrent à intervenir. Les escadres françaises, russes et anglaises combinèrent leurs mouvements en vue d'une manifestation contre la flotte turco-égyptienne. Un ultimatum fut adressé à Ibrahim lui enjoignant d'évacuer la Morée et de ramener ses vaisseaux, soit à Alexandrie, soit dans les Dardanelles. Pour appuyer cette sommation, les flottes alliées pénétrèrent dans le port de Navarin où quatre-vingt-trois vaisseaux égyptiens et turcs étaient alignés. Un coup de fusil ayant tué un marin anglais, en même temps qu'un vaisseau français recevait un obus lancé par un vaisseau égyptien, la mêlée devint générale. La bataille dura six heures. Quand le canon se tut et que le vent eût dissipé la fumée qui couvrait le port d'un voile épais, il ne restait plus en rade que quinze vaisseaux turcs, réduits à un état lamentable. La Porte, en apprenant ce grand désastre, adressa une protestation énergique aux puissances qui s'étaient rendues coupables de cette agression. Les termes en étaient si vifs, que la Russie y répondit par une déclaration de guerre. Mahmoud fit un appel pressant aux musulmans pour les engager à combattre les infidèles. Ibrahim dut se rembarquer avec son armée, pour rentrer dans ses Etats, sur les quelques vaisseaux échappés au désastre de Navarin (1828).

Entre les années 1826 et 1827, se place l'événement qui rendit le nom de Mahmoud II si célèbre dans les annales de l'Histoire, nous voulons parler de l'extermination des janissaires. La présence des Egyptiens permit au sultan d'y procéder sans danger ; mais la bataille de Navarin démontra qu'il s'était encore trop hâté, car l'absence des janissaires va se faire sentir terriblement dans la guerre turco-russe qui eut son dénouement en 1829 par le traité d'Andrinople. La Russie, disions-nous, s'était empressée de relever le gant que Mahmoud venait de jeter aux puissances de l'Europe dans un ultimatum qu'il était en droit de leur adresser ; car leur conduite à Navarin fut vraiment indigne. Les résultats des opérations menées par les généraux moscovites, furent défavorables à la Porte ainsi qu'on devait s'y attendre. Depuis vingt ans que les armées turques étaient occupées à réprimer des insurrections, elles s'étaient épuisées et, malgré les efforts qu'elles firent pour répondre à l'appel du sultan, elles devaient succomber à la tâche qui leur fut imposée.

L'extermination des janissaires était, certes, une mesure nécessaire, indispensable même, mais le moment fut incontestablement mal choisi pour la mettre à exécution. Il est vrai que Mahmoud n'avait que cette idée en tête et il voulut la réaliser à l'heure où il pouvait encore compter sur l'armée égyptienne peu éloignée de la capitale. Il y a d'autres réserves à formuler. L'existence des janissaires constituait un contre-poids utile à l'autorité exorbitante des sultans qui les redoutaient. Leur disparition allait déchaîner sur la Turquie le fléau du despotisme et permettre à ses souverains de jouir d'une complète impunité.

L'opposition des ulémas à cette mesure draconienne avait d'autres mobiles. Ceux-ci se voyaient privés d'une arme salutaire dont ils avaient coutume de se servir contre leurs monarques, soit dans un but intéressé, soit lorsqu'ils voulaient les ramener dans la voie de la sagesse. Cette arme était à jamais brisée et, du même coup, Mahmoud se débarrassait des mutins de l'armée et condamnait leurs complices à l'impuissance. C'était une grande victoire pour le sultan qui renforçait, par là, son pouvoir absolu et en étendait les limites.

L'extermination des janissaires commença nuitamment dans la capitale et dura plusieurs jours. Un décret implacable enjoignit à tous les gouverneurs de province de les faire égorger sans merci. Ils ne méritaient aucune pitié, mais il y avait quelque lâcheté à les traquer comme des fauves, les poursuivant, le poignard à la main, jusque dans les maisons où ils avaient trouvé un refuge. L'heure de l'expiation avait sonné pour ces malheureux dont les services étaient oubliés. On ne leur tint compte ni des conquêtes qu'ils avaient faites, ni des batailles qu'ils avaient gagnées, ni de la gloire qu'ils avaient amassée. Il fallait avant tout que le sultan pût dormir tranquille dans son harem. C'est pour atteindre ce résultat que quarante mille janissaires périrent à Constantinople. On évalue à quatre-vingt mille le nombre de ceux qui furent massacrés dans les autres villes. La Russie ne dissimulait pas sa joie. Le sultan venait de la débarrasser d'un ennemi redoutable et de lui assurer le gain de plusieurs batailles. En réalité, elle fut seule, parmi les puissances, à profiter de la disparition de cette milice turbulente, mais d'une incontestable valeur militaire.

Mahmoud usait, après tout, de son droit de despote et de chef d'Etat en faisant disparaître cette troupe d'élite qui, plus d'une fois, menaça la sécurité du trône par ses séditions et qui affichait avec le mépris de la mort un grand dédain pour l'ordre public. Il n'avait accompli que la moitié de sa tâche n'ayant voulu rien entreprendre contre les véritables fauteurs des troubles qui se tenaient dans les coulisses. Il n'osa pas, en un mot, s'attaquer aux ulémas qui, eux, se déclarèrent ouvertement contre lui, l'accusant d'être un « giaour » (impie) parce qu'il avait introduit quelques coutumes européennes dans le palais et qu'il avait modifié son costume. Il fut même insulté dans la rue par des derviches énergumènes ; il préféra les considérer comme des fous. Son œuvre s'achevait et, n'étaient les complications extérieures, il aurait pu se livrer à la joie de vivre dans une parfaite quiétude. Que vaut, en effet, un trône quand il est menacé par les entreprises extérieures, ou qu'il est exposé périodiquement aux révoltes d'une soldatesque effrénée ? La disparition des janissaires laissait, sans doute, un grand vide dans l'armée, mais étant donné que les sultans ne pensent qu'à leur repos et à leur sécurité, à laquelle ils subordonnent tout, Mahmoud ne s'en souciait guère.

La lutte contre la Russie se changea bientôt en désastre. Réchid, qui commandait la jeune armée ottomane, sentit, en diverses rencontres, le besoin d'être soutenu par de vieilles troupes, habituées au feu, inébranlables devant la mitraille.

Il avait à combattre l'un des généraux les plus audacieux que la Russie ait jamais opposés aux armées turques, Diébitch, qui remporta la brillante victoire de Kolovotcha laquelle fit tomber Sillistrie entre ses mains. Le grand vizir réfugié à Schoumla, y attendait l'ennemi quand Diébitch, ayant assuré sa ligne de retraite, s'enfonça avec une partie de ses troupes dans le défilé de Nadir Derbend et déboucha à Bourgas, en Bulgarie. Les Ottomans n'avaient pas prévu cette marche hardie et lorsqu'ils en furent avertis, il était trop tard.

Réchid accourut à la hâte pour prendre sa revanche et se fit battre à Aïdos et à Slivno. Diébitch se dirigea vers Andrinople dont il se rendit maître, sans coup férir. Toutes les villes ouvrirent leurs portes au vainqueur qui arriva, sans encombre, jusqu'à la mer où il rencontra la flotte russe. Diébitch était maître de la capitale et il ne tenait qu'à lui d'y faire une entrée triomphale.

Le général Paskiévitch remportait également en Asie quelques brillants succès, enlevant successivement aux Turcs Erzeroum, Baïhourt et Trébizonde.

La Porte sollicita la paix par l'intermédiaire de la Prusse. Elle fut signée à Andrinople le 14 septembre 1829.

Le traité rectifiait la frontière asiatique de façon à isoler complètement la Turquie du Caucase. En Europe, il conférait de nouveaux privilèges à la Moldavie et à la Valachie et les hospodars nommés à vie ne pouvaient être destitués que dans certains cas prévus, après avoir obtenu l'assentiment du Czar. C'était reconnaître d'une manière formelle le protectorat de la Russie sur ces principautés. La Serbie conservait son autonomie et la Porte devait, en outre, payer à la Russie une forte indemnité de guerre.

Peu de temps après, le divan désirant liquider la situation pour jouir tranquillement des bienfaits de la paix, reconnaissait l'indépendance de la Grèce (1830). Cet acte de générosité, peut-on dire, donna satisfaction à l'Europe. Successivement, en moins de trente années, deux provinces s'étaient détachées de l'empire ottoman, la Serbie et la Grèce, sans compter que la Russie venait de préparer, par son intervention, la Valachie et la Moldavie à jouir des mêmes avantages.

Le règne de Mahmoud s'achevait tristement; car il lui était réservé de voir Méhémet-Ali, qui l'avait tant de fois secouru, prendre les armes contre lui. La perte de l'Egypte avait été très sensible à la Porte; elle s'y était pourtant résignée. Cette concession ne suffisait pas à Méhémet-Ali qui voulut joindre à ce beau domaine la Syrie, la Mésopotamie et l'Arabie.

Il y était poussé par le vieux parti turc insurgé contre Mahmoud. Plus heureux que son suzerain, Méhémet-Ali n'avait rencontré aucune opposition de la part des ulémas, lorsqu'il appela des officiers français pour organiser son armée.

L'infanterie égyptienne, moins résistante que l'infanterie turque, était plus mobile, mais il manquait au soldat l'amour du métier. L'Egyptien déteste la guerre et se ferait estropier volontiers pour n'avoir pas à porter un fusil. Attaché au sol que le Nil féconde de ses eaux, il ne rêve ni combats ni conquêtes. Quelques lentilles, quelques fèves, c'est tout ce qu'il demande à la vie. Malgré ces dispositions, les instructeurs français, sous le règne de Méhémet-Ali, étaient parvenus à en faire un bon soldat très alerte et très aguerri.

Les troupes égyptiennes remportèrent quelques brillants succès sur l'armée turque, en plusieurs rencontres, notamment à la journée de Nezib, où M. de Moltke fit ses premières armes. Fier de ces victoires et de l'ascendant dont il jouissait dans le monde musulman, Méhémet-Ali pensa que rien ne l'empêchait de devenir calife.

Il faillit réussir dans son hardi projet. Ses conquêtes

lui ouvraient les portes de l'Asie Mineure où le parti fanatique l'appelait dans l'espoir qu'il rétablirait le prestige de l'Islam.

Mahmoud ne se rendit pas suffisamment compte du péril qui le menaçait et ne fit pas l'effort nécessaire pour triompher de son vassal. Il vivait constamment dans une atmosphère de flatteries rendue si opaque par l'encens des courtisans qu'il n'avait plus la perception nette des dangers qu'il courait.

La révolte de Méhémet-Ali ne pouvait qu'encourager les ulémas dans leur opposition contre Mahmoud.

Ils l'accentuèrent au point qu'ils ne voulurent plus entendre parler d'aucune réforme et Mahmoud saisit ce prétexte pour les ajourner indéfiniment. Eût-il jamais l'intention d'en faire, sauf dans son armée? Nous en doutons et nous en avons donné les raisons.

En revanche, il mit une certaine coquetterie à se présenter au public comme un réformateur. Il déclarait aux ambassadeurs qu'il voulait faire le bien de son pays en y introduisant la civilisation de l'Occident.

Qui donc l'en a empêché? Si ce sont les ulémas, que ne les a-t-il traités comme les janissaires? Il eut l'énergie nécessaire pour faire aboutir son premier projet, que n'en a-t-il montré tout autant pour ce qui visait l'administration? Il semble qu'il n'ait cherché dans tous les actes de son règne qu'à mettre en relief sa personnalité.

Il désira laisser aux générations futures son effigie et de plus, il fit reproduire ses traits par le pinceau.

Des milliers d'exemplaires de son portrait furent distribués pour être placés dans les casernes et dans les conaks des gouverneurs. Or, comme l'islamisme interdit les images, ceci acheva de le perdre dans l'esprit des fanatiques.

Quelques jeunes gens furent envoyés par lui en

France pour y faire leur éducation. Il eût été mieux inspiré s'il s'était occupé de l'éducation de ses enfants ou de celle de ses frères, il eût donné dans ce cas plus d'instruction à Abdul-Méjid, il eût même peut-être épargné à l'empire le règne dispendieux d'Abdul-Aziz et cet autre règne rempli de sang, saturé de crimes et de hontes, celui d'Abdul-Hamid II (1876).

Il convient de dire cependant, à sa décharge, qu'il rencontra sur son chemin bien des obstacles et qu'il fut malheureux dans toutes ses entreprises, jusque dans cet acte solennel de grand justicier qu'il accomplit à un moment où il avait besoin de toutes les forces vives de l'empire pour les opposer à l'ennemi.

Manquait-il de sens politique ? En aucune façon.

Le voyage qu'il entreprit dans ses provinces d'Europe pour se concilier les éléments roumains et serbes, constamment travaillés par la Russie, démontre qu'il avait reconnu la source du mal dont la Turquie souffrait depuis si longtemps. Ce qui prouve, d'ailleurs, qu'il avait frappé juste, c'est l'affolement de la diplomatie moscovite à l'annonce de ce voyage, notamment lorsqu'elle lut le manifeste adressé par Mahmoud à ses sujets chrétiens dans lequel il exprimait son désir de faire le bonheur de ses peuples sans distinction de religion ou de race.

Le sultan était-il sincère dans ce qu'il disait ? On peut en douter. Du reste, comme les ulémas et les dévots fanatiques s'y montraient opposés, ses volontés les plus formelles auraient été méconnues par les fonctionnaires de tout rang et de tout grade affiliés au clergé.

On se méprend généralement en Europe sur la véritable puissance des sultans. Absolue en théorie, cette puissance décroît et devient précaire dans la pratique. Elle est entravée et parfois annihilée par la coalition des intérêts des trois classes les plus influentes qui se partagent le gouvernement : le clergé, l'armée, l'administration. Ces trois classes sont d'accord en apparence pour faire des réformes, en réalité, elles n'en veulent point. Quant aux sultans nous avons déjà dit qu'ils ne désiraient pour la plupart que des réformes militaires, soit pour soutenir leur puissance au dehors, soit pour inspirer la terreur à leurs peuples opprimés si d'aventure ils avaient recours à la rébellion afin de s'affranchir de leur joug.

L'établissement d'un contrôle sévère et rigoureux fut toujours soigneusement écarté par les souverains de la Turquie, comme pouvant limiter leur pouvoir discrétionnaire et gêner leurs ministres, leurs généraux et leurs magistrats dans leurs malversations. L'idée dominante en Turquie, même au sein du peuple, est que le gouvernement doit être nécessairement représenté par une oligarchie avide et rapace ayant à sa tête un grand vizir qui la mène à la curée, une armée qui la protège et un sultan ou calife qui légitime ses actes, voilà le système. En un mot c'est l'exploitation du peuple par une catégorie de privilégiés que la faveur du prince élève aux plus hauts emplois où ils ont toute liberté d'agir à leur gré. Des réformes ayant pour objet de réglementer cette exploitation ne peuvent qu'être mal accueillies par les intéressés, ou si elles sont acceptées par eux, elles ne seront jamais exécutées alors même qu'elles figureraient en lettres d'or sur des firmans solennels. C'est ce qui explique que tant d'édits et de *hatti-chérifs* impériaux sont restés lettre morte, frappés de stérilité par l'opposition des classes dirigeantes. La preuve que les sultans n'ont jamais songé qu'aux réformes militaires résulte du reste clairement de la comparaison entre l'armée et le gouvernement civil. Les sultans ottomans, après bien des efforts et des vicissitudes, sont parvenus à créer une armée régulière d'une incontestable valeur, tandis que leur administration est demeurée entachée des vices les plus hideux qu'il soit possible d'imaginer.

Mahmoud II suivant l'exemple de Sélim III a complété l'organisation de ses troupes, mais comme Sélim aussi, il n'introduisit aucune réforme sérieuse dans le gouvernement. Les janissaires constituaient un obstacle à la réalisation de ce projet, il les supprima. En cela du moins, il différa de ses prédécesseurs qui ne surent pas faire preuve d'énergie et se laissèrent dévorer par l'hydre de l'anarchie au lieu de l'abattre à leurs pieds.

Il est également juste de reconnaître que Mahmoud ne fut point secondé dans ses tentatives de réformes par l'Europe. D'abord l'organisation d'une armée puissante inquiétait les Etats voisins qui avaient intérêt à ce que l'empire ottoman restât faible. Ensuite, si des réformes administratives avaient été introduites en Turquie, elles auraient donné dans ce pays un grand essor au progrès et le peuple ottoman serait devenu producteur au lieu de rester essentiellement consommateur et par conséquent tributaire de l'Europe pour tous les produits manufacturiers. C'est le mobile qui fait agir la politique européenne depuis un siècle. Il n'est ni noble, ni élevé, mais il s'adapte aux besoins économiques des peuples de l'Occident et s'accorde avec leurs aspirations modernes. C'est une politique terre à terre sans échappées vers l'idéal, mais éminemment pratique.

Combien plus chevaleresque était l'Europe des croisades, armée de pied en cap, choquant la lance contre le baudrier des guerriers arabes. La chrétienté en combattant à l'arme blanche les musulmans qui avaient envahi les Lieux Saints obéissait à un sentiment moral, à une raison supérieure qui relève la dignité de l'être humain ; que représente aujourd'hui cette société anonyme que nous appellerons « société d'exploitation de la question d'Orient ? »

Représente-t-elle une idée civilisatrice, une idée de justice et d'équité, est-elle une association guidée par des principes moraux ou bien une société d'hommes qui ont fait litière de l'honnêteté politique ? Il serait bon de le savoir.

La question d'Orient est née, en grande partie, de la nécessité de créer des débouchés au commerce européen, mais n'y a-t-il pas moyen de concilier les intérêts matériels de l'Occident avec les intérêts moraux des peuples asiatiques avec lesquels il trafique de ses produits. Que ne ménage-t-il ces peuples comme un commerçant ménage ses clients ? Pourquoi, après avoir renoncé à combattre sous la bannière du Christ, les gouvernements chrétiens continuent-ils leur croisade contre l'islamisme sous une autre forme, prétendant que les Turcs n'ont aucune aptitude pour la civilisation.

Certes, les hommes d'Etat ottomans par leur ineptie et leur ignorance ont rendu possible la formation de cette association cosmopolite qui exploite leur pays. La question d'Orient est devenue dès lors le pivot de leur politique. Ils trouvent qu'il est aisé de profiter des divisions et des jalousies qui existent entre les puissances pour se livrer à leur manie de persécution contre les chrétiens. Ils n'ont pas compris qu'ils ne pouvaient plus continuer la guerre religieuse alors qu'elle avait été abandonnée par leurs adversaires. En effet, les gouvernements européens ont modifié leur tactique. Au lieu de s'armer ouvertement contre l'islamisme, ils ont décidé, d'un commun accord, d'opposer une barrière au fanatisme mahométan de plus en plus agressif et depuis un siècle environ ils ont travaillé sans relâche à l'émancipation des peuples chrétiens naguère soumis au sceptre des sultans et qui jouissent maintenant de leur entière liberté.

Que devait faire la Turquie en cette occurence ? Elle

devait rompre avec ses vieilles habitudes, renoncer à son hostilité contre les chrétiens et à son despotisme. Par ce moyen, elle aurait rallié à sa cause tous les peuples conquis, ou tout au moins, elle les aurait maintenus dans son obéissance.

Mahmoud II s'était d'abord rendu compte de la nécessité de ce revirement, il avait solennellement proclamé son intention de traiter désormais ses sujets sur un pied d'égalité, mais il n'eût pas le courage de combattre la résistance du parti fanatique qui voulait continuer ses anciens errements. Il fut également mal servi par le parti civil sans compter que l'armée était réfractaire, comme elle l'est encore, à tout sentiment de tolérance : « Tout par le sabre » telle est la devise des Turcs, ce fut aussi la devise des Arabes ; voyez à quoi elle les a menés encore qu'ils aient porté longtemps le flambeau des sciences et des arts.

Nous allons assister à une lutte sourde entre les deux factions dont l'une essaiera d'introduire des réformes en Turquie et l'autre représentera la réaction. Cette dernière est encore la plus forte et la plus puissante, celle qui dispose de l'arsenal religieux. Si elle n'a pas les sympathies de l'Europe, elle est sûre de la fidélité et de l'attachement des musulmans à ses principes. De plus, les sultans suivent aveuglément ses directions. Avec elle, ils sont assurés non seulement de pouvoir vivre, mais aussi de faire régner le despotisme sur toute la surface de leur empire. Or, exercer le despotisme, c'est pour eux la chose essentielle, le point capital. Ils ne conçoivent pas la souveraineté sans la tyrannie. Ce régime déprime naturellement les caractères et rend les hommes obséquieux, vils et rampants.

La première réforme à faire en Turquie serait de relever le niveau moral et l'on ne peut y parvenir que par l'instruction. Il ne suffisait pas que Mahmoud II remplaçât le turban par le fez (1) ou le vêtement traditionnel par la stambouline (2) pour changer le tempérament de ses sujets et l'esprit de son entourage. Il fallait d'abord commencer par fonder des écoles où les jeunes Turcs auraient reçu une instruction secondaire appropriée à leurs besoins. Il fallait ensuite jeter les bases d'une grande université où les Ottomans se seraient formés sur le modèle des hommes illustres de la Perse et de l'Arabie.

Grâce à cette méthode on est parvenu aux Etats-Unis, à civiliser les nègres, race ingrate, à exhausser leur niveau moral jusqu'à en faire surgir des ingénieurs, des orateurs, et des philosophes, tels que Booker Washington qui de la condition d'esclave s'éleva par son mérite et sa vaste instruction au premier rang (3).

Il existe une opinion en Orient, c'est que les écoles primaires sont suffisantes. Ces écoles ont sans doute

(1) Bonnet en feutre rouge orné au sommet d'un gland de soie.

(2) Redingote sans revers pareille à celle que portent les ministres protestants.

(3) Il a retracé lui-même l'histoire de ses débuts dans la vie :

J'eus le privilège de commencer la vie de la même façon que la plupart des hommes de ma race, dans un cabanon de bois (*log cabin*) d'une seule chambre appartenant à une plantation de Virginie. Après l'esclavage, tandis que je travaillais dans une mine de charbon pour gagner la vie de ma mère et la mienne, j'entendis parler de l'Institut de Hampton, l'école que le général Armstrong avait fondée en Virginie, où l'on pourrait, en travaillant, payer une partie de sa pension. Presque sans argent et sans amis, à pied ou voituré par quelque voyageur complaisant, j'arrivai à Richmond sans un penny. Travaillant le jour sur un navire et couchant sur un trottoir, j'amassais assez d'argent pour arriver à Hampton. Là, je fus mis en contact direct avec la vie industrielle, l'économie, l'initiative, et je fus entouré d'une atmosphère d'affaires, d'influences religieuses et d'un esprit de *self-help* qui sembla réveiller toutes mes facultés et me fit comprendre, pour la première fois, ce que c'était que d'être un homme au lieu d'être un fragment de la vie d'autrui.

Pendant que j'étais à Hampton, je résolus d'aller plus tard vivre au cœur du « Sud », et de porter à mes frères les mêmes moyens de développement personnel et d'initiative que j'avais trouvés à Hampton.

leur utilité, mais elles ne sauraient remplacer les lycées et surtout les universités qui forment des citoyens capables de gouverner leur pays. Encore une fois, il manque à la Turquie des hommes. Ce qui fait la supériorité de l'Europe, ce sont ses ministres d'Etat, ses savants, ses ingénieurs, ses médecins, ses philosophes et jusqu'à ses monarques qui diffèrent essentiellement des sultans, ce sont surtout ces êtres exceptionnels auxquels elle donne naissance, qui honorent leur patrie et l'humanité, ce sont enfin tous ceux qui, doués d'un caractère viril, ne trouvent jamais que leur pays ait réalisé assez de progrès et travaillent ardemment à élargir ses horizons.

On chercherait vainement de ces hommes-là en Turquie et dans tout l'Orient. Le despotisme est incapable de produire au jour le citoyen, homme libre et indépendant qui, suivant le magnifique langage de Barbey d'Aurvilly « a tous les courages à la fois, qui est « l'homme de l'idée et de l'action, qui a la hardiesse « de l'esprit, la vaillance du cœur, la vigueur de la main, « qui debout dans l'arène, frappe d'estoc et de taille « jusqu'à ce qu'il ait atteint son idéal ou sans l'atteindre, « simplement pour remplir son devoir, qui fidèle à ses « principes et à ses affections ne les renie jamais et la « tête haute, les épaules carrées, la poitrine en saillie, « le cœur gonflé de sentiments généreux, vigoureux des « pieds à la tête, marche le front dans le ciel et les « pieds sur la terre avec un double sourire celui de la « bouche et celui des yeux. »

Mahmoud II aurait pu se rapprocher quelque peu, tout au moins comme énergie, de ce type admirable. En abandonnant la seconde partie de son programme et en restant loin de son armée pendant la guerre, il montra combien il était faible et, au fond, pusillanime. Il ne travailla pas à propager dans son empire la vraie civilisation, n'ayant pu se dépouiller lui-même ni de son fanatisme, ni des préjugés de sa race. Il ne fit, pour ainsi dire, que donner l'impulsion vers le progrès au grand corps de l'Etat, impulsion qui devait se ralentir et disparaître bientôt dans les désordres d'une administration qui tarissait les sources de la richesse publique et portait la plus grave atteinte aux intérêts nationaux.

Chez Mahmoud, disons-le sans ambage, la forme emportait le fond qui, du reste, était représenté par un bagage intellectuel et moral des plus minces.

Infatué de sa personne, il pensa qu'en imitant Pierre le Grand qui, au commencement de son règne, avait fait périr ses jeunes milices révoltées contre son autorité il atteindrait le niveau de la civilisation moscovite, mélange d'autocratie asiatique et d'administration européenne. Il n'oublia qu'une chose, c'est que les czars s'étaient constamment occupés de faire leur propre éducation et de perfectionner, en même temps, les rouages administratifs par la création d'une aristocratie intellectuelle. Pierre le Grand n'extermina pas seulement les Sterlitz, il fonda des écoles et des universités, il appela chez lui les savants de l'Allemagne et des pays voisins, il voulut enfin égaler l'Europe. Chez Mahmoud II rien de pareil ; ses actes avaient un caractère superficiel et d'apparat. On peut même dire que Méhémet-Ali lui fut supérieur en tout. Cet heureux vassal méritait, en effet, d'occuper la place de son suzerain et n'était l'attachement aveugle des Turcs à leur dynastie, ils l'eussent proclamé spontanément empereur et calife. Sorti des rangs comme Bonaparte, Méhémet-Ali ne fut pas seulement l'un de ces soldats de fortune qui parviennent jusqu'au trône, il eut toutes les qualités d'un sage administrateur et d'un chef d'Etat distingué. Il eût même été le premier homme politique de l'Orient s'il ne s'était trop hâté de réaliser son rêve de grandeur. Il aurait dû commencer par fonder d'abord l'empire arabe avant de songer à la conquête de l'empire turc. Les Ottomans étaient naturellement portés vers lui et cette sympathie devait lui suffire. La folie des sultans aurait fait le reste et la jeune dynastie égyptienne se serait établie plus lentement, mais aussi plus sûrement sur les antiques ruines de la dynastie abbasside.

Les Turcs y auraient gagné autant que les Arabes et l'Islam tout entier se serait peut être régénéré et rajeuni au souffle puissant de ce grand Albanais dont la merveilleuse histoire donne un flagrant démenti à ceux qui prétendent que les mahométans sont incapables de se civiliser.

CHAPITRE X

ABDUL-MÉJID

Politique de Méhémet-Ali. — Avènement d'Abdul-Méjid. — Succès de l'armée égyptienne. — Inquiétudes de l'Europe. — Intervention des puissances. — Opposition de la France. — Résistance de Méhémet-Ali suivie de sa soumission. — Troubles dans le Liban. — Attitude équivoque de l'Angleterre. — Duplicité de ses agents. — Captivité de l'émir Béchir. — Massacres des chrétiens (1845). — Complicité des Druzes et des fonctionnaires turcs. — Résistance des Maronites. — Premier règlement organique donné au Liban (1846). — Nouvelles réformes. — Hatti-Chérif de Gul-Khané. — Difficultés d'exécution des réformes. — La question des Lieux-Saints. — Rivalités entre les Grecs et les Latins. — Immixtion de la Russie. — Guerre turco-russe (1852). — Défaites des Ottomans sur le Danube. — Nouvelle intervention de l'Europe. — Coalition contre la Russie. — Prise de Sébastopol (1854), traité de Paris (1855). — Résultats négatifs. — Nouveaux troubles au Liban. — Complicité des fonctionnaires turcs. — Expédition française en Syrie (1860). — Vive opposition de l'Angleterre. — Responsabilités de la Porte et du sultan. — Suprématie du parti fanatique. — Caractère d'Abdul-Méjid, ses prodigalités, ses débauches. — Parti jeune-turc. — Faiblesse numérique de ce parti. — Forces de la réaction en Turquie. — Agitation parmi les chrétiens. — Avortement des réformes. — Creusement du canal de Suez. Intrigues de l'Angleterre.

Méhémet-Ali et son fils Ibrahim avaient compris que pour occuper dans l'Islam la place des califes il fallait de toute nécessité s'emparer de Constantinople sur laquelle les yeux des mahométans étaient fixés.

Ils croyaient l'un et l'autre avoir servi la religion ; mais s'ils avaient par deux fois arraché la ville sainte aux Wéhabites et rendu à sa vraie destination La

Mecque, capitale religieuse de l'islamisme, s'ils avaient soutenu la Turquie, objet de la convoitise de toutes les puissances chrétiennes, ils ne s'étaient pas enhardis jusqu'à prétendre que les descendants dégénérés d'Osman devaient leur céder la place, et cette discrétion suffisait à maintenir leur autorité et leur prestige chez les mahométans. Ceux-ci avaient bien toléré leur rébellion contre le sultan afin d'acquérir une certaine indépendance ; ils entendaient, toutefois, qu'ils bornassent là leur ambition et, par une coïncidence singulière, il s'est trouvé que l'Europe était du même avis.

Ce fut dans ces circonstances critiques qu'Abdul-Méjid arriva au trône. Il jouissait d'un bon renom, ayant tout ensemble le charme de la jeunesse et le prestige d'une couronne qui, malgré des catastrophes répétées, brillait encore d'un vif éclat. Il reçut néanmoins des puissances pour son avènement l'un de ces présents dont un souverain soucieux de son indépendance se serait passé volontiers.

Les cours étrangères inquiètes du succès des armes de Méhémet-Ali qui semblait préparer la revanche de l'islamisme signifièrent au divan leur volonté d'intervenir dans le conflit turco-égyptien (1839). La question d'Orient se trouvait ainsi posée sur les rives du Bosphore, question complexe dont nous avons défini la portée dans le chapitre précédent, plus complexe et plus entortillée que ne le fut, en aucun temps, la théologie bysantine. En réalité, l'Europe par cette intervention forcée prenait diplomatiquement possession de l'empire ottoman sur lequel elle exercera désormais des droits qu'aucune conquête ne lui avait déférés. C'est l'acte le plus audacieux que la politique européenne ait jamais accompli depuis les croisades.

Le nouveau sultan, découragé par les revers des généraux turcs sous le règne précédent, n'avait pas jusque-là adopté une ligne politique bien nette ; il laissa donc faire ses ministres qui signèrent en 1840 un traité avec l'Angleterre, la Prusse, la Russie et l'Autriche intimant à Méhémet-Ali l'ordre d'évacuer sur-le-champ l'Asie-Mineure. On lui laissait le gouvernement de la Syrie et de l'Arabie et on lui reconnaissait le droit de régner sur l'Egypte. La France s'était elle-même exclue de l'entente intervenue entre les puissances sus-mentionnées ou plutôt elle ne voulut pas s'associer à leurs résolutions, soit qu'elle fût hostile au projet des cabinets européens, soit qu'elle eût voulu intervenir ultérieurement en faveur de Méhémet-Ali, son protégé. Mais le roi trop timide refusa de suivre ses ministres dans une voie qui lui paraissait dangereuse et bien que le cabinet fût soutenu par l'opinion publique tout entière, il dut renoncer à ses desseins belliqueux et donna sa démission pour éviter des complications avec l'Angleterre et ses alliées.

Le règne d'Abdul-Méjid débutait ainsi par une sorte de vasselage déguisé auquel il lui était, du reste, difficile de se soustraire. Ce vasselage ouvrait à la Turquie, sinon une ère de prospérité et de gloire, du moins la perspective d'une vie facile, tentation à laquelle les hommes d'Etat ottomans n'ont jamais su résister. Etre protégée par les puissances et voir toutes les bourses se délier en Europe pour répandre sur l'Orient l'or des emprunts, la Turquie pouvait-elle désirer mieux ?

Méhémet-Ali commit une faute grave en tenant tête à la coalition européenne. Une escadre anglaise bombarda Beyrouth, y détruisit la flottille égyptienne, et débarqua une armée en Syrie. Aidée des Maronites et des Druzes, elle chassa les Egyptiens du Liban ainsi que de tout le littoral syrien, les enfermant à Saint-Jean d'Acre dont Ibrahim avait fait son magasin d'approvisionnements. Cette place criblée d'obus dut capituler. Ibrahim se replia alors sur l'Egypte ; l'amiral anglais l'avait devancé à Alexandrie où il somma Méhémet-Ali de signer un traité lui enlevant la Syrie et l'Arabie et ne lui laissant que la vallée du Nil. On était à la fin de l'année 1840, Méhémet-Ali espérait encore un revirement en sa faveur ; bientôt, il fut contraint de céder et accepta les conditions du traité. La Turquie était vengée, mais l'islamisme perdait l'une de ses chances de relèvement et l'empire ottoman une partie de son indépendance. On ne sait si Méhémet-Ali, devenu maître de Constantinople, aurait pu faire quelque chose pour la gloire de ses coreligionnaires, ni surtout, si ses successeurs se seraient montrés à la hauteur de leur tâche. Le fondateur de la dynastie égyptienne, nous le répétons, devait d'abord s'appliquer à ressusciter la puissance des Arabes, il aurait pu ensuite tenter d'opérer une fusion avec les Ottomans. S'il avait fait cela, il eût accompli une œuvre méritoire sans soulever peut-être contre lui l'hostilité de l'Europe.

En s'attaquant ouvertement au calife dans un pays où la religion est la base de toutes les institutions sociales et politiques, il touchait à la personne du Commandeur des croyants. Les musulmans se seraient résignés à voir les sultans de Constantinople s'amoindrir, décroître, s'étioler, s'avilir, tomber en décrépitude, mais ils n'auraient jamais permis à un prince de leur croyance de porter la main sur le domaine religieux du représentant du Prophète et voilà une des raisons pour lesquelles la tentative de Méhémet-Ali devait fatalement avorter.

L'intervention de l'Europe en cette affaire fut également nuisible à l'Egypte, comme à la Turquie : à l'Egypte, en ce qu'elle restreignit son action bienfaisante sur les pays mahométans, à la Turquie, en ce qu'elle aliéna sa liberté. Pour la sauver des mains d'un vassal, l'Europe lui imposa son joug ; car nul aujourd'hui n'oserait prétendre que l'empire ottoman jouit de son indépendance. La seule liberté qu'il ait, c'est de mal gouverner ses peuples et de les opprimer. Etrange politique, en vérité, qui ne favorisait, ni les intérêts des puissances, ni ceux de leurs ressortissants en ce qu'elle diminuait l'importance des débouchés que les pouvoirs économiques avaient sur le marché oriental.

Quant à la politique française, il est difficile de démêler, de prime abord, les causes qui avaient fait agir le cabinet de Paris lorsqu'il s'était séparé de l'Europe. En tout cas, il obéissait à une idée généreuse digne de la nation chevaleresque qui toujours s'enthousiasma pour les hommes capables d'accomplir de beaux exploits. Relativement au mobile politique, les ministres n'avaient en vue, semble-t-il, que d'empêcher l'Angleterre de s'emparer de l'Egypte. En fortifiant Méhémet-Ali ils espéraient atteindre ce but. Les événements ont démontré qu'ils se trompaient.

Les successeurs de Méhémet-Ali ne tardèrent pas, en effet, à dégénérer ce qui serait également advenu s'ils avaient été les maîtres de Constantinople. La France en favorisant la nouvelle dynastie qui venait d'éclore dans la vallée du Nil agissait, en réalité, contre ses propres intérêts. Elle abandonnait la proie pour l'ombre. Il fallait, dans cette circonstance, soutenir le sultan, non pour les mêmes motifs que l'Angleterre et la Russie, mais dans un but plus noble et plus élevé, celui d'acheminer la Turquie vers le progrès par l'introduction de réformes sérieuses dans son administration et de l'amener dans la suite à conclure une union intime avec l'Egypte, union qui eût fortifié l'empire ottoman et eût rendu la tranquillité et la paix aux provinces islamiques.

La politique de l'Angleterre était différente ; elle consistait à isoler l'Egypte dans l'espoir de s'en emparer, un jour ou l'autre, par un de ces coups de main dans lesquels sa diplomatie a toujours excellé. Méhémet-Ali lui portait ombrage et rien que la sympathie de la France pour ce prince eût suffi à lui faire adopter cette politique, si elle n'avait eu des raisons plus substantielles. On sait, en effet, que le léopard britannique ne se nourrit pas de rêves, ainsi que l'attestent ses empiétements dans le monde entier.

Pour ce qui est de la Russie, elle redoutait le réveil de l'islamisme, elle craignait que l'occupation de Constantinople par Méhémet-Ali ne rendît l'invasion islamique plus dangereuse et plus difficile à repousser que sous la domination turque. C'était aussi le sentiment de l'Autriche et de la Prusse également intéressées à la conservation de l'empire ottoman en l'état précaire où il se trouvait alors.

Les choses étant ainsi, le czar offrit tout d'abord au sultan le concours effectif de ses armées pour repousser les égyptiens et les refouler en Mésopotamie. Les puissances se joignirent aussitôt à la Russie afin de l'empêcher de profiter seule des conditions du traité d'Unkiar-Iskélessi arraché à la faiblesse de Mahmoud II (1). Ce traité qui reconnaissait à la Russie le droit de s'immiscer dans les affaires intérieures de la Turquie devait nécessairement éveiller les soupçons des cabinets européens. La France ayant, dans ces graves conjonctures, conseillé au divan de s'entendre directement avec Méhémet-Ali, les gouvernements intéressés adressèrent à la Porte, comme on l'a vu, un ultimatum lui enjoignant d'interrompre toute négociation. Cette note comminatoire consacrait le principe d'intervention des puissances dans les affaires de la Turquie et par cela même, annulait la clause du traité d'Unkiar-Iskélessi favorable à la

(1) 1832.

Russie seule. Quoi qu'il en fût, la Turquie était désormais dans l'obligation de renoncer à sa liberté d'action, même dans les questions qui touchaient le plus directement à ses intérêts.

Méhémet-Ali dut abandonner tous ses projets ambitieux. On lui avait promis de lui laisser la Syrie ; l'intervention de la France en sa faveur fut cause que les puissances le privèrent injustement de cette conquête. Et s'il avait persisté dans son dessein de résister à leur ultimatum les gouvernements coalisés étaient décidés à faire preuve de plus de sévérité à son égard.

En 1841, l'œuvre de l'Europe était virtuellement achevée, non celle de l'Angleterre qui avait joué dans les événements du Liban et de l'Egypte un rôle prépondérant. Ses alliés, redoutant de sa part une action isolée, avaient exigé d'elle la signature d'une convention spéciale fermant les Détroits à toutes les nations indistinctement. Les intérêts de la Russie furent gravement atteints par ces dispositions qui annulaient les principales clauses du traité d'Andrinople conclu en 1829.

L'intervention de l'Europe, en mettant fin à la résistance de Méhémet-Ali, ne rétablit pas l'ordre et la tranquillité, en Syrie, ni dans le Liban où l'anarchie continua de régner. Deux familles s'y disputaient le gouvernement : les Chehab appartenant, affirme-t-on, à la lignée du Prophète et qui s'étaient convertis au christianisme, les Djomblat, restés druzes, c'est-à dire païens, que leurs intérêts politiques rapprochaient de l'islamisme. Ces derniers étaient les protégés de l'Angleterre laquelle était parvenue, à force d'intrigues, à les embrigader sous sa bannière. L'un de ses agents, le colonel Wood, homme habile et remuant devint le maître de la Montagne et détint pendant quelques années le sceptre du Liban. Court, trapu, le regard vif, la bouche ironique, il parlait admirablement l'arabe et s'était ménagé des entrées dans les grandes familles du pays sur lesquelles il exerçait une influence prépondérante.

Il fit aux Français une guerre acharnée, leur disputa le terrain pied à pied, battit en brêche leur influence, les évinça de la Syrie par son astuce et ses ruses et rendit l'Angleterre très puissante dans un pays où quelques années auparavant elle était à peine connue. Les Maronites eux-mêmes, si dévoués à la France, furent victimes de la duplicité de M. Wood qui, en insinuant que Méhémet-Ali allait établir la circonscription dans le Liban, les poussa à se soulever contre l'armée égyptienne.

L'aveuglement des chrétiens fût tel qu'ils en oublièrent leurs intérêts primordiaux et laissèrent leur prince, le grand émir Béchir, tomber aux mains des Anglais qui l'exilèrent à Malte. Cet illustre vieillard, chef d'une noble famille, mourut en captivité, emportant les regrets de son peuple, qui involontairement, presque inconsciemment, s'était armé contre lui. La Porte dans cette circonstance suivit l'Angleterre dans la voie où elle venait de s'engager.

Cependant la France s'était ressaisie, elle avait obtenu la nomination à la place du grand émir Béchir, de son neveu Kassem, prince nul, qui ne pouvait lutter contre les intrigues des Anglais et vit son autorité méconnue par ses propres administrés. Pendant que les Maronites trahissaient la cause de Méhémet-Ali, les Druzes qui, en apparence, étaient restés fidèles à son fils Ibrahim, jetèrent le masque. Inféodés depuis longtemps à la politique de la Grande-Bretagne qui en avait fait les auxiliaires de la Porte, ils allaient poursuivre avec elle l'exécution de certains desseins bien connus du cabinet de Londres. Le but du gouvernement ottoman et de ses caudataires était de détruire l'influence française dans le Liban.

Il en résulta des massacres qui, en 1842, puis en 1845,

furent perpétrés par des bandes druzes soudoyées par Néjib Pacha, gouverneur de Damas. Ces désordres se continueront vingt années durant à travers la Syrie et le Liban, jusqu'en 1860, époque à laquelle eurent lieu, avec la complicité de l'armée turque, ces horribles tueries qui ensanglantèrent la Montagne et assombrirent les dernières années d'Abdul-Méjid, prince bon et clément, mais faible et incapable de résister aux suggestions de son entourage.

Toutefois, les Maronites ne désarmaient pas. Combattant toujours pour leur indépendance, ils refusaient énergiquement de se soumettre à l'autorité du gouverneur turc désigné par le divan et réclamaient l'autonomie de la Montagne telle qu'elle existait antérieurement. Le colonel Rose avait succédé à M. Wood, il fut l'instigateur des massacres de 1845 dirigés contre les chrétiens et assura à leurs auteurs l'impunité. Les troupes turques avaient pris fait et cause pour les Druzes contre les Maronites qui furent massacrés en grand nombre. La mission de Chékib-Efendi, commissaire de la Porte, débarqué à Beyrouth pour procéder à une enquête, n'eut d'autre résultat que de justifier les iniquités commises contre les victimes. On donna un premier règlement organique au Liban consacrant la division du pays en deux caïm-kamats ou principats, l'un chrétien, l'autre druze avec un tribunal suprême composé des délégués de toutes les nationalités. Cette organisation fit naître bien des conflits, mais elle eut cet avantage de donner à chaque parti des organes pour sa défense. C'était un commencement d'émancipation, un semblant de gouvernement autonome. D'ailleurs, les réformes devenaient à l'ordre du jour dans tout l'empire. Marchant sur les traces de son illustre prédécesseur, Abdul-Méjid voulut doter ses Etats d'une organisation moderne pour aider à leur relèvement.

Peu de temps après son avènement au trône, il promulgua le Hatti-chérif de Gul-Khané qui se distinguait des autres édits impériaux par son caractère de sincérité. Le sultan y parlait de la nécessité de garantir la fortune, la vie et l'honneur de tous ses sujets, de l'assiette des impôts et de leur répartition proportionnellement à la fortune de chacun, de la durée du service militaire, de l'urgence qu'il y avait à établir un contrôle pour les dépenses de la guerre et de la marine, de la publicité des débats dans toutes les causes, de l'égalité devant la loi, de la liberté des transactions commerciales, de l'abolition de la confiscation et du retour aux héritiers légaux des biens des criminels.

Aussitôt le parti rétrograde se souleva, organisant sur tout le territoire de l'empire de véritables boucheries. Il n'y eut pas un règne où l'on vit autant de sang répandu. Les massacres de Djeddah, du Liban, de la Syrie se succédèrent à quelques années d'intervalle. Partout les rapports consulaires signalaient la mauvaise volonté des autorités locales à exécuter les nouvelles réformes. Les témoignages des chrétiens furent repoussés par les tribunaux turcs comme portant atteinte aux prescriptions de la loi religieuse. Cependant l'impulsion était donnée et les réformes purent, sinon être réalisées, du moins recommandées à la sollicitude des gouverneurs de province qui les exécutèrent d'une manière incomplète, assez cependant pour que l'on remarquât un changement à l'ancien état de choses. C'était déjà un progrès dont le pays était redevable à l'heureuse initiative d'un souverain dont on peut déplorer les prodigalités et la vie voluptueuse, mais qui n'en imprimât pas moins une orientation nouvelle aux affaires de l'Etat. S'il avait persisté dans cette voie, il eût sauvé l'empire de la décadence où il était tombé. Il se heurta, il est vrai, à des difficultés qu'aucun de ses prédécesseurs n'avait rencontrées avant lui au même degré.

Ce fut d'abord la question des Lieux-Saints. On sait que la possession de l'église du Saint-Sépulcre n'entraîne pas nécessairement pour les autres cultes l'interdiction d'y officier à certains jours. Les Grecs et les Latins se disputaient ces prérogatives. Toutefois, le droit des Latins à garder les clefs du Saint-Sépulcre, à entretenir les lampes sacrées, à balayer l'édifice avaient été inscrits dès l'année 1561 dans un firman célèbre qui donnait, en même temps, aux catholiques la garde de la grotte où naquit le Christ. Les Grecs étaient trop fins et trop rusés pour ne pas chercher à interpréter en leur faveur le sens des édits impériaux. Il en résulta des rivalités, des procès, des disputes, des querelles sanglantes qui se renouvellent encore de nos jours. De véritables batailles avaient lieu autour du Saint-Sépulcre et la force armée dut intervenir plus d'une fois pour rétablir la tranquillité parmi les communautés chrétiennes.

La France revendiquait la possession du Saint Sépulcre, de la pierre de l'Onction, des sept arceaux de la Vierge, de l'église de Bethléem, mais les Grecs avaient trouvé dans la Russie une puissante protectrice qui contesta les droits des catholiques à la possession exclusive de ces sanctuaires et exigea de la Porte des garanties sérieuses dans l'intérêt de l'église orthodoxe. Abdul-Méjid était un monarque pacifique, néanmoins devant l'ultimatum de la Russie, estimant que l'intégrité de son empire était menacée par l'intervention du Czar, il refusa d'obtempérer à ses désirs.

La question des Lieux Saints étant une des plus complexes, l'ingérence inopportune de la Russie ne faisait que la compliquer davantage. Elle fut le point de départ de la coalition qui se forma contre l'empire moscovite. L'Angleterre saisit, la première, le côté faible des puissances catholiques, notamment de la France et de l'Autriche et, fort habilement, elle leur montra une Russie aux ambitions insatiables visant à la fois la conquête du Bosphore et celle des Lieux Saints, s'établissant en même temps à Sainte-Sophie et au Saint Sépulcre (1).

De son côté, la Russie, puissance politique et religieuse, avait besoin pour répondre aux aspirations de ses peuples de leur montrer qu'elle s'intéressait à leurs croyances et qu'elle poursuivait énergiquement, par tous les moyens en son pouvoir, le triomphe final de l'orthodoxie en Orient, triomphe qui devait refouler le catholicisme en Occident. L'ingérence des Russes dans les affaires de la Palestine était donc parfaitement logique ; et dans une certaine mesure, à leur point de vue, sainement raisonnée. Etait-elle justifiée ? Nous ne le croyons pas tant à cause des droits traditionnels de la France, puissance catholique, qu'à raison de ce fait

(1) Cette église, qui a environ soixante mètres de long sur autant de large, est bâtie sur un espace où, d'après la tradition, se sont déroulées les dernières scènes de la passion de Jésus, c'est-à-dire le couronnement d'épines, le crucifiement, l'ensevelissement. Différentes chapelles sont construites sur les lieux correspondant aux diverses péripéties du drame illustre. Ainsi il y a la chapelle de la Prison de Jésus, celle de la Colonne des Opprobres, celle du Crucifiement, celle de l'Elévation de la Croix, celle du Bon Larron, celle du Jardin de Joseph d'Arimathie, celle du Partage des Vêtements, celle du Saint Sépulcre et d'autres encore.

Or, ce qu'il y a de particulier à cette église, c'est qu'elle n'est pas, comme toutes les autres, placée sous l'autorité d'un curé ou d'un évêque ayant la haute main sur son clergé, ministres et desservants. Elle est, au contraire, partagée entre différentes sectes chrétiennes, celles des Latins, des Grecs orthodoxes, des Arméniens, des Coptes, des Abyssins. On a eu soin de la découper en tranches inégales qui appartiennent à chacune de ces sectes et qui sont dirigées et entretenues par elles. Ainsi la chapelle du Crucifiement relève des Latins. Au contraire celle de l'Elévation de la Croix qui est attenante, appartient aux Grecs. (Gaston Stiegler).

que la Russie était nouvellement venue à l'Europe. Elle avait déjà beaucoup fait, il est vrai, pour la chrétienté, mais de là à occuper la première place dans le Levant il y avait de la marge. Les colosses, on le sait, ne mesurent pas leur course, ils procèdent par bonds et peuvent franchir des distances considérables La Russie est dans ce cas : depuis que le feu des croisades s'est éteint, elle marche à pas de géant et les puissances occidentales ont toutes les peines du monde à modérer ses élans.

L'empire de Pierre le Grand semble avoir poursuivi jusqu'ici parallèlement ou simultanément deux buts : s'agrandir au Nord du côté de la mer Baltique, s'étendre au Sud du côté de la mer Noire. Aucun sacrifice ne lui a coûté pour réaliser ce magnifique programme. Par la Baltique, elle dominerait le Nord de l'Europe, par la mer Noire, elle trouverait une issue vers Constantinople, l'Archipel grec et la Méditerranée. Les orthodoxes de l'empire ottoman furent ses protégés parce qu'ils servaient ses intérêts et qu'en outre ils étaient ses coreligionnaires. Jamais la Russie n'a séparé la politique de la religion et elle doit à cela les grands succès qu'elle a remportés dans le monde.

Or, la question des Lieux Saints se rattache à ce plan général d'une manière toute particulière. Catherine II, cette femme de génie eut l'idée de joindre à ses revendications au sujet de la possession de l'église de Sainte-Sophie, transformée en mosquée depuis la conquête de Constantinople par Mahomet II, celles de la main-mise de la Russie sur le tombeau du Christ. « Le traité de Kutchuk-Kaïnardji, écrit M. Alphonse d'Alonzo (1), fut le point de départ d'une action décisive de la Russie en Orient. Par ce traité, signé en 1774 après une guerre de cinq années, la Sublime Porte accordait à Catherine II

(1) *La Russie en Palestine* par Alphonse d'Alonzo attaché au Consulat général de France à Jérusalem. L. Boyer, éditeur.

le protectorat des principautés danubiennes et celui de tous les chrétiens orthodoxes de l'empire ottoman, ainsi que le droit de protéger les sujets russes se rendant en pèlerinage en Palestine. »

La France, après avoir soutenu la Russie dans l'exécution intégrale du traité de Kainardji, ce qui valut à Louis XV les remerciements de Catherine II, s'aperçut un peu tard de son erreur et poussa secrètement la Sublime Porte à éluder ses promesses ; mais l'ingérence de la Russie en Palestine s'était déjà affirmée d'une manière éclatante en envoyant une mission religieuse à Jérusalem et en y fondant des établissements (1840 à 1847).

Les luttes d'influence et les querelles soulevées par les revendications incessantes des Grecs et des Latins sont trop connues pour avoir besoin d'être rappelées. En 1851 ces contestations avaient pris un caractère grave. Abdul-Méjid sur les instances du czar avait d'abord octroyé aux protégés de la Russie un firman qui, tout en maintenant le *statu quo* en Palestine, ne laissait pas de favoriser les Grecs. Cet édit mit le feu aux poudres et la querelle, du parvis du Saint-Sépulcre, fut transportée dans le domaine politique où elle s'envenima jusqu'à motiver l'explosion de la guerre de Crimée laquelle marqua d'un large trait de sang les commencements de la seconde moitié du XIXe siècle (1).

Il est convenu, aujourd'hui, de considérer comme puériles ces querelles entre religieux de différents rites pour la possession des Lieux Saints. Rien cependant n'est plus légitime, le but des deux côtés étant d'une incontestable noblesse. Posséder le tombeau du Christ,

(1) Cette guerre coûta aux belligérants six cent mille hommes, dont 400.000 Russes et 295 millions de livres, sans compter les dépenses de la Turquie qui n'ont jamais été évaluées, les Turcs se souciant peu de savoir l'argent qu'ils dépensent une fois qu'ils en trouvent.

n'est-ce pas le plus grand honneur auquel puisse prétendre une église chrétienne ? Il est dès lors naturel que le catholicisme convoite pour lui la propriété exclusive du Saint-Sépulcre. D'autre part, l'église grecque ou orthodoxe revendique le même privilège et, franchement, on ne saurait lui en faire un crime. Plus modérés dans leurs aspirations, n'ayant pas, d'ailleurs, un culte extérieur qui prête aux pompes religieuses, les protestants jouent un rôle secondaire, presque effacé dans la question des Lieux Saints (1), ils n'en voient que le côté politique qui intéresse au plus haut degré leurs gouvernements et, à ce titre, ils souhaiteraient plutôt le succès des catholiques que celui des Grecs et des Russes. Quant aux Turcs, ils considéraient d'abord d'un œil indifférent les disputes entre Grecs et Latins, mais lorsque la Sublime Porte fut mise brutalement en présence des revendications russes, lorsque, en 1852, elle se vit en face des exigences de l'ambassadeur extraordinaire du czar, prince Menschikoff, lui demandant impérieusement de lui donner satisfaction relativement aux droits de l'orthodoxie, elle comprit que son indifférence devenait de l'aveuglement et elle jugea nécessaire de faire droit aux réclamations de la France qui, elle du moins, exerçait depuis plusieurs siècles son protectorat sur le clergé catholique sans porter atteinte à la sécurité de l'empire. Soit insouciance de la part des autres pays catholiques, soit que le protectorat sur les Lieux Saints impliquât des charges trop lourdes, soit par déférence pour la fille aînée de l'Eglise, les puissances catholiques laissaient à la France toute latitude pour agir au mieux de leurs intérêts communs et le divan avait pris l'habi-

(1) Ils sont représentés à Jérusalem par un évêque protestant désigné par l'Angleterre et l'Allemagne unies. De plus, cette dernière puissance travaille depuis quelques années à obtenir des privilèges en Terre Sainte où elle a construit deux sanctuaires.

tude de traiter avec le cabinet de Paris seul les questions afférentes aux Lieux Saints (1).

Les Hellènes eux-mêmes ont été longtemps hostiles à l'ingérence de la Russie en Palestine. Toutefois, il ne leur a pas été donné de persister dans leur opposition autant qu'ils l'auraient voulu, d'abord à cause de la communauté de croyances qui existe entre les deux plus importantes fractions de l'Eglise orthodoxe, ensuite pour cette raison que la pression exercée par la France pour favoriser les Latins les forçaient souvent, dans les circonstances critiques, à s'appuyer sur la Russie protectrice de l'orthodoxie. Mais lorsque la Russie parut favoriser l'émancipation de l'Eglise bulgare du joug, d'ailleurs intolérable, de l'Eglise œcuménique grecque, les Hellènes s'éloignèrent de la Russie ; alors les Grecs syriens se rallièrent à elle et formèrent à leur tour une église quasi indépendante sous la protection des czars.

Quel était en cela, le but des Russes? Il n'est pas difficile de le deviner, il consistait à grouper tous ces éléments pour les opposer à l'hellénisme détenteur de la tradition orthodoxe, mais si faible, si corrompu, que l'Eglise d'Orient sous sa direction s'en va en lambeaux. Cette politique sagace de la Russie a déjà porté ses fruits : le prestige de la France décroît en Palestine depuis l'établissement des Russes à Jérusalem. Cette situation ne fera que s'accentuer dans la suite sous la pression des événements provoqués d'une part par le réveil des puissances catholiques qui veulent mainte-

(1) Il n'existe pas un protectorat français à proprement parler, le consul français ne disposant d'aucune force et les Turcs faisant seuls la police des Lieux Saints avec un tact qui les honore. Le représentant de la France, en cas de conflit, est tenu de s'adresser au gouverneur de la ville auquel il fait ses remontrances, n'étant en réalité que l'avocat des Latins.

nant soustraire leur clergé à la protection de la France, et de l'autre, par le caractère quelque peu ambigu de la politique française vis-à-vis de la religion catholique depuis la fondation de la troisième République.

En mai 1852, les relations diplomatiques entre les Turcs et les Russes étaient interrompues et les hostilités commençaient aussitôt sur le Danube et en Asie Mineure. La résistance de la Porte était encouragée par l'Angleterre qui avait délaissé la Russie, son ancienne alliée. Cette volte-face n'étonna personne, pas plus du reste, qu'on ne fut surpris du rapprochement qui s'était opéré si subitement entre l'Angleterre et la France.

Napoléon III venait de restaurer le trône de son oncle. Entré comme lui dans la République, il en était sorti par le coup d'Etat de 1851. Après avoir rassuré la haute bourgeoisie sur ses destinées et conclu un pacte avec le clergé auquel il abandonna la direction de l'enseignement, il voulut reprendre la tradition napoléonienne, mais sur une base toute différente de celle qui avait servi au fondateur de la dynastie. Il rechercha l'amitié de l'Angleterre et sa coopération. La flotte française s'était donc jointe aux escadres britanniques ; la démonstration était significative et constituait un avertissement donné au czar qui maintint ses prétentions.

La campagne ne s'annonçait pas brillamment pour les Russes. Omer Pacha ayant attiré l'ennemi à Olteniza quitta brusquement cette dernière localité pour repasser le Danube et s'enferma dans Widdin, place admirablement fortifiée. En Asie, l'armée moscovite remporta un important succès sur les troupes turques à Orbellau, tandis que la flotte russe brûlait les vaisseaux ottomans à Sinope.

Ces revers ne découragèrent pas le peuple turc, qui dans un grand conseil national, vota par acclamation la continuation de la guerre.

La Russie, bien que menacée par les flottes alliées réunies à Bésika, refusait toujours de se soumettre aux injonctions comminatoires de l'Angleterre et de la France. En 1853, un dernier ultimatum fut adressé au cabinet de Saint-Pétersbourg par les deux puissances décidées plus que jamais à défendre l'empire ottoman contre l'injuste agression dont il était l'objet. Pour la première fois, la France tenait ses engagements vis-à-vis de la Turquie. Napoléon III désirait, en outre, montrer aux catholiques que le second empire était résolu à maintenir leurs prérogatives dans le Levant. Il fit plus, il exigea en échange du concours que la France allait prêter à la Porte des réformes qui pouvaient se résumer ainsi : acceptation des témoignages chrétiens en justice et admissibilité de tous les Ottomans sans distinction de religion aux emplois de l'Etat. En réalité, rien n'était plus illusoire que ces réformes. Napoléon le savait, mais ce qu'il cherchait avant tout, c'était l'affermissement de son trône par une alliance intime avec l'Angleterre, qui, elle, avait alors d'autres vues sur l'empire ottoman. A l'époque dont nous parlons, elle poursuivait un dessein généreux abandonné depuis, celui de régénérer la Turquie et de s'en faire une alliée sincère, capable de tenir en respect les Russes. Le sort des chrétiens, en réalité, importait peu aux hommes d'Etat de la Grande-Bretagne, encore que le peuple anglais parût s'y intéresser.

Le fait saillant, c'était cette levée de boucliers contre la Russie, cette formidable coalition de toute l'Europe qui trouva le czar Nicolas ferme comme un roc. Les opérations militaires furent poursuivies sur le Danube où les armées russes prirent l'offensive contre les Turcs. Après avoir passé le fleuve à Galatz, Braïla et Ismaïl, ils se rendirent maîtres de la Dobroudja et mirent le siège devant Sillistrie. Leur plan était bien conçu ; mais l'attitude équivoque de l'Autriche, travaillée par l'Angleterre, commençait à les gêner. Le cabinet de Vienne, devenant de plus en plus hostile aux Russes, ceux-ci durent abandonner le siège de Sillistrie. La désertion des principautés danubiennes suivit de près.

Toutefois, les esprits en Grèce étaient agités et des bandes de volontaires se formaient un peu partout dans l'Hellade, soudoyées par les agents moscovites. L'occupation d'Athènes par la France fut décidée pour calmer cette effervescence. L'insurrection fut ainsi circonscrite, puis écrasée à Arta et à Mezzow, ce pendant que l'armée des alliées débarquait à Gallipoli et que les régiments français s'alignaient drus et compacts le long des Détroits. Quelle direction allait-on leur donner? L'Angleterre proposa de porter la guerre en Crimée et d'investir Sébastopol, la France souscrivit à ce plan. Ce fut, certes, une lutte glorieuse, à laquelle prirent part les Anglais et les Piémontais, mais où la France laissa le meilleur de son sang, lutte inutile pour la civilisation ; car elle ne fit, pour ainsi dire, qu'effleurer la puissance moscovite. Balaklava, Inkermann, Traktir et Sébastopol furent enlevés tour à tour, et l'assaut de Malakoff où les Français seuls perdirent dix mille hommes, restera légendaire dans l'histoire des guerres modernes, mais tous ces actes d'héroïsme ne modifièrent en rien l'état de choses existant en Turquie.

Les flottes alliées étaient maîtresses de toutes les mers, de la mer Noire, de l'Archipel, de la Méditerranée, de l'Adriatique, de la Baltique et partout, les Russes opposaient à leurs ennemis une résistance vigoureuse. Enfin lasse de combattre, la Russie demanda la paix à la suite de la prise de Sébastopol.

Le traité de Paris en 1855 garantit l'indépendance de la Turquie et l'intégrité de son territoire, mots creux et vides de sens ; on sait ce qu'il en est advenu de cette indépendance et de cette intégrité. Le traité de Paris a-t-il empêché les puissances de procéder à l'égard de la Turquie à des amputations successives qui l'ont affaiblie ? La fermeture des Détroits aux vaisseaux de guerre de toutes les puissances n'était qu'un obstacle illusoire aux desseins de la Russie et, quant à l'interdiction qui lui était faite de construire dans la mer Noire des arsenaux, elle n'a eu d'autre résultat que de rendre plus formidable sa flotte dans les mers méridionales. Si les gouvernements européens avaient voulu réellement réduire la Russie à l'impuissance, ils auraient dû travailler au relèvement de la Turquie et tenir la main à l'exécution des promesses contenues dans le Hatti-Chérif de Gul-Khané et le Hatti-Hamayoun de 1856, promulgués solennellement, mais non moins solennellement violés en leurs dispositions les plus essentielles. Il fallait abattre la citadelle du despotisme et installer en permanence à Constantinople ce grand conseil national auquel les sultans ont toujours recours dans les circonstances critiques, lorsqu'il s'agit de demander au peuple de nouveaux sacrifices.

On a leurré l'Europe avec l'idée de l'égalité et de l'admission des chrétiens aux emplois quand on savait que de tout temps il y en eut dans les fonctions, sinon élevées, du moins lucratives. Les populations appartenant à la religion du Christ en ont-elles été plus heureuses ? On devait songer plutôt à améliorer l'administration en général et faire que les musulmans et les chrétiens pussent vivre en paix sous un gouvernement honnête et bien organisé.

Le traité de Paris fut une pure fantasmagorie, il ne servit qu'à rendre les ministres ottomans indifférents aux véritables réformes, celles qui en améliorant l'administration auraient adouci le sort des populations de l'empire sans distinction de race, ni de religion. Point n'était besoin de comprendre les chrétiens seuls dans cette mesure salutaire. L'homologation d'une loi, voire une déclaration de principe, quand elles sont arrachées par la force, n'ont aucune valeur pratique. Jamais les chrétiens restés sous la domination de la Porte n'ont été plus malheureux que depuis le traité de Paris et nous devons ajouter pour être juste, que le sort des musulmans n'a guère été meilleur ; mais Napoléon préludait dès ce moment-là à la création de ce grand mouvement industriel et commercial qui devait enrichir tant d'individualités influentes et renforcer cette haute bourgeoisie qui, après avoir tiré de l'empire tout ce qu'elle pouvait, fonda la troisième République pour l'exploiter à son seul profit

Il était impossible au gouvernement français d'arguer de son impuissance à introduire des réformes en Turquie. Son prestige en Orient s'était accru après la guerre de Crimée au point que son influence devint prépondérante, non seulement à Constantinople, mais aussi dans les parties les plus lointaines de l'empire et s'il avait parlé, plus haut qu'il ne l'a fait, en faveur des réformes libérales sa voix eût été écoutée.

L'Angleterre se repentit bientôt d'avoir introduit la France dans les conseils du divan et dès 1860, elle reprit son attitude hostile à l'égard du pays qui lui avait fourni six années auparavant une magnifique flotte et une puissante armée pour vaincre les Russes.

Il semblait qu'après la guerre de Crimée l'Angleterre dût renoncer à contrecarrer la France en Syrie, mais elle avait renoué le fil de ses intrigues avec les chefs druzes remplis d'animosité contre les Maronites qui s'étaient reconstitués en communauté sous la protection des agents consulaires français, grâce aux intitutions que la Porte leur avait octroyées. Ces agissements, que rien ne justifiait, d'ailleurs, étaient encouragées par l'entourage intime du sultan. Il en résulta des troubles sanglants qui amenèrent une explosion du fanatisme mahométan à Damas et les événements tragiques de Deir-el-Kamar et du Liban (1860). Comme toujours, les fonctionnaires de la Porte en Syrie se prodiguèrent pour servir les desseins de l'Angleterre en protégeant les assassins. L'armée turque leur ayant prêté un concours effectif, des milliers de chrétiens périrent dans d'épouvantables supplices.

La France s'émut de ces faits. Ce n'était pas la peine d'avoir prêté à l'empire ottoman aide et protection contre la Russie et d'avoir arraché à la Porte des réformes en faveur des chrétiens pour voir ces derniers mutilés et massacrés, quatre années après la signature du traité de Paris.

Le cabinet de l'Empereur en exprima son indignation au divan dans une note demeurée célèbre et Napoléon envoya en Syrie une expédition chargée d'assurer la sécurité des chrétiens et de châtier les coupables. Le commandement en fut confié au général Beaufort d'Hautpoul et au commissaire impérial M. Béclard, tous les deux faibles et incapables. On leur adjoignit Bentivoglio, homme insignifiant. La Porte, au contraire, leur avait opposé l'un de ses plus habiles diplomates, Fuad Pacha qui montra, à cette occasion, autant d'habileté qu'on en reconnut à Li-Hang-Tchung dans les négociations qui viennent de se terminer à Pékin (1).

Là encore, la politique anglaise apparut en toute sa hideur morale, soutenant effrontément contre les revendications de la France les fonctionnaires turcs coupables des crimes les plus épouvantables que l'Histoire ait jamais enregistrés, exigeant du cabinet de Paris sous les plus expresses menaces le retrait de l'expédition fran-

(1) 1900-1901. Expédition internationale en Chine.

çaise et affichant avec une rare impudence la prétention de priver à l'avenir les populations chrétiennes de la Syrie des garanties qui leur étaient dues. C'est que l'Angleterre, toujours méfiante, redoutait la mainmise de la France sur la Syrie, mainmise qui aurait pu entraîner tôt ou tard l'occupation de l'isthme de Suez et de l'Egypte.

Napoléon III n'osa pas résister à l'Angleterre qui obtint pleine et entière satisfaction moyennant quelques concessions dérisoires qu'elle fit à la France pour doter la Montagne d'un semblant de régime autonome qui subsiste encore.

Comme conséquence, les troupes françaises seront, sous le règne d'Adul-Aziz, retirées de la Syrie où elles avaient séjourné, pendant deux années environ, en pure perte.

On s'accorde généralement à reconnaître que les massacres du Liban, de la Syrie et de Djeddah ne sauraient être attribués à Abdul-Méjid et qu'ils furent l'œuvre du parti fanatique encouragé par les agents anglais. S'il en est ainsi, il n'y a pas de raison pour ne pas déclarer formellement que les souverains ne doivent jamais être rendus responsables des crimes qui se commettent en leur nom et qui sont le fait d'employés subalternes.

Quand les malheureuses victimes sont couchées par milliers sur le sol, mutilées, écharpées, coupées en morceaux, le sultan s'en lave les mains, alors que les massacres ont eu lieu sur des ordres formels venus de Constantinople de l'entourage même du souverain. Ces ordres sanguinaires qui donc les a donnés sous le secret sinon le palais où s'élaborent à l'ombre du trône les complots contre la sécurité des chrétiens ? La vérité est que depuis l'irruption des Egyptiens en Syrie, la Porte voulait se venger des habitants qui, au début de la campagne, avaient soutenu Méhémet-Ali. Elle voulait punir la génération qui avait prêté la main à Ibrahim-Pacha, le vainqueur de Nezib et qui lui avait témoigné de si vives sympathies. Or, la Porte a à sa disposition un moyen dont elle use souvent : l'extermination. Elle laisse toute liberté d'agir au parti fanatique, bête féroce qu'elle tient en laisse et qu'elle lâche de temps à autre sur le troupeau qu'elle veut disperser ou exterminer. Cette tactique lui a toujours réussi, en ce sens qu'elle lui a permis de dégager sa responsabilité en affirmant qu'elle avait été impuissante à réprimer le mouvement religieux. Le sultan n'ignore jamais complètement ce qui se passe derrière les portières de son palais. Pour Abdul-Méjid, il se peut que préoccupé de ses plaisirs, il ait fermé les yeux sur les agissements du parti fanatique qui avait des ramifications dans toutes les provinces de l'empire, mais il n'en fut pas moins le complice avéré des organisateurs de ce vaste complot et sa responsabilité morale reste entière. On a quelque peine a admettre, sans doute, qu'entré tout récemment dans la famille européenne le sultan ait pu consentir à ce que son peuple donnât au monde le spectacle d'une barbarie qui révolte la conscience humaine, toutefois, on est forcé de convenir que la répétition des massacres sous ce règne prouve surabondamment qu'Abdul-Méjid, après avoir paru appuyer avec vigueur ceux de ses ministres qui voulaient introduire des réformes, s'était retourné du côté de la tourbe des fanatiques dont il encouragea les coupables agissements.

Ces énergumènes, après avoir tant de fois mis à feu et à sang la Syrie et le Liban, portèrent leurs exploits en Arabie. Les pèlerins se rendant à la Mecque, ayant reçu le mot d'ordre des assassins, au lieu de porter des chapelets et des amulettes, s'étaient munis de poignards et de gourdins. Arrivés à Djeddah, ils se ruèrent sur les européens qu'ils massacrèrent sous les regards bienveillants du gouverneur turc. Ces scènes sanglantes devaient se renouveler deux ans après sur d'autres points de l'empire et sur une plus vaste échelle. Abdul-Méjid continuait à se dire innocent et Fuad, son ministre des affaires étrangères, déclarait verbalement aux ambassadeurs que la Porte était désarmée contre le parti rétrograde surexcité depuis la guerre de Crimée par le nouvel état de choses introduit dans l'empire. Que demandait-il donc ce parti? Les nations chrétiennes n'avaient-elles pas secouru la Turquie, l'opinion publique en Europe ne s'était-elle pas prononcée contre la Russie? Oui certainement, mais pourquoi imposait-on à la Turquie des réformes dont ni le parti fanatique, ni le sultan lui-même ne voulait au fond. Telle fut l'attitude de la Porte, attitude d'autant plus criminelle qu'il y avait à cette époque à la tête du gouvernement des hommes intelligents comme Ali et Fuad capables tous les deux de mener leur patrie dans la voie de la civilisation.

L'esprit inquiet d'Abdul-Méjid et son fanatisme, qu'il sut dissimuler à l'Europe, furent cause de l'insuccès des réformes. Les pays qui, comme la Turquie, sont gouvernés par une oligarchie ne sauraient profiter, du reste, des lumières et de l'expérience de quelques individualités.

Abdul-Méjid, usé par les débauches, secoué par des crises nerveuses qui devenaient de plus en plus fréquentes, mourut en 1861 laissant le trône à son frère Abdul-Aziz. Il eut, en dépit de ses faiblesses et de ses prodigalités, quelques vertus qu'on ne peut lui contester: la générosité, une certaine grandeur d'âme, une noblesse native et la bonté qu'il n'exerça qu'en de rares occasions, étant plus occupé de ses plaisirs que de faire le bien de ses peuples. Toutes ces qualités étaient gâtées par ses débauches ; il en fut puni par l'impuissance dont il fut frappé presque dans la force de l'âge, impuissance qui influa grandement sur son esprit et sur sa santé compromise par les excès de toutes sortes auxquels il se livrait.

Il semblait pourtant destiné à prendre la suite des idées de son père, mais la force physique aussi bien que l'énergie morale lui faisaient également défaut. Il fut le plus prodigue des sultans après le famélique Ibrahim, de triste mémoire. Il jetait l'argent, on peut bien le dire, par toutes les fenêtres de son palais transformé en un véritable lieu de luxure, appauvrissant le trésor et livrant le pays aux entreprises étrangères et aux spéculations éhontées des banquiers de Galata. Les fêtes du mariage de sa fille avec Ali-Ghalib coûtèrent plus de quarante millions de francs et l'Etat eut de nouveau recours aux emprunts dans des conditions onéreuses. Ces emprunts conduisirent le sultan et ses ministres à commettre les plus insignes folies. Ils eurent pour conséquence l'augmentation des impôts et une recrudescence dans les abus de l'administration.

Ce règne fut surtout fatal à la Turquie en ce qu'il accentua les malentendus et les divergences de vues entre les deux factions qui se disputaient le pouvoir. Déjà en 1845, Guizot les définissait en ces termes avec cette grande lucidité qui caractérisait son langage : « Il y a deux partis en Turquie, disait-il à la Chambre ; il y a un parti intelligent, modéré, qui croit que pour raffermir l'empire ottoman, pour y remettre un peu d'ordre et de force gouvernementale, il faut y introduire de grandes réformes. Mais à côté, il y a un parti fanatique, le vieux parti turc, toujours porté à pratiquer l'ancienne politique, la politique violente, sanguinaire, astucieuse de l'empire ottoman. La lutte entre ces deux partis se reproduit dans toutes les provinces de la Turquie comme à Constantinople et elle se reproduit encore plus vivement et plus déplorablement dans les provinces qu'à Constantinople ».

Ces appréciations de l'éminent homme d'Etat français sont toujours justes ; il aurait pu ajouter que le vieux parti turc n'était si puissant que grâce à l'appui que les sultans lui prêtaient et aussi parce qu'il représente une tradition, celle qui consiste à croire que le rôle dévolu à l'islamisme dans le monde est de persécuter et de détruire le christianisme. Les Ottomans rétrogrades suivent aveuglément la voie qui leur a été tracée par leurs ancêtres. Peu d'entre eux sont ralliés sincèrement au parti jeune turc qui est précisément ce parti modéré dont parlait M. Guizot à la tribune. Les vieux turcs sont les desservants d'un temple dont les antiques colonnes sont construites avec le sang et les ossements des chrétiens et on ne leur ôtera jamais de la tête qu'ils défendent mal l'Eglise musulmane, jadis menacée par la chrétienté, qui elle, du moins, s'est complètement transformée.

Tout gouvernement, quel que soit le régime qu'il exerce, doit s'appuyer sur la majorité de la nation. Malheureusement, la majorité musulmane ne se compose pas du parti libéral modéré qui n'en est qu'à ses débuts et auquel manque l'énergie nécessaire. Il est hésitant et perplexe. Or, quand on appartient soit à une Eglise, soit à une majorité politique, c'est de tout cœur qu'il faut leur appartenir et être prêt à tout leur sacrifier. Il en fut toujours ainsi du parti rétrograde en Turquie qui a conservé son prestige à cause de son attachement à ses idées.

La faiblesse des libéraux dans le monde entier provient de ce qu'ils sont sceptiques et n'ont pas foi dans la force inhérente à leurs principes qu'ils défendent, du reste, mollement.

L'intransigeance en matière de religion, comme en politique, n'est-elle pas l'idéal de toutes les Eglises, de toutes les factions et dès lors peut-on s'étonner de l'attitude des vieux Turcs ? On doit simplement la déplorer.

Le gouvernement ottoman n'aurait pu, d'ailleurs, jouer un autre rôle que s'il avait eu à sa tête des chefs instruits et des monarques ayant une culture intellectuelle supérieure. Il aurait été alors à même de résister au courant populaire. Le gouvernement turc, au surplus, avait tout à redouter de la duplicité des cabinets européens qui, depuis deux siècles, n'avaient fait que le tromper. Le parti fanatique représentait pour lui, comme il représente encore aujourd'hui, une force imposante, pouvait-il s'en séparer? Mais sa culpabilité apparaît dans ce fait que, tout en s'appuyant sur le parti vieux turc, il n'a pas cherché à l'acheminer vers le progrès.

Dominé par le désir de perpétuer le despotisme dans son empire, Abdul-Méjid ne pouvait y jeter les fondements de la liberté, d'autant qu'il ne possédait pas l'énergie de Mahmoud II, son illustre prédécesseur. Aucun de ses actes n'était voulu, dans la force du terme, il agissait par impulsion. Fils respectueux et aimant, il suivit l'exemple de son père, mais, au premier obstacle, il abandonna la lutte lui préférant le repos qu'il rencontrait dans le sérail. Jamais monarque ne fut plus favorisé de la fortune. Toute l'Europe était accourue à son secours, des armées entières évoluaient autour de son trône. Le dévouement des alliés n'était point suspect et la Russie écrasée par ses défaites implorait la paix. N'aurait-il pas dû profiter de ces événements pour asseoir sa puissance sur de nouvelles bases et modifier dans ses principes essentiels un régime de gouvernement susceptible d'attirer tant de malheurs sur son empire. Ce courage lui manqua et nous allons assister à une réaction des plus violentes, qui fit pencher l'empire ottoman vers les abîmes, tant il est vrai que les demi-mesures ne servent le plus souvent qu'à aggraver le mal.

Il y eut néanmoins sous son règne une sorte de renaissance dont les symptômes s'étaient déjà manifestés sous Sélim III et Mahmoud II. On ne cessait pas, certes, d'élever des mosquées et des *tèkés*, mais en même temps on fondait quelques lycées et collèges et l'on donnait un essor à l'instruction primaire et à l'étude de la langue française, notamment dans les écoles chrétiennes. C'était une émulation dont le pays profitait et qui était encouragée, soutenue, subventionnée par les puissances étrangères, et surtout par la France. Malheureusement, le gouvernement ottoman ne favorisait pas au même degré les écoles musulmanes. Il en est résulté pour les populations chrétiennes une supériorité dont les mahométans furent justement jaloux. De là, une explosion de haines dont la réaction profita pour arrêter l'extension des réformes.

Le gouvernement turc paraissait trouver quelque sécurité dans cette antipathie de la majeure partie de la nation pour une minorité que l'intervention des puissances avait complètement grisée. Il y avait vraiment de quoi tourner les têtes les plus solides. Voir en moins de trente ans la Grèce libérée, la Serbie émancipée, la Roumanie délivrée de ses fers, le Montenegro ouvertement protégé par la Russie, n'était-ce pas là des motifs d'espérer pour tous les peuples chrétiens de l'empire ?

Il fallait, à ce moment, aviser au moyen de donner satisfaction à leurs aspirations libérales en les groupant autour d'un programme commun. Abdul-Méjid commit la faute de les favoriser seuls, sans rien accorder aux musulmans, de telle sorte que ces derniers devinrent agressifs. La division s'accentua entre chrétiens et mahométans et l'arrogance des premiers soutenue par les autorités consulaires dont l'omnipotence s'était accrue de l'aide prêtée à la Porte par les puissances chrétiennes, acheva d'exaspérer les musulmans qui ne virent dans le concours si opportunément offert au sultan par les gouvernements alliés qu'une occasion d'intervenir dans les affaires intérieures de la Turquie.

L'instinct populaire avait jugé que les intentions des puissances étaient suspectes. Il y avait, comme on dit communément, anguille sous roche. Mieux éclairé par les ministres d'Abdul-Méjid, l'esprit public aurait pris une direction favorable aux réformes. Les époques de transition sont toujours hérissées de difficultés et il faut une main très experte pour tenir les rênes du gouvernement. Au lieu de manœuvrer de façon à imprimer une bonne orientation au vaisseau de l'Etat, les pilotes qui dirigeaient le gouvernail le laissèrent aller à la dérive. Ainsi s'expliquent les troubles et les désordres qui affligèrent les dernières années du règne d'Abdul-Méjid où la réaction fut maîtresse du pouvoir.

Quand le sultan, comblé de prévenances et de témoignages d'amitié par les puissances occidentales, apprit les massacres de Djeddah, puis ceux de Damas et du Liban, il se réveilla de sa torpeur et vit l'abîme se creuser à ses pieds. Il en éprouva, dit-on, une grande tristesse.

La bonne renommée qu'il s'était acquise en Europe venait de s'effondrer. Son trône glissait dans le sang, il n'eut même pas la consolation de pouvoir se dire qu'il n'avait pas encouragé par ses complaisances le complot visant l'extermination de ses sujets chrétiens. La France était justement désolée de voir ses sacrifices aboutir à ce résultat lamentable.

En revanche, la Russie jubilait en assistant, deux années après l'homologation du traité de Paris, aux scènes sanglantes dont la Turquie était le théâtre. Quant à l'Angleterre, elle méditait sur le parti qu'elle pouvait tirer de ces désordres. A cette époque, elle n'avait pas encore désespéré complètement de l'avenir de la Turquie. Sans doute son gouvernement était un des plus mauvais, des plus détestables, des plus incorrigibles, mais il y avait une partie saine dans la nation qui désirait sincèrement les réformes sans qu'elle pût en poursuivre l'exécution avec une résolution virile. C'est de ce côté que l'Angleterre va tourner ses efforts. Cette fois les intentions de ses hommes d'Etat étaient formelles. En cas d'insuccès, ils étaient fermement décidés à abandonner le peuple turc à son malheureux sort, politique détestable, car il fallait lui faire crédit et les hommes d'Etat de la Grande-Bretagne étaient les mieux informés pour savoir que la forteresse du despotisme ne pouvait tomber sous le premier assaut. La lutte contre les réformes commencées sous le règne de Sélim III allait se continuer ardente, parfois extrêmement violente. La réaction est restée jusqu'ici maîtresse de la place avec, autour d'elle, des amas de ruines, des ruisseaux de sang et des monceaux de cadavres. Il aurait fallu la main ferme d'un Mahmoud II pour l'abattre ; Abdul-Méjid n'eut pour elle que des sourires et des caresses. Ses peuples lui décernent le titre de ghazi ou de glorieux, l'histoire impartiale ne saurait ratifier ce jugement malgré le rescrit de Gul-Khané et le Hatti-Hamayoun, deux édits qui eussent immortalisé son nom s'ils avaient été suivis d'effet. Or, on peut lire dans tous les rapports consulaires de cette époque, corroborés par les témoignages des ambassadeurs accrédités auprès de la Sublime Porte, ces appréciations sévères mais justes : « quelles que soient les intentions du gouvernement du sultan, ses mesures sont éludées et privées de toute signification par la mauvaise volonté des autorités locales. Devant un tribunal, si un Turc se porte partie plaignante ou défendante, le témoignage d'un chrétien, fût-il en état de produire cinquante témoins chrétiens, n'est jamais admis, il est obligé d'acheter le témoignage de deux musulmans. Si le plaignant veut en appeler aux tribunaux supérieurs, on lui oppose des obstacles, des délais de toute nature, et d'ordinaire il retire sa plainte après avoir encouru des dépenses considérables ».

« Le principal grief des chrétiens, la non admission de leur témoignage devant les tribunaux civils, n'a été écarté qu'en apparence ; car même dans les cours mixtes établies depuis, la disproportion entre le nombre des chrétiens et des musulmans est telle que les décisions de ces tribunaux ne dépendent que des Turcs Quant aux contributions, n'étant pas fort lourdes, elles n'auraient pas été oppressives, si elles étaient impartialement réparties ; mais malheureusement tout le poids retombe exclusivement sur les classes pauvres et particulièrement sur les agriculteurs chrétiens (1). »

On pourrait citer bien d'autres témoignages. Que si l'on met en doute leur sincérité sous le prétexte que les rapports dont il s'agit et où il n'est jamais question des souffrances supportées par les musulmans, ont été rédigés par des écrivains chrétiens, voici une déclaration non équivoque de l'un des hommes d'Etat Mahométan, qui jouissait dans les dernières années du règne d'Abdul-Méjid d'une juste célébrité.

Le prince égyptien Moutapha-Fazil s'exprimait en ces termes sur la question des réformes dans une lettre adressée au sultan :

« Vos sujets, lui disait-il, sont divisés en deux classes, ceux qui oppriment sans frein et ceux qui sont opprimés sans pitié. Les premiers trouvent dans le pouvoir illimité que vous exercez et qu'ils s'arrogent, une tentation à tous les vices, mais les seconds se dégradent eux-mêmes au contact pernicieux de leurs maîtres. Obligés sans cesse de se soumettre à des caprices odieux, ils

(1) Rapport de M. Stankey, consul d'Angleterre à Kustendjé.

contractent l'habitude d'une incroyable lâcheté morale ».

C'est à cela précisément que les conseillers d'Abdul-Méjid avaient visé, ils ont voulu opposer parti à parti, religion à religion et ils ont pleinement réussi dans leurs funestes desseins. On aurait dû, plutôt, améliorer la situation des musulmans et c'est en agissant ainsi qu'on serait parvenu plus sûrement à adoucir le sort des chrétiens.

Les volontés du sultan, à supposer qu'elles fussent sincères, étaient complètement paralysées par l'opposition des hauts fonctionnaires et des employés subalternes, résolus à laisser périr l'empire plutôt que de renoncer à un seul de leurs abus. Faut-il s'étonner après cela que les chrétiens aient cherché à s'affranchir du joug ottoman ?

Dans les Balkans, les révoltes se succédaient presque sans interruption. De 1848 à 1850 ce fut comme une marée montante dont les flots venaient se briser contre le roc déjà ébréché du despotisme. La Valachie, la Moldavie, la Bessarabie, la Transylvanie, la Bukovinie, se soulevaient, s'agitaient en un remous indescriptible. Et la Turquie faisait occuper militairement les principautés contre le gré de la Russie qui intervenait à son tour par les armes. Ce furent les préliminaires de cette guerre de 1852 que nous avons déjà rappelée à maintes reprises et qui ne fut profitable ni à la Turquie, ni à la Russie, ni à l'Europe que ses sympathies pour les peuples chrétiens des Balkans ont jetée dans des entreprises hasardeuses.

Une grande œuvre, qui honore le XIXe siècle, fut commencée sous ce règne. La guerre d'Orient et la coopération de la France à la lutte engagée contre la Russie pour la défense de l'empire ottoman eut ce résultat inappréciable de faire aboutir les négociations relatives à l'ouverture de l'isthme de Suez. En 1854, Mohammed-Saïd-Pacha, vice-roi d'Egypte, qui avait obtenu l'agrément de la Porte, octroyait à M. de Lesseps une autorisation lui permettant de constituer une compagnie universelle pour le percement du canal devant relier le golfe arabique à la Méditerranée.

Ces œuvres fécondes de la paix apparaissent, au milieu des calamités de la guerre et des turpitudes des hommes, comme ces oasis qui reposent les yeux du désolant spectacle des solitudes. Rien ne montre mieux combien sont vaines les entreprises des conquérants qui couvrent le monde de sang et de ruines. Ce que de Lesseps a fait place le nom de ce champion de la civilisation au niveau de celui de Bonaparte. Il a livré et gagné une bataille pacifique ; car on ne peut se faire une idée des efforts qu'il a fallu employer, non seulement pour réunir les capitaux nécessaires à cette entreprise colossale, mais aussi pour vaincre les difficultés diplomatiques que la jalouse Angleterre ne cessait de susciter aux promoteurs du canal.

Sous sa pression, la Porte décréta la suspension des travaux. Ismaïl avait succédé à Saïd-Pacha ; un ministre arménien, Nubar, entièrement dévoué aux intérêts britanniques, contesta à la compagnie le droit de disposer des terrains qui lui avaient été concédés le long du canal d'eau douce et prétendit réglementer le travail en réduisant le nombre des ouvriers.

Le gouvernement français intervint énergiquement tant à Constantinople qu'au Caire. Finalement, un arbitrage fut proposé et accepté. Napoléon III, désigné par les parties comme arbitre, rendit une sentence qui donnait satisfaction à tous les intérêts. A la Porte qui demandait la suppression de la corvée, il concéda le droit d'imposer des salaires ; à l'Egypte, il accorda la rétrocession de la propriété du grand canal d'eau douce entre le Ouad et Suez et une indemnité de 28 millions de francs. Enfin la compagnie obtint 30 millions de francs pour la rétrocession des terrains qui lui avaient été primitivement dévolus.

Malgré ces arrangements, l'Angleterre continuait ses agissements, mais la Porte avait cessé de prêter l'oreille à ses conseils. Elle voyait, elle sentait que cette œuvre ne lui serait pas nuisible et qu'elle lui permettrait surtout d'accéder plus facilement aux ports de la côte arabique d'où les pèlerins se rendent chaque année, en foule, aux villes saintes de Médine et de La Mecque.

L'ouverture du canal se fit en 1869. Ce fut pour Napoléon III le dernier sourire de la fortune. A remarquer, d'ailleurs, qu'il ne fut heureux que dans ses entreprises orientales toutes couronnées de succès. La guerre de Crimée en relevant le prestige de la France en Orient y développa son commerce et son influence. Elle raffermit son autorité chez les nations musulmanes et en Algérie. Enfin le canal de Suez, en ouvrant l'accès de la mer Rouge et de l'Océan Indien, rapprocha la France de ses anciennes colonies et lui montra de vastes horizons où sa puissance devait s'étendre dans la suite. Tout l'effort fut pour le profit de la France. La Turquie n'en retira que quelques minces avantages. Elle avait entrepris le relèvement de sa marine, mais ses embarras financiers, d'une part, et les troubles intérieurs, d'autre part, paralysèrent son initiative.

CHAPITRE XI

ABDUL-AZIZ

Les commencements d'un règne. — Pacification de la Syrie. L'expédition française prend fin. — Hostilités entre Turcs et Monténégrins. (1862). — Origines de ce peuple. — Influence de la Russie. — Défaite du Montenegro. — Traité de paix. — Nouveaux conflits avec la Serbie. — Intervention diplomatique de la France. — Concessions en faveur des Serbes (1865). — Union de la Valachie et de la Moldavie. — Fin du gouvernement des Fanariotes (1866). — Ingérence de la Russie. — Attitude de l'Autriche. — Confiscation des biens ecclésiastiques par la Roumanie. — Transaction. — Difficultés financières de la Porte. — Gestion de Fuad. — Succès d'un emprunt. — Rivalités entre Fuad et Moustapha Fazyl Pacha. — Exil du prince égyptien. — Grand vizirat de Méhémet Ruchdi (1866-1877). — Règlement des affaires roumaines et serbes. — Evacuation de la citadelle de Belgrade. — Retour d'Ali Pacha au pouvoir. — Insurrection en Crète. — Echec d'Omer Pacha. — Constitution d'un grand ministère. — Intrigues d'Ismaïl, khédive d'Egypte. — Force et idéal. — Physique et moral du sultan. — Pénurie du Trésor. — Détresse générale. — Mahmoud Nédim grand vizir (1872). — Troubles dans les Balkans. — Prédominance de la politique russe au palais. — Etat des partis. — Complot contre le sultan. — Portraits des principaux conjurés. — Déposition et fin tragique d'Abdul-Aziz (1876). — Mourad V, sa maladie, sa déposition. — Avènement d'Abdul-Hamid II. — Erreur fatale. — Attitude des puissances vis-à-vis de la Turquie — Considérations générales. — Prédominance de la politique germanique en Orient. — Effets de l'alliance franco-russe sur les relations de la France avec la Porte. — Alliances germaniques condamnées. — L'Angleterre abandonne la Turquie. — Conséquences désastreuses de cet abandon. — Empiétements de l'Autriche.

Monté sur le trône au milieu des troubles qui désolaient l'empire, Abdul-Aziz, malgré son désir d'enrayer les réformes, comprit néanmoins qu'il était de son intérêt de paraître en vouloir la réalisation. Il s'efforça, en conséquence, de suivre l'exemple de ses prédécesseurs, mais il le fit à contre-cœur et avec le dessein bien arrêté de ne pas mettre à exécution les projets que ses ministres élaboraient, à seule fin de donner le change à l'opinion publique en Europe et de se la rendre favorable.

Son éducation, tout à fait incomplète, l'isolement où il avait vécu pendant près de vingt années, ses relations secrètes avec le parti fanatique ou rétrograde qui fondait sur lui de grandes espérances, ne l'avaient point prédisposé à accueillir favorablement les conseils des puissances. Aussi les débuts de son règne ne donnèrent-ils que des déceptions et son premier hatti-chérif, dans lequel il affirmait sa volonté de marcher sur les traces de ses prédécesseurs, ne produisit dans le pays aucun effet.

Abdul-Méjid avait rempli les palais de femmes, Abdul-Aziz les licencia et promit de n'entretenir dans son harem qu'un petit nombre d'épouses, résolution vaine; car à quelque temps de là, il le repeuplait et les prodigalités du nouveau sultan égalaient, si elles ne les dépassaient, les folies dispendieuses d'Abdul-Méjid. Un fait est à noter d'ailleurs, c'est que le monarque qui arrive au trône fait toujours place nette dans son palais, soit qu'il ait ses créatures à caser, soit, en ce qui concerne le harem, qu'il lui répugne de garder des esclaves qui ont servi aux plaisirs de son devancier.

Ali Pacha détint le sceau pendant un temps relativement long. Diplomate habile et homme intègre, il essaya, sinon de supprimer les difficultés contre lesquelles l'empire avait à lutter, du moins de les écarter temporairement. Les affaires de Syrie furent arrangées tant bien que mal, quelques coupables et parmi eux le gouverneur militaire de Damas, furent châtiés. On accorda des indemnités aux survivants, des chrétiens de marque reçurent de hauts grades et se hâtèrent de construire des palais avec l'argent extorqué aux victimes qui, naïvement, les avaient chargés de leurs intérêts. Il y eut, à ce moment-là, des actes scandaleux. Fuad, appuyé par la population chrétienne qu'il avait su gagner par ses libéralités, soutenu par les chefs religieux des différentes Eglises si accessibles en Orient à la corruption, poussé et encouragé par les commissaires européens désireux de mettre fin à l'intervention de la France et, doit-on l'avouer, par les représentants mêmes de cette puissance, Béclard, Beaufort d'Hautpoul, pouvait déclarer au sein de la conférence que la présence des troupes françaises devenait inutile en Syrie. Les agents de la Grande-Bretagne se rallièrent les premiers à cette motion. Ces arguments ne convainquirent pas le cabinet de Paris qui désirait voir à la tête du gouvernement de la Montagne un prince libanais. Redoutant tout de la prolongation du séjour des soldats français en terre syrienne, craignant peut-être un débarquement en Egypte, l'Angleterre, comme nous l'avons rappelé, insista auprès de l'hôte des Tuileries pour le retrait de l'expédition, elle réitéra ses instances et finit par menacer Napoléon d'une occupation de la vallée du Nil par les troupes britanniques. Il céda et l'expédition prit fin au grand désespoir des populations chrétiennes.

Cependant la Russie s'était juré de troubler le repos et la tranquillité du sultan. Le Liban pacifié (1), le Montenegro s'insurgea contre la Porte. Ici la partie était grosse de dangers ; car la Russie pouvait intervenir à un

(1) La conférence européenne lui octroya une charte encore en vigueur dans ses principales parties. Un gouverneur chrétien fut nommé qui s'efforça de limiter les prérogatives de la Montagne en introduisant dans son administration les procédés de corruption usités dans toutes les provinces ottomanes.

moment donné. Il s'agissait donc d'étouffer la rébellion dans le sang. Deux armées marchèrent contre les Monténégrins.

Un regard rétrospectif jeté sur les origines de ce peuple héroïque, dont l'histoire est écrite sur ses rochers avec le sang de ses enfants, est ici nécessaire.

Au moment où la Serbie vit ses vastes plaines envahies par les hordes ottomanes victorieuses, ses plus vaillants guerriers chassés et refoulés par l'ennemi, s'étaient réfugiés dans les gorges sauvages de la Tsernagara où l'un de leurs chefs, Ivan Tsernoïevitz fit de Tsettinje (1) sa résidence. Il commença contre les Turcs cette mémorable lutte dans laquelle lui et ses successeurs montrèrent les qualités de chefs de clans, indomptables à la guerre en même temps qu'ils étaient animés d'une grande passion pour la liberté. L'un d'eux, Danilo Petrowitz, illustra la Montagne Noire par le gain d'une de ces batailles qui font époque dans la vie d'un peuple. En 1711, il écrasa l'armée turque à Marchouliou et s'attira par cette victoire les sympathies de la Russie. Cette puissance n'eut garde de dédaigner un aussi précieux auxiliaire. Elle conclut un traité d'amitié avec le Montenegro qui jouit, depuis cette époque, de sa protection. De 1711 à 1800, les chefs de la Montagne reçurent en quelque sorte leur investiture des Czars.

D'abord purement religieuse sous les « valdikas » ou princes évêques, le pouvoir autocratique avait passé aux mains d'un séculier et la Russie reconnut le prince Danilo, descendant du prince Petrowitz, comme chef héréditaire du Montenegro. L'influence russe y était tellement prépondérante qu'on a pu dire justement de ce pays qu'il constituait une sentinelle avancée de la Russie en Orient.

(1) Cettigne.

Les guerres avec la Turquie, déjà très fréquentes, étaient devenues depuis 1852 à l'état endémique. On se battait constamment entre Turcs et Monténégrins, la Porte n'ayant pas cessé de convoiter la possession de la Montagne Noire pour l'asservir à son joug. Tantôt la Russie intervenait pour préserver le Montenegro d'un écrasement complet et tantôt c'était l'Autriche qui lui prêtait son concours. Il arriva parfois, comme en 1854, que les deux puissances s'entendirent pour le protéger, de sorte que la Turquie ne put jamais le subjuguer.

Cependant, en 1858, les hostilités avaient recommencé et le divan, de plus en plus décidé à mettre la main sur la Tsernagora, y envoya une armée, commandée par Hussein Pacha, qui fut écrasée à la journée de Grahovo par Hirko Petrovitj, frère du prince. Le général ottoman laissa 3.000 hommes sur le terrain et toute son artillerie (1).

En 1860, Danilo fut assommé à Cattaro et son neveu Nicolas Petrovitj lui succéda. Trop jeune encore pour commander, il laissa la conduite de son petit gouvernement à Hirko, qui fit à la Porte une guerre d'embuscades. En 1862, aussitôt après l'avènement d'Abdul Aziz, Omer Pacha recevait l'ordre d'attaquer le Montenegro qui refusait de se soumettre aux injonctions du divan. Celui-ci lui demandait de désarmer et de licencier ses troupes. Attaqué par trois corps turcs, Hirko opposa partout à l'ennemi une résistance vigoureuse, battant à plate couture, au passage de la Lin, une des armées envahissantes et tenant en échec les deux autres. Toutefois, Derviche Pacha, un des lieutenants d'Omer, étant parvenu à tourner le défilé de la Duga, il força Hirko à battre en retraite ; profitant du repos que le vainqueur s'était donné, le commandant monténégrin

(1) *Histoire de la Turquie*, par de La Jonquière, chez Hachette.

revint à la charge et remporta coup sur coup deux victoires décisives qui obligèrent les Ottomans à se retirer au delà de leur première ligne d'attaque.

Le généralissime turc changea alors de tactique. Sachant que les Monténégrins étaient dépourvus de canons, il refusa toute rencontre avec eux et employa son artillerie à détruire leurs villages, leurs forêts, leurs campements. A la journée de Ricka, Hirko qui avait pris l'offensive contre l'ennemi, faillit le déborder, mais à la fin, il dut céder à la force du nombre et surtout à la supériorité des canons. Les Monténégrins ayant été, en quelque sorte décimés, Omer Pacha put investir Tsettinje. On traita de la paix ; les conditions en étaient si dures que la Russie protesta contre les exigences de la Porte. Toutefois, elle était isolée en Europe et sa protestation resta sans effet. Le Montenegro, forcé de se soumettre, vit s'élever des blockhaus sur ses frontières et jusques sur son territoire. Tout le pays restait ainsi ouvert aux incursions des Ottomans. L'Herzégovine, dont les habitants s'étaient déclarés en faveur du Montenegro, fut alors châtiée d'une manière exemplaire.

La Serbie, qui avait gardé jusque-là une neutralité apparente dans le conflit turco-monténégrin, sentait l'agitation grandir au sein des villes et des campagnes.

Les nécessités de la guerre avaient amené la Porte à amasser sur les frontières serbes des bandes de bachi-bouzouks qui s'y livraient à toutes sortes de déprédations. Les Obrenovitch, en possession du pouvoir depuis peu d'années seulement, cherchaient à raffermir leur autorité par une manifestation hostile contre la cour suzeraine ; aussi des troubles ne tardèrent-ils pas à éclater de ce côté. La forteresse de Belgrade où les Turcs tenaient garnison fut, une première fois, l'occasion d'un conflit sanglant entre les habitants et les troupes casernées dans le château. Le gouverneur de la citadelle ouvrit aussitôt le feu sur la ville et des quartiers entiers furent réduits en cendres (1864). La France s'émut de ces événements et proposa une conférence dont les travaux furent paralysés par l'opposition du divan et l'hostilité manifestée par l'Angleterre et l'Autriche. La Turquie continua donc d'occuper la citadelle qui était une perpétuelle menace pour les habitants. Néanmoins, elle voulut bien se dessaisir du droit d'exercer la police à Belgrade. La diplomatie française réussit à obtenir, en 1865, de la Porte une convention qui adoucit la situation intolérable faite aux Serbes par cette occupation. Grâce à un accord conclu avec le divan, les propriétés appartenant aux Turcs furent rachetées par le gouvernement serbe, qui parvint ainsi à circonscrire les causes de conflit.

D'autre part, la Valachie et la Moldavie ayant élu un même hospodar pour les gouverner, en la personne du colonel Couza, et cet événement s'étant produit en 1860 au moment même où les troubles du Liban préoccupaient si vivement la Porte, celle-ci n'eut garde de contredire les résolutions de l'assemblée moldo-valaque, qui venait de voter cette fusion. Elle les ratifia, au contraire, par une décision qui rendit officielle l'union des deux principautés, les débarrassant du gouvernement des Fanariotes plus tyrannique et plus corrupteur que celui des Ottomans. L'attitude de la diplomatie russe, particulièrement favorable aux Fanariotes et au maintien des prérogatives du patriarcat œcuménique de Constantinople en ce qui concernait la propriété des biens ecclésiastiques, avantagea d'une manière inattendue les principautés, auxquelles il fut donné de constater un revirement en Autriche en leur faveur. Celle-ci se joignit à la France pour soutenir leurs revendications. Les bonnes dispositions manifestées par le cabinet de Vienne n'eurent pas malheureusement une longue durée, et peu après, on le vit se séparer du cabinet de Paris pour appuyer indirectement les prétentions du Fanar qui, disposant des revenus ecclésiastiques des principautés, n'eut pas beaucoup de peine à empêcher la Porte de ratifier les décisions du prince Couza. Ce dernier, par un acte hardi, confisqua les biens des couvents grecs leur offrant comme compensation une indemnité de cent millions de piastres, environ vingt millions de francs, destinés à alimenter les œuvres des moines dans les lieux saints.

Sans se désintéresser complètement de ces querelles qui divisaient la grande famille orthodoxe, les ministres d'Abdul-Aziz y voyaient plutôt un motif d'intervention. Les Grecs du Fanar commençaient, d'ailleurs, à avoir des protecteurs au palais dans l'entourage du souverain et le grand vizir Ali-Pacha, débordé, assailli par les demandes qui pleuvaient sur lui, toujours indécis, n'osait prendre une détermination qui eût mis fin au conflit. A l'instigation de la Russie et sur les instances de personnages influents acquis au Fanar, il finit même par repousser le décret de sécularisation des biens ecclésiastiques voté par l'assemblée roumaine. L'attitude hostile de la Russie s'expliquait aisément par son désir de ne favoriser que les Slaves et les Grecs contre les Roumains ou Valaques appartenant à une autre race et ne jouissant pas de ses sympathies.

En 1866 le prince Couza tombait du pouvoir à la suite d'une conspiration organisée par les agents de la Russie. Les représentants des puissances se réunirent aussitôt en conférence pour lui donner un successeur. Fuad avait remplacé Ali Pacha. Dévoué aux intérêts de l'Angleterre, il appuya la candidature du prince Charles de Hohenzollern au gouvernement de la Roumanie et, par ce choix, la Russie se trouva frustrée de ses espérances. L'Europe lui signifiait, pour la seconde fois, qu'elle n'entendait pas lui abandonner la direction des affaires dans les Balkans.

Abdul-Aziz luttait péniblement contre ces difficultés diplomatiques, quand la situation financière s'aggrava tout d'un coup. Le papier monnaie « caïmé » lancé par le gouvernement sur le marché était déprécié et le peuple murmurait de voir l'Etat prélever sous cette forme un emprunt forcé. Fuad eut cette rare fortune, grâce au concours que lui prêta l'Angleterre, de conclure un emprunt de huit millions de livres qui permit de retirer les « caïmés » de la circulation. En même temps, ce ministre, qui eut beaucoup d'initiative, autorisait l'établissement d'une banque franco-anglaise « la Banque Impériale Ottomane » qui a rendu jusqu'ici les plus éminents services au pays et à l'Etat. Il obtenait également du sultan la réduction de sa liste civile. Il fut secondé dans sa tâche par Moustapha-Fazil Pacha, prince égyptien d'un esprit très cultivé et dévoué au parti libéral. Moustapha ne tarda pas à se séparer de Fuad. Cette rivalité entre les deux hommes d'Etat ottomans, fut très nuisible aux intérêts de la Turquie et Fuad, pour se maintenir au pouvoir, se vit obligé de fournir des sommes considérables à son maître afin de conserver ses bonnes grâces. Il obtint, en outre, l'éloignement de Moustapha-Fazil qui se rendit en Europe où il publia des manifestes retentissants. Le vide se fit de nouveau dans le trésor qui, malgré l'énorme emprunt conclu à Londres, allait se trouver dans l'impossibilité de servir les intérêts de la dette. Un fonctionnaire égyptien Kiani Pacha, appelé dans ces circonstances critiques à administrer les finances de l'empire, parvint à y introduire un peu d'ordre, mais le mal s'était trop aggravé pour être masqué par des palliatifs. Le tort de Fuad fut de croire que l'adoption de certaines mesures financières suffirait à applanir les difficultés contre lesquelles l'Etat avait à lutter et ferait affluer l'argent dans les caisses publiques. Il fallait des remèdes plus énergiques et plus efficaces. On doit néanmoins reconnaître que la réalisation des mesures recommandées par Kiani Pacha n'était rien moins qu'aisée. Comment, par exemple, Fuad aurait-il fait pour arrêter les folles dépenses du palais ? Un délai était nécessaire pour aboutir à un résultat et l'on ne pouvait attendre. Le sultan, ébloui par la quantité d'or que l'opulente Angleterre venait de jeter en Turquie, refusait obstinément de croire à la misère publique et au dénûment du Trésor. Il se mit à changer de grand-vizir, exigeant de chacun d'eux un expédient quelconque pour lui trouver de l'argent.

Méhémet Ruchdi avait succédé à Fuad, il commençait à remettre en état les finances de l'Empire, quand il tomba du pouvoir, mais il avait déblayé le terrain en réglant les démêlés de la Porte avec la Roumanie par la reconnaissance formelle de son autonomie. Il alla plus loin, il accorda les honneurs royaux à son prince. Il avait estimé, non sans raison d'ailleurs, que la Roumanie pouvait devenir un obstacle aux ambitions moscovites. Bientôt les couleurs serbes flottèrent sur la citadelle de Belgrade, grâce à l'intervention de la France fort bien accueillie par Ruchdi, comme s'il eût voulu par là accorder une compensation au cabinet de Paris. Ces concessions mécontentèrent l'opinion et Ruchdi dut céder de nouveau sa place à Ali qui se vit en face d'autres difficultés. La Russie venait de fomenter une insurrection en Crète. Omer Pacha, chargé de réprimer la révolte, fut moins heureux qu'au Montenegro. Quelques échecs qu'il avait subis indisposèrent le palais contre lui et, la crise devenant plus intense, on eut recours à une sorte de grand ministère composé d'Ali, de Fuad et de Méhémet Ruchdi. En même temps un marin anglais, Hobart Pacha, au service de la Turquie, menaça la Grèce avec la flotte ottomane fortement réorganisée par lui. L'insurrection crétoise fut enfin écrasée par des forces supérieures, les Puissances n'ayant pas voulu, dans cette circonstance, favoriser les visées de la Grèce. Elles dotèrent, néanmoins, la Crète d'un règlement organique, calqué sur celui qui existait au Liban (1867).

Cependant, la situation financière empirait de jour en jour. Ismaïl Pacha, khédive d'Egypte, au courant de la détresse de son suzerain, vint à son secours avec l'intention d'obtenir de lui, en échange, un firman modifiant l'ordre de succession dans la famille de Méhémet-Ali. Les négociations relatives au canal de Suez avaient fait rentrer pas mal d'argent dans les coffres du sultan. ; mais tout disparaissait dans le gouffre. Les emprunts ne donnaient plus et les ministres qui pouvaient encore inspirer assez de confiance à l'Europe pour lui soutirer quelques millions, hésitaient à le faire, craignant d'aliéner les ressources de l'Etat, déjà passablement ébréchées. On savait le sultan insatiable et l'on rusait avec lui pour l'empêcher de gaspiller les revenus de l'Empire. Au surplus, le service des coupons ne se faisant pas régulièrement, les plaintes des porteurs des titres commençaient à affluer à la Porte. A ce moment, un incident faillit brouiller Ali Pacha, grand vizir, avec Ismaïl Pacha qui ne parlait de rien moins que de s'affranchir, après avoir conclu des emprunts et créé une marine. Ali voulut l'arrêter dans cette voie et lui intima l'ordre de lui rendre compte désormais de sa gestion. Ismaïl, fort de la bienveillance que lui témoignait le sultan, éluda la difficulté et les événements de 1870 survenant l'aidèrent à sortir d'embarras. Du reste, Ali ne tarda pas à mourir et le cabinet de St-Pétersbourg, profitant des malheurs de la France avait dénoncé le traité de 1856. Le sultan prit peur et jugea utile à ses intérêts de se rapprocher de la Russie. Ismaïl favorisait cette politique, sinon par lui-même, du moins par des intermédiaires qui poussaient le sultan à commettre les plus insignes folies. Ceux-ci avaient des accointances avec l'ambassadeur du czar à Constantinople, le comte général Ignatief.

Depuis longtemps la Russie encourageait par ses agents la corruption qui existait en Turquie et sur laquelle elle comptait pour accélérer la chute de l'Empire ottoman. Abdul-Aziz servait évidemment ses projets mieux qu'elle ne l'aurait fait si elle avait eu recours à la force. Et dès lors, il est bien probable qu'elle aurait renoncé à la guerre de 1877 si elle n'avait été débordée par les exigences du monde slave. Ces aspirations politiques de races, ayant entre elles une commune origine et dépendant de la même religion, sont irrésistibles. Le peuple russe ne pouvait leur opposer un scepticisme qui n'est pas dans sa nature et le gouvernement des czars n'aurait eu aucune politique extérieure s'il n'avait soutenu ces aspirations par l'éclat de ses armes. Il faut un idéal aux nations pour se laisser mener. La Russie doit, sinon son extension, du moins ses succès diplomatiques à l'intérêt qu'elle a porté aux Slaves en particulier et aux chrétiens d'Orient en général. C'est par leur intermédiaire qu'elle a pris contact avec l'Europe et qu'elle a élargi ses frontières, tant à l'Est qu'à l'Ouest de son vaste Empire. Elle a par ce moyen dépouillé la Turquie du Caucase, de la Circassie, d'une portion de l'Arménie et aidé, d'autre part, à l'émancipation de pays comme le Montenegro, la Serbie, la Roumanie et la Bulgarie, en chassant les Turcs de l'Europe et en les refoulant au delà des Balkans. Cette politique s'imposait donc à la Russie d'une manière impérieuse et c'est pour avoir paru y renoncer depuis un quart de siècle que son étoile pâlit. Si ce renoncement devait durer encore vingt ou trente années, ce serait fait de l'influence russe au Levant et sa puissance naguère radieuse en subirait une éclipse totale. Les nations ne grandissent pas à l'ombre de la paix, il est nécessaire qu'elles luttent contre vents et marées pour développer leurs forces physiques et morales. Le repos leur est aussi pernicieux qu'aux individus et les travaux pacifiques ne peuvent remplacer les avantages de la guerre. Que si l'on nourrissait des armées à rien faire, les masses acquerraient bientôt la conviction que ces armées sont inutiles. De même pour la Turquie, elle ne s'est soutenue jusqu'ici que par son fanatisme belliqueux. Elle s'est souvenue que les Arabes d'Espagne s'étaient étiolés dans le repos, l'inactivité et les exercices intellectuels. Elle a marché sur l'Europe le cimeterre au poing et l'on peut constater que sa décadence date de l'époque où, s'étant affaiblie en répandant abondamment son sang, elle dut renoncer à ces excursions dévastatrices qui entretenaient dans les âmes des mahométans le feu sacré.

Elle eut, sans doute, sur ses voisins d'Occident cette infériorité qui résulte de sa négligence à profiter des richesses que renferme son sol. C'est ce qui constitue encore sa faiblesse, mais s'il lui reste quelque vigueur, elle le doit au fanatisme et, oserai-je le dire, à l'ignorance populaire qu'elle entretient soigneusement en Albanie, en Arabie et dans ses autres possessions. Se sentant incapable d'égaler l'Europe, elle veut vivre ainsi sur son propre fonds en exploitant l'idée religieuse jusqu'à en extraire toute la vertu.

Abdul-Aziz appartenait corps et âme à cette école du fanatisme dans laquelle tous les princes ottomans sont élevés. Les quelques progrès extérieurs qui se sont accomplis sous son règne représentaient ce que les aigrefins de la politique turque désignent par ce mot : *eïlindjé* ou amusements. Ce n'était pas de ce sultan qu'on pouvait espérer un changement si minime fût-il dans l'orientation à donner à l'esprit public qui a gardé sa solennelle médiocrité avec des effervescences malsaines. Son imagination était hantée par des rêves de grandeur et d'opulence auxquels l'or des emprunts avait donné une intensité telle qu'on se demande, vraiment, si ce monarque était responsable de ses actes. Il y avait chez lui des signes de folie, de cette folie dont sont atteints tous les despotes et qui se traduit par des caprices extravagants. Un jour, il ordonnait à l'un de ses chambellans de ne plus porter la barbe, et le lendemain, il exigeait de lui qu'il la fît repousser. Il aimait les combats de coqs et il se plaisait à conférer à ces volatiles des dignités et des décorations. Si son moral était affaibli, sa personne était superbe. C'était un monarque altier et de haute stature, dans la force de l'âge (1).

Lorsque je le vis pour la première fois, au retour du Sélamlik (prière du vendredi), il produisit sur moi un grand effet. Monté sur un magnifique cheval arabe, gris pommelé, il m'apparut plus grand qu'il ne l'était en réalité ; le port était imposant et majestueux ; les yeux vifs étaient tempérés par la douceur du regard. Le teint, d'un mat très chaud, ressemblait à de l'or qu'on aurait embruni ; ses cheveux tout grisonnants, s'échappaient par petites touffes folles de dessous son *fez* rouge. Chez Abdul-Aziz, la bouche était sensuelle, la lèvre dédaigneuse ; l'ensemble de la physionomie avait quelque chose de vague et d'indéfinissable. La tête, bien ajustée, bien en place, était empreinte de beaucoup de dignité et de noblesse. En le regardant attentivement, on devinait en lui un homme à grandes passions.

Sa mise très soignée attestait ses goûts artistiques ; mais le front n'avait ni ce reflet que donne une intelligence pénétrante, ni cette transparence lumineuse qui

(1) Il avait à peine cinquante ans.

indique le labeur de la pensée, ni ces rides qui sont parfois un indice de la volonté. C'était le type achevé du despote asiatique, en tout son réalisme, mais d'un despote bienveillant. Il ne demandait à ses ministres qu'une seule chose, c'est que sa cassette particulière fût toujours pleine et que les affaires de l'Etat fussent réglées sans qu'il en éprouvât le moindre ennui. Pour le reste, il les laissait libres d'agir à leur guise.

Toutefois, ses dépenses excessives obéraient le Trésor : des palais fantastiques, de magnifiques mosquées, des casernes immenses surgissaient de toutes parts. Les architectes de Stamboul et de Péra étaient constamment sur les dents. Le Kalfa arménien Serkis dépensait chaque année, à lui seul, plus de millions qu'il n'en eût fallu pour entretenir plusieurs corps d'armée. Deux mille femmes, princesses du sang, sultanes, odalisques, kaséki (favorisées) ou simples esclaves, emplissaient les palais de Théreghan et de Dolma-Baktché, abeilles paresseuses et indolentes, mais voraces et insatiables auxquelles on devait servir matin et soir des tables surchargées de mets succulents.

Les premières années du règne d'Abdul-Aziz, les années grasses, s'étaient écoulées dans l'abondance ; à ce moment là l'argent des emprunts affluait à Constantinople. Le gouvernement regorgeait d'or et, à son tour, il en inondait le harem, le palais et ses alentours ; mais les années maigres étaient venues et avec elles le cortège des misères attachées à leurs flancs. Tous les banquiers de Galata étaient mis à contribution et les cerveaux, surchauffés par le gain, travaillaient nuit et jour à découvrir de nouvelles combinaisons qui permissent de prêter de l'argent au gouvernement à des taux usuraires. L'Europe, nous l'avons déjà dit, se refusait obstinément à avancer de nouvelles sommes qui eussent, d'ailleurs, été englouties comme les centaines de millions qui les avaient précédés sur la route de Constantinople. Il fallait d'abord remédier au désordre qui régnait dans le palais, on aurait vu après. Comment remédier à ce désordre ? Personne n'osait dévoiler la vérité au sultan et chaque jour on avait recours aux expédients pour échapper à la gêne.

Bien que des fortunes scandaleuses eussent été édifiées sur les opérations financières faite par l'Etat à des conditions onéreuses, notamment sous le premier vizirat de Mahmoud Nédim, ceux qui en avaient bénéficié ne voulurent plus risquer leurs gains. Ils désertaient la capitale pour des motifs de santé et prolongeaient indéfiniment leur séjour en Europe. La détresse, en un mot, était générale.

A la fin de l'année 1875 il y eut un revirement et la confiance commença à renaître. On disait que le sultan s'était rendu compte de la situation et désirait dorénavant introduire des économies sérieuses non seulement dans le gouvernement, mais aussi dans le harem. Il s'était fait présenter un état journalier des dépenses et il avait été frappé de la dilapidation qui régnait dans les cuisines et dans les écuries impériales. Les cuisines consommaient à certains jours plus de 500 moutons, de 1.500 à 2.000 ocques de beurre, des quantités incroyables de légumes et de lait. Les chevaux dévoraient journellement plus d'orge et de paille qu'il en eût fallu pour nourrir les chevaux de plusieurs régiments de cavalerie. Constantinople, y compris sa banlieue, ne consommait pas en un mois le café qu'on était censé boire dans le sérail en un seul jour.

Le sultan, las des plaintes qui lui parvenaient sur la gestion de Mahmoud, avait appelé au grand-vizirat un homme d'une haute probité, Essad-Pacha. Il plaça sous les yeux de son maître les extraits des registres qu'il avait découverts dans un coin du palais. Il obtint du sultan qu'une commission fût nommée pour introduire un peu d'ordre et de méthode là où il n'y avait que coulage, gaspillage et vol manifeste ; mais les bénéficiaires de ces extravagantes prodigalités formèrent une cabale contre l'honnête ministre qui avait eu le courage de dénoncer leurs turpitudes. Il fut renversé du pouvoir et fut remplacé par Mahmoud Nédim. Cet homme d'une probité douteuse sut grouper autour de lui plusieurs catégories d'intérêts diamétralement opposés à ceux de l'Etat, mais qui lui donnaient une certaine élasticité pour traiter les affaires et mettaient momentanément à sa disposition des ressources qu'un autre que lui eût été incapable de trouver.

Il devait cela à sa réputation de brasseur d'affaires et de spéculateur audacieux qui ne redoutait pas les responsabilités. Il était connu sur la place de Galata pour un partisan zélé de la politique russe.

Mahmoud Nédim au pouvoir, c'était la guerre conjurée, la paix raffermie, et avec la paix une magnifique floraison de tous les tripotages que l'imagination dévergondée de financiers véreux pouvait inventer.

Malheureusement, la situation économique était trop tendue et tous les moyens imaginés par Mahmoud, avec la complicité d'un arménien Artin-Dadian sous secrétaire d'Etat à l'office des affaires étrangères, n'étaient que des palliatifs. On marchait à grands pas vers la banqueroute et vers la guerre à laquelle le général Ignatief travaillait depuis si longtemps.

A la faveur de ces complications, le parti libéral en Turquie se renforçait. On désignait sous ce nom les quelques hommes qui rêvaient pour leur pays d'autres destinées, un changement de régime, la création d'un parlement, un système nouveau de gouvernement qui eût amélioré la situation de l'Empire, en un mot la substitution du régime parlementaire au régime despotique, cause principale des malheurs dont souffrait la Turquie.

Ce parti reconnaissait pour son chef Midhat-Pacha, fils d'un ancien magistrat de province, homme d'initiative et de courage. Il en fallait certes pour saper jusque dans ses bases le pouvoir absolu ; Midhat avait pour lui, d'une part, l'opinion, et d'autre part, l'appui de l'Angleterre qui, prévoyant des complications prochaines avec la Russie, tenait essentiellement à s'assurer le concours du seul groupe politique qui, à ce moment-là, avait de la vogue et jouissait d'un crédit populaire.

Une grande émulation s'était emparée en même temps de la jeunesse des écoles (médressé), laquelle, obéissant à son tour au mot d'ordre donné par quelques notabilités du parti libéral, demandait à hauts cris une constitution. Une constitution, c'était, en effet, le salut, puisqu'il était clairement démontré que le pouvoir discrétionnaire des sultans avait mené la Turquie à sa ruine.

Du reste, il était de notoriété publique que l'héritier présomptif du trône, le prince Mourad, était personnellement favorable à ces idées. Ces dispositions étaient d'un heureux augure ; car en Turquie rien de durable ne peut exister sans l'adhésion et le concours absolu du chef suprême de l'Etat. Il y avait donc là les éléments d'une véritable rénovation sociale qui aurait pu s'accomplir heureusement sans effusion de sang, si des circonstances particulières, que nous aurons à rappeler, n'avaient pas forcé les meneurs à précipiter le dénouement et à recourir à des mesures radicales qui n'étaient pas d'abord dans leur pensée.

Sans doute, on ne pouvait pas espérer rallier le sultan aux idées modernes. Dès lors, deux moyens se présentaient à l'esprit. Il fallait ou attendre la fin du règne d'Abdul-Aziz qui promettait de fournir encore une longue carrière, le sultan jouissant d'une robuste santé, ou bien le déposséder par la force et procéder à l'installation de son successeur, opération délicate qui rendait nécessaire une révolution. Il eût été sage de l'éviter ; mais les conceptions révolutionnaires, alors même qu'elles se proposent d'accomplir par un acte réfléchi une évolution, ne vont pas sans une certaine brutalité dans l'exécution et sans la hâte inséparable de la réalisation d'événements qui, en se rapprochant du but à atteindre, marchent plus rapidement qu'on ne le voudrait.

Des hommes hardis, notoirement connus pour leur patriotisme, comme Midhat et Husseïn-Auni, des ministres austères comme Ruchdi et Namik, qui comptaient à eux deux plus d'un siècle de loyaux services, des professeurs d'un rare mérite tels que Agah, Zia et Ahmed-Véfik, essayèrent vainement de donner de bons conseils au souverain. Celui-ci, n'écoutant que la voix de ses favoris, glissait de plus en plus vers l'abîme.

C'était le temps où un autre prodigue, Ismaïl-Pacha, ancien kédive, menait de front une foule d'intrigues à Constantinople. Il avait fait choix, pour le représenter en cette ville, d'un Arménien, Abraham-Pacha, qui en se modelant sur le sultan, vivait dans un faste royal et jetait à pleines mains l'or de l'Egypte. Il avait ses grandes entrées au palais où il s'était fait par ses largesses une situation privilégiée. Favori de deux maîtres, Ismaïl et Abdul-Aziz, dont l'un le gorgeait de son or, tandis que le second le comblait de ses faveurs, il fut également funeste à l'un et à l'autre. Dans ce milieu délétère où tous les systèmes de corruption étaient connus et pratiqués, il sut trouver de nouveaux moyens pour capter la confiance du sultan. C'est lui qui organisa ces fameux voyages à Constantinople et en Europe qui coûtèrent des centaines de millions à Ismaïl et aboutirent finalement à modifier l'ordre de succession au trône kédivial. On a pu dire au sujet de ce firman que chacune de ses lettres avait coûté un million.

C'est à la faveur de ces millions qu'Abraham s'introduisit au palais où toutes les portes lui furent ouvertes. C'est grâce à cet argent follement dépensé qu'il put exercer un grand ascendant sur l'esprit du Sultan et développer démesurément ses goûts dispendieux.

Cependant, l'horizon politique allait s'assombrissant de plus en plus. Tandis qu'à l'intérieur, l'empire était plongé dans la plus profonde détresse, la rébellion, prélude de la guerre, éclatait en Herzégovine. La péninsule balkanique était travaillée par des émissaires russes qui, en la parcourant dans tous les sens, excitaient les populations chrétiennes de la Turquie d'Europe à se soulever contre l'autorité légitime du sultan.

De son côté, le général Ignatief entretenait habilement le feu de la discorde, le modérant ou l'excitant suivant les besoins de sa politique et déployant, soit dans la capitale de la Turquie, soit au dehors, une activité prodigieuse.

Dans l'état d'anarchie où le gouvernement était tombé, l'hôtel de l'Ambassade russe était devenu le rendez-vous de tous les agitateurs, le lieu où se nouaient et se dénouaient toutes les intrigues diplomatiques. Le représentant du czar à Constantinople avait si bien manœuvré dans cette circonstance qu'il était devenu réellement le maître de la situation, soit qu'il voulût précipiter les événements vers la guerre, soit qu'il restât dans l'expectative, favorisant ainsi le désordre et l'anarchie qui avaient déjà fait de terribles ravages en Turquie.

La prédominance excessive de la politique russe à Constantinople était la caractéristique de cette époque de décomposition et de décadence. Tout le monde subissait son ascendant et, par le fait même que la situation était mauvaise, il se trouvait que tous la servait, les uns par peur, les autres par faiblesse et d'autres par intérêt.

Cette prédominance de la Russie tenait, comme nous l'avons déclaré, au désarroi général augmenté par les incessantes revendications des peuples chrétiens dont les échos menaçants arrivaient aux oreilles du Sultan. Elle provenait également de ce que, en 1875 et 1876, l'état de l'Europe ne lui permettait pas d'intervenir activement dans les démêlés qui, depuis la guerre de 1870, avaient surgi entre la Porte et le cabinet de St-Pétersbourg. La France se relevait à peine de ses désastres et il n'entrait pas dans ses desseins de s'opposer à la politique de la Russie qui se montrait sympathique à son égard : l'Allemagne semblait se désintéresser de la question orientale, d'autant qu'elle ne voyait pas avec déplaisir la Russie s'engager dans une guerre coûteuse.

Préoccupé des menaces de la Russie, affolé par l'idée qu'il pouvait manquer d'argent, forcé de restreindre ses dépenses, Abdul-Aziz devenait de plus en plus excitable. Son système nerveux, soumis à des tiraillements continuels, s'exaltait au fur et à mesure que les difficultés devenaient plus pressantes et plus invincibles. La perspective d'une guerre qui pouvait éclater d'un moment à l'autre l'effrayait. Toutes ces causes réunies avaient peu à peu obscurci son jugement et détendu chez lui les ressorts de la volonté. Au lieu de tomber dans cet état de prostration calme et digne où l'inertie supplée quelquefois à la force, il se laissa aller à de grands emportements, ce qui fit croire à son entourage qu'il était menacé de démence. Il n'en était rien. Les preuves abondent à cet égard, Abdul-Aziz a été un prodigue insatiable, mais jusqu'à sa mort il a conservé toute sa raison. Le bruit de sa folie fut néanmoins accrédité dans le public par les meneurs du complot d'Etat pour justifier l'acte par lequel ils allaient le déposséder de son trône.

Les conciliabules allaient leur train ; ils étaient devenus plus fréquents et les estafettes entre la Porte et le Palais se multipliaient : on n'écrit guère en pareilles circonstances, on parle à demi-mots, on baisse la voix pour que personne ne vous entende et l'on se demande si les murs n'ont point d'oreilles, si les portes ne sont point entre-baillées, si la respiration même n'est pas quelquefois indiscrète.

Ce qu'il y eut de particulièrement lamentable, ce fut la complicité des serviteurs du Sultan. Quelques-uns d'entre eux avaient été gagnés par Mahmoud-Damad à la cause de Mourad. Sans savoir exactement ce qui se préparait dans l'ombre, sans connaître l'étendue et la portée de leur trahison, ils épiaient les moindres faits et gestes de leur maître et venaient nuitamment en rendre compte aux chefs du comptot.

Une chose particulièrement intéressante à noter, ce fut l'attitude des conjurés. Ils n'étaient d'abord que deux : Midhat s'en était ouvert à Ruchdi, l'ancien grand vizir. Après un long moment de réflexion, pendant lequel on juge de l'inquiétude de Midhat, il avait répondu à ce dernier :

— J'approuve votre idée de déposséder le Sultan, j'y ai moi-même songé plus d'une fois, je ne vois pas d'autre moyen de sauver le pays.

Midhat s'était déjà entendu avec Mahmoud-Damad qui, comme nous l'avons dit, affectionnait particulièrement le prince Mourad.

Mahmoud était allié à la famille impériale. Il avait épousé une princesse du sang, la sœur de Mourad. Il se disait, en outre, excellent patriote ; en tous cas il a prouvé qu'il était capable de dévouement pour ceux qui le touchaient de près. Il restait à accomplir la tâche la plus difficile, celle de gagner le ministre de la guerre.

Midhat profita de la première occasion pour pressentir à cet égard Hussein-Auni. Ce dernier avoua immédiatement avec une franchise toute militaire que Mahmoud lui avait déjà confié son projet, qu'il l'avait approuvé entièrement, qu'il fallait, par conséquent, choisir le jour et l'heure, qu'il était prêt. Ainsi tout semblait réussir à Midhat. Il y avait, cependant, une difficulté à vaincre : il s'agissait d'obtenir le concours du Cheik-ul-Islam, le chef suprême de la religion.

Midhat ne le connaissait que de fraîche date et Ruchdi faisait observer avec son bon sens habituel que Kaïroulah-Effendi, c'était le nom du titulaire, était encore trop jeune pour risquer sa tête. Cependant, il n'y avait pas de temps à perdre. Pour en imposer à Kaïroulah-Effendi, les quatre conjurés résolurent de lui parler de leur projet lorsqu'ils seraient tous réunis en Conseil, comptant lui arracher par la force, sinon par la persuasion, le fetwa demandé. En cas de refus, ils auraient avisé... A quoi ? ils n'en savaient rien eux-mêmes. Leur projet leur pesait, ils avaient hâte d'en finir. N'étaient-ils pas déjà trop nombreux, le secret pouvait transpirer au dehors La pensée du complot, d'abord vague et confuse, avait pris un caractère calme et réfléchi, puis elle était devenue tout à coup tumultueuse ; c'était maintenant un ouragan, un tourbillon qui emplissait la tête des conjurés de sourds bourdonnements. Ils en avaient en quelque sorte le vertige.

Sur ces entrefaites, Kaïroulah arriva. Midhat le reçut avec le plus vif empressement et lui dit de but en blanc ; « Nous avons une communication très grave à vous faire. » Et Midhat de débiter son discours en scandant ses phrases. Kaïroulah avait pâli ; mais il se ressaisit aussitôt et déclara que, puisque le salut de l'Etat exigeait l'accomplissement de cet acte, il se rallierait à l'opinion de ses collègues. Le fameux fetwa fut rédigé séance tenante avec la réponse obligatoire (1), Midhat le serra précieusement dans sa poche avec une visible satisfaction. C'en était fait d'Abdul-Aziz, les conjurés marchaient droit au but. Et pas un dénonciateur ne surgit de ce milieu que l'infortuné Sultan avait rempli de ses créatures ! Il les avait gorgées de son or et de ses bienfaits et il eût pu répéter avec plus de raison que l'un de ses prédécesseurs, Ibrahim, ces paroles qu'il adressait à ses assassins : « Je vous ai nourris et vous me trahissez ; vous tous qui avez mangé mon pain, vous vous liguez contre moi et personne de vous ne me vient en aide. »

Toutefois, de vives préoccupations se lisaient sur les visages des conjurés qui n'osaient plus se quitter, se surveillant réciproquement, ils faisaient instinctivement les mêmes mouvements, regardaient tous du même côté et s'étonnaient parfois de se trouver ainsi aux prises avec la peur. Ils étaient rivés et, pour ainsi dire, soudés les uns aux autres.

Le plus impassible était sans contredit Mehemmed-Ruchdi, vieillard aux cheveux blancs, à la tête puissante, à la physionomie placide sur laquelle ne se lisait aucun des sentiments qui agitaient son âme. Il avait des yeux presque immobiles, démesurément ouverts, profondément investigateurs, comme s'ils eussent cherché à tout embrasser dans leur orbite, mais en même temps calmes et profonds comme les eaux d'un lac. Sa grande taille et la dignité de son maintien lui donnaient un aspect imposant.

Le mépris qu'il professa durant toute sa vie pour les

(1) *Demande.* Si le commandeur des croyants tient une conduite insensée, s'il fait des dépenses que l'Empire ne peut supporter, si son maintien sur le trône doit avoir des conséquences funestes, peut-on oui ou non le déposer ?

Réponse. La loi du Chéri dit oui.

Signé : Hassan Kaïroulah.

grandeurs dans un pays où, pour les posséder on est capable de toutes les bassesses, lui avait valu une réputation bien peu méritée, celle de n'être ni sincère ni loyal. Beaucoup, parmi les membres les plus en vue du parti libéral, l'accusaient de *jésuitisme* ou d'hypocrisie ; Midhat le défendait contre les attaques de ses amis. La vérité est que cet homme d'Etat n'était pas apprécié de ses contemporains.

Midhat, homme d'action et d'énergie, ne cachant pas ses visées, répétant à tous que le salut de l'Etat dépendait de l'établissement d'une constitution, qui limiterait le pouvoir du Sultan, était à la fois autoritaire et libéral. Esprit ferme et indépendant, il ne pouvait supporter aucun joug et voulait tout mener au souffle impétueux de sa fougue.

Il était de petite taille, le corps frêle ; seule, la tête était volumineuse. Légèrement voûté, il avait la marche lente et embarrassée des magistrats turcs. A la vivacité de ses yeux, deux vrais flambeaux, et à leur extrême mobilité, on devinait un homme audacieux et entreprenant. Son cerveau, sans cesse en ébullition, ressemblait à un volcan d'où surgissaient mille choses confuses.

Une seule pensée se détachait nettement sur ce front bouleversé, tourmenté, celle de fonder définitivement la liberté en Turquie et d'y instituer un parlement. Il voulait former des citoyens, non des esclaves. Visait-il, comme on l'a dit, à détruire le pouvoir absolu du souverain, ce pouvoir inconscient et aveugle qui depuis des siècles perpétue dans l'empire ottoman les traditions du despotisme ? Oui, sans doute. Le régime parlementaire ne serait qu'un non-sens s'il ne soumettait pas le chef de l'Etat à certaines règles qui, loin de diminuer son autorité, la tempèrent et la rendent efficace, mais Midhat était plus respectueux qu'on ne se l'imagine des prérogatives de son maître ; il voulait que le Sultan fût au-dessus de tous, il n'entendait pas, cependant, qu'il fût au-dessus des lois et de la Constitution.

En cela du moins, il était d'accord avec la législation islamique ; car on ignore généralement que le pouvoir tel qu'il fonctionne en Turquie est en contradiction flagrante avec les prescriptions du Coran. Les préceptes du Kalifat n'y sont point observés. C'est le gouvernement du bon plaisir !

Mahmoud-Damad était le type par excellence du fonctionnaire repu et satisfait de lui-même et de sa situation.

C'était un bel homme d'une physionomie toute particulière, tenant plus du Chaldéen ou de l'ancien Assyrien que du paysan de l'Anatolie, son pays d'origine : cheveux noirs, yeux noirs, sourcils épais, moustache bien fournie, il était taillé en athlète. Une légende voulait qu'il eût été choisi par le Sultan, comme gendre, à cause de sa mâle beauté.

Quant au ministre de la guerre, Husseïn-Auni, c'était un soldat dans toute l'acception du mot. On a vu comment Midhat était parvenu à s'assurer le concours de ce chef d'armée.

La physionomie fine et distinguée du Cheik-ul-Islam contrastait avec celle des autres conspirateurs et jetait un peu de poésie sur ce groupe sévère. Kaïroulah-Effendi était d'une taille moyenne bien proportionnée ; il avait à peine dépassé la quarantaine. Sa figure était souriante ; le visage, garni d'une barbe blonde très soyeuse, s'allongeait légèrement au menton. La main dont il signa le fameux fetwa, dépossédant Abdul-Aziz du trône, eût pu faire envie à une duchesse, tant elle était fine. Des yeux bleus achevaient de rendre cette physionomie séduisante.

Kaïroulah devait tout au Sultan. Aussi avait-on des craintes très vives dans le camp des conjurés sur ses dispositions. Un refus de sa part eût tout compromis. Qui sait, cependant, s'il n'eût pas tout sauvé ? Ne pouvait-on, en effet, ramener Abdul-Aziz à une appréciation plus juste et plus nette de la situation, en lui montrant l'état précaire de son empire et obtenir de lui des concessions qui eussent rendu possible l'établissement du régime parlementaire. Sa chute fut, au contraire, le point de départ d'événements tragiques qui nuisirent autant à l'Etat qu'aux idées réformatrices de Midhat.

Nous ne nous attarderons pas à raconter les péripéties de ce drame. Dépossédé à la faveur des ténèbres, à l'heure propice aux plaisirs, le malheureux Abdul-Aziz fut conduit dans un de ses palais où il mourut, peu de jours après, de la main de ses bourreaux. La légende du suicide est fausse, aucun esprit sérieux ne saurait s'y arrêter. C'est la raison d'Etat, toujours féroce et inexorable, qui arma seule le bras des assassins. Mourad V, en apprenant la mort tragique de son oncle, auquel il venait de succéder, fut saisi de frayeur et sa raison chancela.

A partir de ce moment, Midhat et ses collègues semblèrent avoir perdu la tête. Ils ne gouvernaient plus l'empire, ils se sentaient écrasés sous le poids de leurs responsabilités.

Ce fut alors qu'ils commirent la faute irréparable de déposer Mourad V (1) pour mettre sur le trône son frère Abdul-Hamid II. En dépit des erreurs qu'il commit, comme organisateur du complot, Midhat n'en reste pas moins une des grandes figures de l'histoire de l'empire ottoman qu'il s'efforça de tirer de l'ornière. Il y était même parvenu quand la fatalité voulut que Mourad tombât malade, la faiblesse de Midhat fit le reste. Il

(1) Mourad V, le sultan légitime, ne tarde pas à revenir à la santé et fut enfermé par son frère dans un palais aux hautes murailles qui lui tient lieu de cachot. Il y mène depuis vingt-cinq ans une vie douloureuse dans un complet isolement.

aggrava sa faute en quittant l'Europe où il s'était réfugié, pour rentrer en Turquie. La vérité est qu'il était las d'oser, las de combattre et dès lors il fut vaincu. Sa disparition de la scène, en laissant le parti jeune turc sans chef et sans direction, livra de nouveau l'empire aux horreurs du despotisme.

A quelque cause que l'on attribue la mort d'Abdul-Aziz, on doit déplorer l'aveuglement de ces ministres qui, après avoir attenté à la vie de leur souverain, laissèrent leur œuvre inachevée. Il fallait avoir perdu toute notion de l'Histoire pour penser que les conjurés, ou les régicides, pouvaient jouir longtemps de l'impunité, et dès lors on devait ou laisser les choses en l'état, c'est-à-dire maintenir Mourad V sur le trône, ou mettre à sa place un faible enfant au nom duquel les ministres compromis auraient pu gouverner l'empire et fonder la liberté. Par la faute qu'ils ont commise en confiant le pouvoir suprême à un prince connu par son fanatisme et sa duplicité, ils firent perdre au pays les fruits de la révolution qu'ils avaient fomentée et qui s'était accomplie, sans effusion de sang, à la grande satisfaction de tous les amis de la Turquie.

Les événements s'étant dénoués de la manière que nous venons de faire connaître, on doit même regretter qu'Abdul-Aziz ait subi le sort qui lui fut infligé, sans poser ici la question de savoir s'il l'avait mérité ou non. La plus grande erreur qu'il commit, celle qu'on pourrait lui imputer à crime, ce ne fut pas de dilapider l'argent du Trésor, ou de négliger les réformes, ses prédécesseurs en avaient fait autant, mais plutôt d'avoir, en rendant la banqueroute inévitable, laissé la Turquie moralement désarmée en face d'une Europe hostile ou indifférente et d'une Russie agressive. Un rapprochement avec la Russie, aurait constitué, certes, une politique sage et avisée si cette Puissance avait été à même d'y adhérer et qu'elle y eût donné son assentiment. Or, il était manifeste qu'elle cherchait à acculer la Turquie à une situation désespérée pour profiter de son désarroi et lui enlever Constantinople.

A l'époque dont nous parlons, la Russie était trop engagée avec les peuples Slaves des Balkans, pour pouvoir reculer ou modifier son attitude. Elle marchait résolument, nous pourrions dire aveuglément, vers la guerre ; il n'y en eût pas dans son histoire qui lui eussent été plus funestes que celle à laquelle elle se préparait (1876-1877). Le peuple turc, lui-même, comprenait que tout rapprochement avec le Czar était impossible et l'insistance de Mahmoud-Nédim à vouloir forcer la main à la Russie constituait, par le fait, un acte de trahison des plus caractérisés. La Turquie devait chercher ailleurs un point d'appui, un concours qui ne lui aurait certainement pas manqué. Abdul-Aziz, en confiant le sceau par deux fois à ce ministre retors, qui se vantait d'être l'homme lige de la Russie quand il n'en était, en réalité, que la dupe et en l'autorisant à suspendre le paiement du coupon de la dette, sans avoir obtenu l'agrément des intéressés, en d'autres termes, à proclamer la faillite de l'Etat, exposait l'empire aux plus grands dangers et lui attirait la réprobation de toute l'Europe indignée de cet attentat aux principes de l'honnêteté et de l'honneur.

L'Angleterre en était comme attérée. Malgré cela, son gouvernement n'avait pas cessé de soutenir la Turquie et d'y encourager tous les essais de réformes. Bien que les rapports de ses consuls ne fussent guère favorables, il espérait que si la direction des affaires passait en d'autres mains on pourrait remédier à cet état de choses et ruiner l'influence des agents de la Russie qui par leurs intrigues menaient la Turquie à sa perte.

L'Angleterre jouissait alors de l'estime et de la sympathie des hommes d'Etat ottomans et de tous les mahométans en général ; ses représentants étaient en relations constantes avec la partie saine de la population musulmane. Au surplus, il existait un groupe politique, à la Sublime Porte, qui lui était entièrement dévoué. En effet, la gestion d'Ali et de Fuad, en dépit de ses erreurs et de ses faiblesses, avait créé une sorte d'esprit gouvernemental peu solide, assez consistant cependant, pour inspirer quelque confiance aux hommes d'Etat étrangers. Ce parti modéré, avec la fraction turbulente des jeunes Turcs, était à la dévotion de l'ambassadeur britannique ; mais les uns et les autres se trouvèrent impuissants à conjurer les périls de la situation. Toutefois l'accession à ces groupes disparates de quelques chefs vieux turcs allait changer la face des choses. C'est sur ces entrefaites que s'accomplirent au palais de Dolma Baktché les événements tragiques que nous avons rappelés et qui parurent consacrer le triomphe de la politique anglaise. La Russie ne tarda pas à prendre sa revanche de ces échecs dès que le trouble mental dont avait été frappé l'infortuné Mourad lui eût fourni l'occasion de renouer ses intrigues avec le palais. Elle comprit aussitôt tout le parti qu'elle pouvait tirer de cette situation embrouillée et elle en profita pour obtenir du nouveau Sultan l'exil de Midhat et plus tard sa condamnation au bannissement suivie de sa mort.

L'antipathie de la diplomatie moscovite pour ce réformateur provenait de ce fait que c'était Midhat qui avait conçu le projet d'une constitution qui commençait à fonctionner, avec un succès inespéré, montrant les aptitudes de la nation pour l'exercice régulier de la liberté et la pratique des institutions parlementaires. Or, on ne voulait pas à St-Pétersbourg de l'existence d'un régime libéral en Turquie estimant, non sans raison, que ce régime ne pouvait manquer de régénérer l'empire ottoman et d'engager conséquemment le peuple russe à réclamer les mêmes institutions.

De la part de la Russie, cette attitude pouvait se justifier, mais comment expliquer la conduite de l'Europe, qui sembla favoriser les menées moscovites, autrement que par des raisons secrètes qui avaient échappé aussi bien aux hommes d'Etat russes qu'aux politiques ottomans.

N'oublions pas d'abord que la première puissance intéressée au maintien des troubles qui existaient en Turquie, celle qui désirait que les complications prissent un caractère grave, c'était l'Autriche. On a su, depuis le traité de Berlin, dans quel but elle le souhaitait.

L'Allemagne, qui trouvait un avantage à appuyer les revendications de l'Autriche, encourageait de son côté la Russie à persévérer dans son attitude violente contre la Turquie au point que le prince Gortchokoff crut sincèrement que Bismarck marchait d'accord avec lui. Ce qui prêtait à cette conviction du chancelier russe une apparence sérieuse, c'était l'amitié qui liait alors les deux empires et la croyance générale que l'Allemagne ne visait à rien moins qu'à conclure une entente secrète avec le Czar pour le partage éventuel de l'Autriche. La participation de la Roumanie à la guerre turco-russe, en 1877, en était un indice certain. Rien ne paraissait moins fondé que cette croyance, car ainsi que les événements ultérieurs de la politique contemporaine l'ont démontré, l'Allemagne avait, au contraire, tout intérêt à soutenir l'Autriche dont elle ne redoutait pas la puissance militaire et à la pousser vers les Balkans où elle aurait pu servir d'appoint contre la Russie jugée à Berlin comme une rivale dangereuse.

Ainsi tout le monde se trompait, et la Russie dont nous avons démontré l'erreur, et l'Italie pour qui cette ambition supposée de l'Allemagne sur les domaines de l'Autriche était une invitation à collaborer avec le cabinet de Berlin dans l'espoir de prendre part à la curée, et la France qui se réservait pour le cas d'une conflagration générale toujours possible où elle eût prêté son concours en échange de l'Alsace et de la Lorraine. Pour toutes ces raisons, les agressions contre les Turcs laissaient tous les gouvernements indifférents et personne ne semblait désirer recommencer la guerre de Crimée, surtout en France où on la considérait comme une des plus grandes erreurs du second empire, alors qu'il est démontré que, de toutes les opérations plus ou moins fantaisistes auxquelles Napoléon III s'était livré, celle-ci seule eut une portée politique et pouvait se justifier par son utilité. Elle rehaussait le prestige de la France et lui donnait barre sur l'Angleterre.

Quant à la Grande-Bretagne, ne pouvant compter sur la collaboration active de la France pour aider l'empire ottoman à repousser victorieusement les assauts de la Russie, elle fortifiait de son mieux les résolutions des ministres ottomans décidés à la résistance, mais elle s'abstenait de toute manifestation publique contre la Russie. Peut-être travaillait-elle à ce moment-là dans l'ombre, d'accord avec l'Allemagne, à ce congrès de Berlin qui fut le triomphe de Lord Beaconsfeald. Sous le prétexte de réfréner les ambitions moscovites, on voyait déjà l'Angleterre cherchant à tirer son épingle du jeu et à s'assurer des avantages comme ceux qu'elle obtint par l'occupation de Chypre et de l'Egypte ainsi que par la conquête du Soudan.

La France n'avait pas, sans doute, été instruite de ces combinaisons, qui s'élaboraient dans le secret, car elle les eût combattues énergiquement. Son représentant M. Waddington pratiqua, au Congrès de Berlin, la politique des mains nettes sous les regards narquois du prince de Bismarck et de Lord Beaconsfeald. Il est vrai que si la France perdait la situation privilégiée dont elle jouissait en Egypte, elle comptait s'emparer, à bref délai, de la Tunisie, Bismarck lui ayant donné carte blanche, à cet effet, dans le but évident d'enchaîner plus tard l'Italie au char de la triple alliance.

Dans ce réseau serré des combinaisons anglo-germaniques, la Turquie se trouvait dépouillée, non au profit de la Russie, mais au profit de l'Autriche et de la Bulgarie. De son côté, l'Allemagne se préparait à jouer à Constantinople, son rôle de protectrice de l'empire ottoman.

Mortifié dans son amour-propre et cruellement déçu, le Czar s'était retiré sous sa tente afin de méditer sur la fragilité des alliances germaniques. De ces déceptions est née, sans doute, l'idée d'un rapprochement avec la France, rapprochement qui peut avoir son utilité au point de vue des intérêts généraux des deux pays, mais qui, en ce qui concerne les relations de la France avec la Turquie, a eu des conséquences fâcheuses. Devenant l'alliée de la Russie, la France ne pouvait plus être l'amie de la Turquie et devait, par cela même, perdre la confiance qu'elle lui avait toujours inspirée. Jusque-là, les populations chrétiennes s'étaient, dans leurs démêlés avec la Porte, adressées au cabinet de Paris qui servait d'intermédiaire entre le Sultan et ses sujets. Les Slaves des Balkans, comme les Grecs et les Roumains, ont éprouvé, à maintes reprises, les effets de cette intervention. Présentées par la France, leurs réclamations recevaient une solution prompte et satisfaisante. Par son alliance avec la Russie, elle renonçait *ipso facto* à ce rôle prépondérant et s'interdisait en même temps de faire une politique islamique qui, pourtant, s'imposait à ses hommes d'Etat ; car il est impossible de croire que, renonçant à sa politique séculaire, la Russie veuille favoriser dans le monde les intérêts des musulmans. Un pays ne peut changer ses directions politiques sans que tout le mécanisme national en soit ébranlé. La force de la Russie, nous le répétons à dessein, lui vient de son idéal qui demande, qui exige d'elle, qu'elle fasse disparaître l'élément mahométan ou qu'elle le subjugue. L'idéal de la France, on le sait, est tout autre, c'est un idéal de liberté et de progrès, favorisant tous les pays et tous les peuples indistinctement.

Pendant le règne d'Abdul-Aziz la France demeura fidèle à cet idéal. Elle s'y montra même attachée jusqu'au traité de Berlin. En défendant son influence en Egypte, contre les empiétements des Anglais, elle défendait non seulement l'indépendance de ce pays, mais elle servait aussi la cause des musulmans dans le monde entier. En abandonnant plus tard la politique que le ministère Decaze avait inaugurée en Egypte, en admettant l'Angleterre au partage des influences qu'elle possédait seule dans la vallée du Nil, la France s'était écartée de sa voie et tous les peuples mahométans virent dans sa retraite une preuve de la faiblesse de ses gouvernants. A ce point de vue, et sans entrer dans d'autres considérations, l'alliance avec la Russie n'a pas favorisé la politique française en Orient, qui sera bon gré mal gré subordonnée, à l'avenir, à la politique russe. Cette faute paraîtra légère aux esprits superficiels ; elle n'en est pas moins grave, déjà on peut mettre à son passif l'accaparement de l'Orient par l'Allemagne et l'Autriche.

Il ne faut pas, en outre, oublier que la Turquie occupe des positions stratégiques de premier ordre et détient, en quelque sorte, les clefs de la Méditerranée. Si elle ne dispose pas d'une puissante flotte, elle pourra donner accès dans ses ports aux escadres de ses alliés. De plus, le Sultan exerce une grande influence sur tous les mahométans ; car si la religion est en décroissance en Occident, il n'en est pas de même en Turquie, en Afrique en Arabie où le Califat jouit d'un incontestable prestige et fascine les esprits. Guillaume II, en se rendant il y a trois ans (1899) à Damas au tombeau de Saladin avec un cérémonial inusité, n'a point fait œuvre vaine. Après avoir gagné les sympathies du Sultan et du personnel gouvernemental, il a voulu s'assurer celles des sujets musulmans. D'aucuns trouvent ces manifestations quelque peu théatrales, il est impossible de ne pas y voir une politique saine et raisonnée dont il importe de suivre les évolutions (1). Que les chemins de fer de l'Anatolie s'achèvent, que la ligne de Bagdad soit construite (les deux entreprises sont allemandes), que ces lignes stratégiques soient reliées aux chemins de fer syriens, elles le seront forcément en cas d'hostilités avec la Russie, et la Turquie pourra concentrer en Asie Mineure, en peu de jours, une formidable armée. Et le vieux cliché de « l'homme malade » avec lequel on nous rebat les oreilles depuis si longtemps disparaîtra des casiers des imprimeurs et des colonnes des journaux. La Turquie disposera alors, en Asie-Mineure, d'une force imposante, qu'on peut évaluer sans exagération à six cent mille soldats, alimentée par ce réservoir d'hommes qui de la Mésopotamie, de l'Arabie et de la Syrie déversera son contenu au delà du Taurus. Les Allemands procédant en tout méthodiquement, nous serions surpris si, après la mort du Sultan actuel, hostile aux réformes, elle n'exerçait pas une pression amicale sur son successeur en vue de réorganiser complètement l'administration turque, tâche difficile et ardue, mais non irréalisable. Ce jour-là, une agression russe contre les possessions du sultan en Asie deviendra presque impossible, mais alors ?... alors la

(1) Le voyage accompli récemment par le prince héritier de l'Allemagne qui a visité en 1901, Constantinople, la Palestine et la Syrie se attache à cet ordre d'idées d'une manière étroite.

lutte sera circonscrite entre la Russie et l'Autriche devenue l'alliée de la Turquie sur le Danube et dans les Balkans. C'est là que se livreront les batailles de l'avenir, batailles terribles et meurtrières, batailles inévitables ; car la Russie ne peut signer qu'avec son sang son abdication ou si l'on veut son acte de renoncement à sa prépondérance en Orient, ce sang qui arrosa tant de fois les plaines de Widdin et de Sillistrie et qui rougit, en tant de circonstances, les eaux du vieux Danube. Fatalement, inévitablement, il y aura entre les ambitions moscovites et germaniques un choc formidable suivi d'une conflagration générale.

Nul ne contestera que la Turquie s'y prépare de son mieux ; car si elle a omis jusqu'ici de s'occuper des réformes, elle n'a rien négligé de ce qui peut rendre ses armées fortes et puissantes, témoignant ainsi du désir qu'elle a de jouer un rôle important dans les prochaines guerres et de recouvrer par là son prestige, peut-être même une partie des possessions qu'elle a perdues.

En 1899 l'Empereur de Russie, Nicolas II, a provoqué la réunion d'une conférence, qui tint ses séances à la Haye, pour établir les bases d'un accord international relatif à la création d'un tribunal arbitral qui trancherait les différends entre les nations, conception louable, mais chimérique, car elle n'empêchera pas la guerre.

Il y a néanmoins une ombre à ce tableau, c'est qu'une entente secrète entre l'Autriche, la Russie et l'Allemagne est toujours possible. Qu'on se reporte à ce qui s'est passé au xviiie siècle pour la malheureuse Pologne. Ce pacte ne pourrait-il se renouveler et viser cette fois la Turquie? Il n'est donc pas prudent, pour les hommes d'Etat turcs, de faire fonds sur les fallacieuses promesses de la diplomatie austro-allemande qui sont susceptibles de leur réserver de cruels déboires. Nous ne devons pas, d'ailleurs, oublier dans nos calculs l'Italie qui n'a rien à prétendre, semble-t-il, aux prises que l'Autriche et l'Allemagne se réservent pour elles seules ou pour en faire profiter la Russie, comme on l'a vu sous le règne de Frédéric II, en ce qui concerne la Pologne.

On peut conséquemment prévoir le cas où l'Italie désabusée, lasse de jouer dans la Triple-Alliance un rôle de dupe, se tournerait de nouveau vers la France ralliant à elle l'Espagne, qui offrit jadis ses services à la Turquie. On connaît la nature des relations qui existent entre l'Italie et l'Autriche. Celle-ci détient Venise, elle a fait avorter la candidature d'un prince de Savoie au trône d'Espagne pour y installer une princesse autrichienne, ce qui est la marque d'une hostilité certaine, Si ces trois Puissances, la France, l'Italie et l'Espagne parvenaient à s'entendre, leurs flottes donneraient à réfléchir à l'Angleterre qui, jugeant à son tour favorable à ses intérêts un accord intime avec ces Etats coalisés, viendrait peut-être s'y joindre. Les quatre forces réunies seraient capables de tenir en échec la coalition germanique. La situation changerait aussitôt du tout au tout et l'axe de la politique européenne qui se trouve aujourd'hui à Berlin serait déplacé, outre que les flottes alliées tiendraient la Turquie, ses ports, ses villes principales, son commerce, ses pèlerinages à La Mecque à portée de leurs canons. Ni l'Allemagne, ni l'Autriche ne songerait dans ce cas à la défendre ou à la protéger. Aussi serait-il d'une politique sage d'envisager toutes ces éventualités et de tenir compte de ces événements, qui pourraient se produire dans un proche avenir.

Il est une autre considération que les hommes d'Etat ottomans ne doivent pas perdre de vue, c'est que l'invasion allemande, malgré son caractère pacifique, constitue pour la Turquie un plus grand danger que les agressions russes. Voilà plus de deux siècles que les Turcs et les Russes se battent avec acharnement, dix guerres ont ensanglanté l'Anatolie et les provinces danubiennes et l'empire ottoman est toujours debout. Au surplus, combien de Russes compte-t-on en Turquie, y en a-t-il mille seulement ? Nous en doutons. Le Russe n'émigre point attendu qu'il a chez lui de vastes terrains qu'il peut cultiver. La population moscovite a beau augmenter il se passera plusieurs siècles avant qu'il n'y ait pléthore. Toute autre est la situation de l'Allemagne, chaque année des centaines de mille de ses enfants émigrent dans tous les pays. De 1895 à 1900 la population s'est accrue dans l'empire germanique de cinq millions d'habitants. Tandis qu'il y a dix ans il n'y avait pas cinq cents Allemands en Turquie, ils sont aujourd'hui légion et, si ce mouvement s'accentue, dans quelque temps d'ici ils auront envahi l'Asie-Mineure, la Mésopotamie, la Palestine et la Syrie. Rien de pareil à redouter de la part de la Russie, ou de la France. Depuis Méhémet-Ali, en dépit de toute l'influence dont les Français jouissaient dans la vallée du Nil, malgré leurs nombreux comptoirs et un commerce des plus prospères, qui s'élevait annuellement à des centaines de millions, leur colonie en Egypte n'a guère dépassé quinze mille âmes. C'est là un point capital. Et qu'on ne dise pas qu'on limitera l'émigration allemande, peut-on refouler l'inondation ? Si les Allemands prennent le chemin de la Turquie et il semble que ce soit chose faite, ce sera une infiltration permanente de l'élément germanique qui serait le maître du pays. Au point de vue de la civilisation, c'est peut-être un bien, mais la race turque n'ayant pas des aptitudes pour l'industrie et le commerce, deviendrait peu à peu, sans qu'elle s'en doutât, la servante des émigrants étrangers établis chez elle, dans ses propres domaines dont ils se rendraient possesseurs et qu'ils feraient valoir, ne laissant aux Ottomans que la ressource d'émigrer à leur tour de leur pays, ou d'y vivre dans une condition des plus humiliantes. Il n'y a, en réalité, que deux alliances qui puissent être profitables à la Turquie, celle de la France ou celle de l'Angleterre, ou bien les deux unies l'une à l'autre, encore que l'on doive objecter que la première ait mis la main sur l'Algérie et la Tunisie et la seconde sur l'Egypte (1).

C'est que ni la France, ni l'Angleterre ne convoitent la possession d'une seule province de l'Empire ottoman proprement dit, ni pour elles, ni pour leurs protégés. Pour la France, c'est indiscutable. Quant à l'Angleterre, elle a fait jusqu'ici trois opérations avec la Turquie. Elle s'est alliée aux sultans pour chasser Bonaparte de l'Egypte et de la Syrie, elle leur a prêté main-forte contre Méhémet-Ali, enfin elle a été l'âme des négociations qui ont précédé la guerre de Crimée et qui ont abouti à cette formidable coalition à la tête de laquelle se trouvait la France. Elle a ainsi sauvé la Turquie du plus grand danger qu'elle ait jamais couru. Sans l'Angleterre, la France aurait certainement refusé sa coopération contre les armées russes et ce n'est pas l'Autriche, déjà fortement menacée à cette époque par les agissements de la Prusse, qui aurait pu délivrer les Turcs des griffes de l'ours du Nord. Il est vrai qu'entre temps, l'Angleterre et la France ont malmené la Turquie, comme par exemple dans la guerre de l'Indépendance hellénique et pour certaines revendications des peuples des Balkans, mais elles pouvaient alléguer cette raison qu'elles devaient tenir compte dans ces circonstances de

(1) La conquête de l'Algérie, l'occupation de la Tunisie par la France, invoquées comme des manifestations hostiles contre la Turquie, ne lui ont pas porté un grand préjudice par cette raison que les sultans n'ont jamais exercé sur ces pays une souveraineté effective. Il en est de même de l'Egypte, dont l'Angleterre s'est emparée au détriment des intérêts français, mais non des intérêts ottomans attendu que les droits de la Porte sur l'Egypte ont toujours été précaires et qu'elle n'avait avec elle aucun commerce important.

la pression de l'opinion publique et de ce fait que la tyrannie des fonctionnaires de la Porte était devenue intolérable. Combien de fois les ambassadeurs français et les hommes d'Etat britanniques n'ont-ils pas essayé de démontrer aux ministres du sultan qu'une réforme générale de leur administration était la condition essentielle de la protection qui leur était accordée, quelle pression n'ont-ils pas exercé sur la Porte pour l'amener à mettre un terme aux abus de ses fonctionnaires, que de démarches n'ont-ils pas faites auprès des sultans pour les convaincre qu'un régime de barbarie et d'iniquité ne pouvait plus être toléré par les puissances civilisées ? Il est impossible d'oublier la part que l'ambassadeur d'Angleterre, Sir H. Elliott, a prise à l'élaboration de la Constitution de 1876 dont il attendait la régénération de l'empire ottoman.

Le règne néfaste d'Abdul-Aziz avait ébranlé la confiance du gouvernement de la reine sans qu'il en eût éprouvé du découragement. Depuis, voyant les désordres et les crimes se multiplier dans l'empire ottoman, ayant constaté, en outre, que l'exemple partait de haut et que le Sultan n'était plus le chef d'une nation, mais le chef d'une oligarchie avide et criminelle, il s'est rebuté et il semble qu'à l'heure actuelle il se soit désintéressé du sort de la Turquie. C'est le plus grand malheur qui pouvait lui arriver. L'Angleterre était mieux qu'une alliée pour l'empire ottoman, c'était une amie, non pas certes désintéressée, mais sincère en ses conseils, fidèle en ses affections, correcte en ses relations, s'inspirant de certains principes de justice et de liberté que beaucoup de Turcs intelligents commençaient à apprécier. Oui, ce fut une résolution bien funeste que celle qu'elle prit peu de temps après la déposition d'Abdul-Aziz d'abandonner, en quelque sorte, à son triste sort son ancienne alliée. La faute en est à ceux qui pendant vingt-trois ans, de

1877 à 1900 ont dirigé les destinées de l'empire. Ils ont cherché un protecteur pour couvrir leurs crimes et l'ont trouvé en la personne de Guillaume II qui n'a pas craint d'assumer la responsabilité du sang versé et des abus commis par une horde d'assassins à la solde du Sultan (1). Ils ont cherché ensuite des adulateurs et les ont trouvés dans les hommes d'Etat autrichiens dont l'intérêt évident est d'entretenir et de perpétuer les causes de désordres dans l'empire ottoman pour pouvoir pêcher en eaux troubles. Ce ne sont pas ces hommes-là qui conseilleront au Sultan de faire les réformes nécessaires et de renoncer à son despotisme comme l'ont tant de fois tenté la France et l'Angleterre par l'intermédiaire de leurs représentants. Et la malheureuse Turquie continuera à se décomposer pour le plus grand profit de l'Autriche qui, après lui avoir enlevé la Bosnie et l'Herzegovine, convoite la possession de Salonique et de l'Albanie, réduisant ainsi l'empire du Croissant, qui s'étendait jadis du Danube aux mers de la Chine, aux proportions exiguës d'un Etat de second ordre.

(1) La grande intimité existant entre l'Allemagne et le Sultan remonte aux massacres arméniens survenus dans les années 1894, 1895 sous le règne d'Abdul-Hamid II qui en fut l'instigateur. 300.000 Arméniens de tous âges et de tous sexes périrent dans ces horribles massacres où la complicité du Sultan et de son entourage fut attestée.

CONCLUSION

Plusieurs enseignements se dégagent de ces études. Il ne servirait de rien, en effet, d'avoir écrit deux volumes sur l'histoire de la dynastie ottomane s'ils ne devaient éclairer le peuple sur les sources du mal dont il souffre depuis si longtemps. D'autre part, l'observation profonde, voire même aiguë, d'un état social quelconque serait vaine si, à côté du mal que l'on dénonce, on n'indiquait pas le remède.

La situation précaire dans laquelle l'empire ottoman se débat depuis plusieurs siècles, tient à deux causes que nous avons déjà signalées dans notre préface : le fanatisme et le despotisme. Le premier détruit chez les peuples, comme chez les individus, les généreuses effluves qui partent du cœur. Il frappe sans pitié les victimes, il condamne impitoyablement ses ennemis, il ignore la loi du pardon. Le second constitue l'*ultima ratio* de ceux qui détiennent le pouvoir ; il oblitère les sentiments au fond de l'âme, fausse l'esprit, supprime chez l'homme le sens de l'équité ainsi que la notion exacte de la justice, bouleverse le jugement et rend malfaisants et stupides des êtres qui pourraient briller soit par leur intelligence, soit par leur bonté.

Le fanatisme et le despotisme se tiennent, du reste, étroitement ; car de ce qu'on est fanatique ou despote, on devient nécessairement sectaire et violent.

L'Islamisme fut libéral à ses origines, mais il ne tarda pas à devenir tyrannique, au souffle impétueux de l'invasion arabe et il engendra le plus hideux despotisme que l'on puisse concevoir. Sous leur apparente bonhomie, les califes arabes quoique plus accessibles à leurs sujets, n'en furent pas moins des êtres de basse tyrannie. En passant aux mains des Turcs l'Islamisme ne pouvait guère s'amender. Outre qu'ils étaient des hommes autoritaires et exclusifs, les Turcs devaient contracter fatalement, dans les longues luttes qu'ils eurent à soutenir contre les chrétiens, des habitudes d'intolérance politique et d'extermination dont ils ont quelque peine à se défaire.

Les commentateurs du Coran, presque tous arabes, leur ont inculqué leurs principes d'intransigeance qu'ils ont un peu adoucis, il est vrai, par leur bysantisme et leur contact avec la civilisation européenne, mais non au point d'en effacer, surtout au sein des classes populaires, la rudesse et les aspérités. Ils sont restés au fond des fanatiques endurcis, même lorsqu'ils paraissent avoir renoncé aux pratiques de leur culte.

D'autre part, le despotisme de leurs chefs s'exerçant sur eux d'une manière incessante et continue, ils ont su, du moins dans les hautes sphères de la société, le faire tourner à leur avantage en formant cette oligarchie qui, si elle se laisse parfois opprimer, opprime à son tour les autres, tantôt avec une violence inouïe, témoins les affreux massacres qui ensanglantent périodiquement l'empire, tantôt avec une grande habileté et une hypocrisie consommée, s'inspirant à la fois de l'esprit d'ostracisme dont la race turque semble imprégnée et de l'esprit de persécution, qui caractérise tous les peuples mahométans et plus particulièrement les Arabes.

Or, s'il est facile d'expliquer l'ostracisme des Turcs à l'égard des rayas, ou chrétiens, par l'antagonisme existant entre les deux religions rivales, on a quelque peine à comprendre qu'il en soit de même lorsqu'il s'agit des musulmans soumis à leur domination.

Arabes, Syriens, Kurdes, Albanais auxquels les sultans jettent les miettes du festin, comme à une meute affamée, devraient jouir des mêmes privilèges réservés jusqu'ici aux seuls descendants de la race conquérante.

Aussi un système de gouvernement, tout différent de celui qui a existé à ce jour, s'impose-t-il aux hommes d'Etat ottomans, comme une mesure de salut public. Il faut l'inaugurer, sans la moindre hésitation, non pas seulement au profit des chrétiens, devenus une infime minorité, mais surtout au profit des races qui professent la religion islamique et qui ont été tenues systématiquement éloignées du pouvoir. Jamais, à aucune époque de leur histoire, les Ottomans ne se sont trouvés dans une situation plus périlleuse que celle qu'ils traversent aujourd'hui. Les Grecs, les Roumains, les Monténégrins, les Serbes, les Bulgares, ont secoué successivement leur joug, attendront-ils pour renoncer à leur abominable régime, que les Arabes, les Arméniens, les Kurdes, les Macédoniens et les Albanais aient complètement échappé à leur domination? Que leur restera-t-il, dans ce cas, de leur ancienne puissance, comment des esprits éclairés et des caractères nobles, il y en a parmi les Turcs, ne comprendraient-ils pas qu'à persévérer dans cette voie, la nation tout entière s'affaiblit, s'étiole, se discrédite, marche aux abîmes ?

L'heure présente est solennelle, et, puisque la nation ottomane est animée du désir de se relever de ses ruines et de renaître à une vie nouvelle, on peut espérer qu'un effort va être tenté dans ce sens, à bref délai, par la jeunesse turque, de plus en plus convaincue qu'un tel état de choses, contraire aux traditions islamiques et aux principes de la civilisation moderne, ne saurait durer plus longtemps sans qu'un effondrement total en soit la conséquence inéluctable. L'espoir d'un relèvement de l'empire turc réside, en grande partie, dans les aspirations libérales de la nation et dans le mouvement *évolutionniste* que le parti « jeune turc » a dessiné d'une main ferme et vigoureuse sur l'horizon politique. Tous les efforts du despotisme, toute l'hostilité des vieux routiers de la politique ottomane, seront emportés par la marée montante de la liberté, dont les flots pressés envahissent déjà les différentes couches de la société turque. Comment ces aspirations se réaliseront-elles, par quel moyen l'empire ottoman, pourra-t-il assurer son salut ? Il en existe deux qu'on ne saurait séparer l'un de l'autre. Le premier consiste à fonder la liberté en rétablissant la Constitution de 1876, mais pour y parvenir il est nécessaire, avant tout, d'améliorer les conditions morales de l'existence des princes ; c'est le second moyen qui complète le premier et qui en est, en quelque sorte, le coefficient.

L'éducation des princes, voilà la réforme essentielle, la réforme capitale, sans laquelle on ne peut espérer aucune amélioration sérieuse, aucun changement notable dans l'état du pays. Il serait inutile, sinon dangereux, de recourir de nouveau aux révolutions de palais qui n'ont jamais donné à la nation que des résultats négatifs. Si le progrès de l'homme provient surtout du développement de ses idées par l'instruction qu'il reçoit, on peut dire que la prospérité d'une nation dépend de la culture intellectuelle de ses chefs et, plus particulièrement, du monarque qui tient entre ses mains ses destinées. Que si l'on veut avoir des institutions libres, il faut commencer par former des hommes libres et si l'on tient à doter le pays d'un régime constitutionnel viable, il est indispensable de convertir d'abord le souverain à ces idées en modifiant les méthodes d'éducation qui, dans le peuple comme dans les classes les plus élevées et dans le palais, ne tendent à rien moins qu'à former des esclaves et des despotes. Pour modifier l'état moral, économique et social du pays, il est urgent de procéder en premier lieu à cette réforme bienfaisante.

Le gouvernement de l'avenir sera ce que seront les sultans, réactionnaire si le Sultan a été nourri dès sa plus tendre enfance d'idées rétrogrades, de fausses doctrines et de préjugés surannés, libéral si les éducateurs du prince ont su lui inspirer des sentiments généreux et l'amour de la justice.

Nul ne contestera que l'éducation des sultans ne soit tout à fait insuffisante, viciée qu'elle est dans son principe par la méthode suivie jusqu'à ce jour et qui fait que les enfants du peuple sont mieux élevés et plus instruits que ceux nés sur les marches du trône.

En 1890 nous écrivions ces lignes (1) : « L'une des causes et non, certes, la moins importante de la décadence de l'empire ottoman, c'est sans contredit, l'éducation donnée aux princes du sang, cette éducation notoirement insuffisante qui fait de ces princes l'instrument et le jouet d'hommes médiocres ou tarés, habitués à vivre de mensonges, de fourberies, d'abus et de pillage. Quel peut être, en effet, le caractère d'un monarque élevé dans ce milieu et dont l'âme, les pensées et les sentiments ont été façonnés de telle manière qu'il n'a d'autres impressions que celles qu'il reçoit de ceux qui l'entourent, ignorant ce qui se passe dans ses Etats, vivant d'une vie intérieure qui lui est propre, n'entendant aucun son vrai du dehors et ne connaissant pas, en un mot, l'immense et plus qu'immense avantage pour un souverain, d'être renseigné sur la situation et les besoins

(1) *Education des princes ottomans*, par l'auteur, chez Emile Lenz, éditeur à Bulle (Suisse).

de ses peuples. Il en résulte des anomalies tellement extraordinaires, tellement étranges, qu'on ne peut pas les expliquer et dès lors on les subit comme des fatalités de race ou de famille.

« Nous attachons à cette réforme le plus grand prix. Le salut de la nation en dépend. Quoi de plus juste, d'ailleurs, que les princes nés pour régner soient élevés par les soins de l'Etat d'une manière digne d'eux pour la félicité de tous ? »

Sans cette réforme tous les efforts que l'on tentera pour acclimater la liberté en Turquie échoueront par cette unique raison que le peuple turc, très attaché à ses princes, ne souffrira jamais que l'on brise ses idoles. Il se rend bien compte de leur infériorité, il déplore leurs folies, mais il veut qu'on les respecte. Il a cru jusqu'ici que l'institution du grand vizirat suffisait à protéger les intérêts essentiels de l'Etat contre les extravagances et les crimes de ses monarques. Il commence à voir que cette antique institution qui ne put, du reste, sauver ni l'empire assyrien, ni l'empire persan, ni l'empire arabe, risquerait, si elle était maintenue en son état actuel, de détruire complètement la monarchie ottomane. L'établissement d'un contrôle, pour tout dire, apparaît à tous les Ottomans comme le seul moyen efficace pour sortir l'empire turc de l'ornière et l'assimiler aux autres Etats civilisés. Les Turcs sont de plus en plus convaincus de cette vérité que, si les sultans ont besoin pour gouverner de conseillers sages et expérimentés, ces derniers doivent être soumis, à leur tour, au contrôle de la nation, qui a le droit et le devoir de leur demander compte de leur gestion, non seulement pour le bien de l'Etat, la prospérité et la grandeur de la nation, mais aussi pour la sécurité du trône.

FIN

TABLE DES MATIÈRES

du Tome premier

TABLE DES MATIÈRES

du Tome deuxième

Laval. — Imprimerie parisienne, L. Barnéoud & Cie.

www.ingramcontent.com/pod-product-compliance
Ingram Content Group UK Ltd.
Pitfield, Milton Keynes, MK11 3LW, UK
UKHW021911290826
14628UKWH00020B/362

9 782019 913458